# 魚翅與花椒

國際川菜權威
扶霞
的飲饌起點

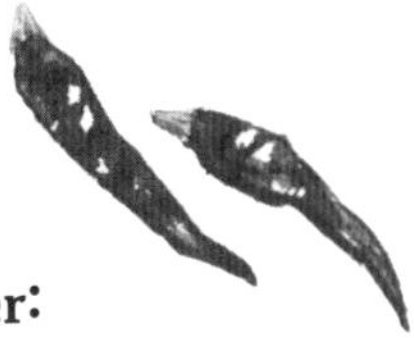

**Shark's Fin and Sichuan Pepper:**

A Sweet-Sour Memoir of Eating in China

Fuchsia Dunlop
扶霞・鄧洛普

鍾沛君——譯

# 各界好評

扶霞在二〇〇三年出版了傳奇的川菜食譜《天府之國》，她是極少數能夠寫出正宗中國食譜的西方作家。現在，在這本《魚翅與花椒》中，她寫出了層次寬廣的個人故事，包含她十多年來在中國學習、生活和飲食的酸甜回憶。這不是一本食譜書（裡面只有十一份食譜），而是一本傑出的飲食指南，揭露了中國美食的祕密。

——林西莉，著有《漢字的故事》《古琴的故事》

吃，是件阻隔著千山萬水的文化差異，是個人內心裡對欲望的極致，是冒險犯難的另一種定義，也是勾起旅行激情的原始動力。

——張國立，著有《張國立＋趙薇的北京飯團》

扶霞隨興地用食物勾勒出中國庶民的生活情趣，筆觸之深，把我們視而不見、習以為常的文物，描繪得脫皮見骨。

——梁幼祥，美食評論家、北京中央人民廣播電台美食節目主持人扶霞出身倫敦亞非學院，又學藝於四川烹飪高等專校，寫起中國飲食有文化學者的精闢深入，也有好吃廚子的專業熱情。她融合外來的客觀視角與長年生活於中國的本土眼光，對川湘菜系做有趣的第一手報導，且不乏對當今充斥各地的一些惡質飲食習性進行針砭批判，想必會引起中文世界讀者的讚賞與共鳴。

——莊祖宜，著有《廚房裡的人類學家：其實，大家都想做菜》

扶霞從食客與廚娘的角度清楚地切入你我熟知的中國（如大家耳熟能詳的川湘粵淮揚京魯等各地料理）、未知的中國（光鮮成長外貌之下的守舊固執）、興盛的中國（飲食的精緻和講究）、危機四伏的中國（炫富的飲食浪費和遭到嚴重污染的各種食材）。

——黃國華，文字工作者

鬼妹寫川菜，大概喳喳呼呼，喊辣叫麻吧？大錯！扶霞在成都拜師，學得道地川味，把身手和舌頭磨利了，視野更是深刻寬廣。從川湘到淮揚，講伊尹又說香港，這本書，華人恐怕寫不出，因為沒她那眼睛，更沒那種文化拉扯的張力。

——蔡珠兒，著有《種地書》

扶霞．鄧洛普以此書與美食文學家伊莉莎白大衛、克勞蒂亞羅登齊名。

——卡普，《獨立報》烹飪作家

就我個人而言，我很感激自己能活在這個時代，有幸讀到鄧洛普博學廣識的文章。她最新的《魚翅與花椒》一書充滿個人獨特且幽默的觀察，讀來讓人不忍釋卷。這不只是一本關於食物的回憶錄，還是一個古老文明的文化記載。

——譚榮輝，世界級華裔名廚

扶霞有這種特殊能力，可以把她對中國料理百科全書般的知識，以充滿說服力且美味的方式呈現。這是一本很棒的書。

——布盧門撒爾，英國米其林三星餐廳「肥鴨」創始人

西方世界最好的中國飲食作家。

——《周日電訊報》

這本書注定要成為旅遊書寫的經典之作。

——《觀察家報》

■推薦序

# 品嘗中國飲食文化的真味兒

梁幼祥

舉凡以吃為主的文章，愈精采的愈發生在富裕的年代。中國在文革的那段時間，整個社會幾乎與美食這玩意兒，像斷了線的風箏，飄飄的虛。改革開放，讓中國活了過來，香港、澳門的回歸，中國的龍騰虎躍，讓世人得重新來檢視認識她。

二十年前，我曾開過將近十年的書店，那些年，能放在架上有關吃的書，少之又少；但這幾年不一樣了，食譜多得離譜，說吃的文章、讓人有收藏參考價值的，有，卻不多，細細地翻，愈發現文抄公一堆！

每個年代的吃，都是當代社會的一種記實，它總能張顯政治、經濟、科技、文化與民俗的許多面貌。然而，吃，亦能凸顯地域風格的差異性，論起要寫吃的表面或寫去哪吃，那太容易了；寫一篇文章，如何把吃背後的那股學問，挑筋揀骨地描出來，那就不是件容易事兒啦！

幾年前，扶霞透過新聞局，採訪我，我帶她到台北永和的上海小館，邊吃邊聊。當時她問問題的內容，就讓我感覺到她的用功及深度。至今的印象就如她在上海小館牆上簽的名，一樣的深刻。

這次讀了扶霞的文章，非常驚訝的是，生長於牛津、畢業於劍橋的她，卻能對遠遠許多人覺得深不可測的中國飲食文化，寫得精闢入理，許多自稱美食家的中國人，我想看完她的文章，都得汗顏不已！

這本書是扶霞用味蕾探索中國深坳裡的歷史，和那許多老外難以理解的中國文化。她隨興地用食物勾勒出中國庶民的生活情趣，筆觸之深，把我們視而不見、習以為常的文物，描繪得脫皮見骨。

她親臨韶山，嘗社會主義下、人民英雄毛主席的家鄉味，她看穿了現今老百姓利用老毛之名，賺回在文化大革命時失去的財富；她用紅樓夢牽引著揚州這樣有詩有畫的城市，文字的布局，勾撩我重遊瘦西湖和何園的意圖，更令我饞想干絲、湯包和舒適的澡堂！

認真求實的探源，她曾為了本食譜，感受到在封閉的社會主義國家裡，被誤認為間諜的無奈！雖然我與扶霞只一面之緣，但不那麼的熟悉，還記得當時在不認識她的情況下，我盡地主之誼，讓她感受台灣的食物美味，也讓她感受正港的台灣人情味。上海小館的那次餐敘訪談，我只看到這英國女孩，一邊品味，一邊認真聽我的講述，並怕錯過什麼似的，快速地用筆在她的小本上寫字，在看她這書之前，我萬萬沒想到扶霞在結構中國飲食的章節能力，遠遠超過許多許多的台灣作者！

嚴格地說，台灣現今的雜誌書籍報導，都是哪裡有什麼好吃的多，電視都是小成本製作，藝人耍耍寶、說說笑、大廚教你偷呷步、沒皇帝了還有假御廚搞些家常菜忽悠人，再看看一堆部落客的那些PO文，好笑的總是「好感動」「入口即化」「脆中帶嫩」，讓我覺得飲食文化何在？

中國的綿綿江河、疊疊高山，孕育著多少與吃有關的歷史與文化，扶霞的書在改變老外對中國的不解，她考古論今一頁頁翻開中國飲食的社會節奏與結構，我期盼扶霞在此書之後，再用築萬里長城、蓋三峽大壩的雄心，以不同背景的筆觸，寫出更多一篇篇有深化味道的中國食記！

**梁幼祥**　美食評論家，北京中央人民廣播電台美食節目主持人。

■推薦序

# 水煮魚裡的寂寞

張國立

去年我到上海看朋友，其中一位是重慶人，年輕時因為知青下鄉運動而從大巴山到了安徽，認識一度被「下」到東北去的上海女孩，兩人熱戀成婚，於是重慶男人在日後的二十年內，都生活於上海。

理論上當個上海人沒什麼不好，他也很適應，唯獨他的舌頭始終不肯妥協，就這樣，家裡常為了吃發生衝突。朋友好下廚，菜做得也不錯，可是老婆和女兒總嫌川菜味道重，寧可自己做上海菜，因此當我去他家吃飯時，兩人在陽台上抽菸，他冷冷地這麼說：

「味道重？哼，你吃她們的上海菜看看。」

當時覺得，愛做菜的男人不能進廚房，等於拿破崙少了戰場，獨守聖赫勒拿島，不爽而已吧。

他在重慶買了新房子，約我去住住。好，藉此機會好好逛逛重慶。他的新居在嘉陵江畔一棟大樓內，才進門，他頓時換成另一個人：

「晚上想吃什麼？」

在重慶一待兩個星期，他每天做三餐，幾乎是川菜教學，從魚香肉絲（原來這道菜和魚無關）到水煮魚（也和水沒太大關係），恍然有所悟，他為了婚姻還真付出不少代價；我也徹底明白，川菜的奧妙與美味。

《魚翅與花椒》是個英國女作家寫的，在台灣學了起碼的中文後，她曾在四川苦學川菜、為吃走遍大江南北，終於坦然地遨遊於中國料裡中。書裡寫的包括東西方在飲食上的鴻溝，包括她的中菜食譜，包括她在大陸的生活。儘管她是中菜之旅中寂寞的英國人，卻帶給我重新省視中菜的深沉思考。其實何止外國人，即使都是中國人，彼此間對於料理的觀念也差之千里。舉例來說，拿「做飯」這件事，台灣人說「煮飯」，而且習慣用「煮」來代表烹飪。江浙、安徽不同，他們說「燒飯」，「燒」是廚房內的標準動詞，一個安徽朋友請吃飯時，在電話裡這麼對我說：

「帶你老婆一起來，我燒幾個菜吃吃。」

那晚他做的是西班牙燉菜，不過，照樣「燒」。

到了廣東人嘴裡，大部分時候也用「煮飯」，但有時候則說「煲飯」。

這位幾度被視為「竊取商業機密」的英國女子，用她的狂熱四處追尋中國美食的精髓。由面對「雪山神蚜」這道甜點上灑滿的螞蟻，徹底忽略它真有「去風溼、通經絡之功效」的存在意義。到領著父母在成都嘗試火鍋，見父親如何努力尊重中國美食：

「我可以用我的『心耳』聽見他的牙齒磨咬著橡膠般鵝腸的吱吱聲，用盡氣力想咬斷它。」

從聽著一位僧侶這麼告訴她廣東菜「三叫」的由來：

「第一叫是他們用筷子夾起掙扎的新生小老鼠發出的聲音，第二叫是老鼠被放進醬汁裡的叫聲，第三叫是老鼠頭被咬掉的叫聲。」

乃至於她學成返英，揣著中國菜刀坐在倫敦地鐵裡的喜悅，她想著：

「如果有人笨到想要搶劫我而可能發生的情況，就讓我有種甜美、竊喜的感覺。『我們應該先切牛舌片還是骨牌片呢？』在微光照亮刀鋒冷冽的反光下，我可能會這樣問搶匪。」

吃，是件阻隔著千山萬水的文化差異，是個人內心裡對欲望的極致，是冒險犯難的另一種定義，也是勾起旅行激情的原始動力。

回到四川朋友，我們在重慶那段度假日子，上午去爬山逛名勝古蹟，下午回家一方面避暑，一方面我寫我的稿，他辦他的事。至了傍晚，他對著陽台下的嘉陵江說：

「今天晚上炒什麼菜呢？」

喔，他的心中，「做飯」這回事，是炒出來的。

跟著扶霞．鄧洛普，走進熟悉卻又洋溢著新奇快感的中菜世界，原來蔥薑蒜椒是這麼處理的：

「去皮的薑和大蒜都一定要切成『指甲片』的樣子。」

「蔥和辣椒切成長斜段，她（四川老師）把這稱為『馬耳朵』。」

原來到市場裡買雞，是這麼挑的：

「從腳就看得出來牠的年紀。你看這隻的拇指幾乎都還沒長，表示牠很年輕。」

跟著書，來試做回鍋肉：

豬肉得先在滾水裡先煮滾，再用文火慢煮到全熟。肉冷了之後才切成薄片。要將肉片炒得融出油脂稍微捲起來，再倒進豆瓣醬，油變紅時加甜麵醬和豆豉，最後下蒜苗拌炒……

一碗白飯配上剛起鍋的回鍋肉，敬所有踏上尋找美食之途的寂寞旅人。

**張國立**　知名作家，和老婆組成食神夫妻檔，合著《張國立＋趙薇的北京飯團》等多部飲食遊記。

■推薦序

# 用食物書寫中國

黃國華

二三十年以來，中國這個古老國家所發生的天翻地覆的巨變，不論從經濟、社會、人民、軟硬體建設……各種層面，都有相當豐富的素材可供討論，各類探討巨變中國的著作如過江之鯽，早就充斥書海，對於中國的演進，有從表面經濟數字出發的盲目崇拜，有從區域安全和權力平衡考量下的恐中情節，也有從東西文化鴻溝之間所興起的好奇，更有從人民素質跟不上硬體進步之間的間隙而產生的鄙視。

對！這些都是中國，但卻都只是沒有經過真正中國深層與底層文化的融合而所產生的「瞎子摸象」下的中國。

作者是位道道地地的英國女孩，從一九九二年起就從英國深赴中國的內陸——四川，二十年來跑遍中國大江南北深入研究中國食物，從四川、湖南、福建、揚州、蘇州，用食物的觀點單純地切入中國文化的精髓，扶霞這位英國女孩雖然只是單純地記錄著她在中國學習做菜、蒐集食譜和品嘗各地食材的經過，但卻從食物的探索中，中肯地用食物寫出中國二十年來的變化。

用一句通俗的話術來形容作者與本書：「她用食物書寫出中國近代演變」，尤其是本書的前半段，作者在二十年前的九〇年代初期深入四川這個當時尚未步入開放改革的古老內陸，藉由四川菜透析了封閉的中國，更難能可貴的是，作者沒有帶著西方慣有的優越感，也沒有商人那股只憑成長觀點就無限上綱的大國歌頌理論，最有趣的是，只憑一道道輕描淡寫的菜餚點出中國文化，而作者完全不會用一種旅客或過客的心態來品嘗中國菜餚，她是透過長時間的深入內陸與基層廣大中國人民的交往，透過中國庶民食物和各地料理區分出不同風貌的中國，她不談政治不論經濟，卻可以從食客與廚娘的角度清楚地切入中國，這包括你我熟知的中國（如大家耳熟能詳的川湘粵淮揚京魯等各地料理）、未知的中國（光鮮成長外貌之下的守舊固執）、興盛的中國（飲食的精緻和講究）、危機四伏的中國（炫富的飲食浪費和遭到嚴重污染的各種食材）。

食物的最迷人處是療癒人心，食物之可愛在於容易成為不同文化之溝通橋梁，但食物卻又是最深的文化鴻溝，這本《魚翅與花椒》用一道道的料理，簡單的文字和美食記行，述說出中國文化的親近面和頑固面，本書除了作者的廚藝學習之旅、中國各地美食品嘗經驗之外，也用中國各地的地方料理點出中國各地方的差異，深入各地民情風俗，保育動物的濫捕和食用，各地食物背後所代表的文化意涵和社會演進，各地的建築（如福建土樓在飲食上的意義）。

作者藉由食物也見證了中國的變化，像她在四川大學旁吃了好幾年的傳統擔擔麵攤，卻消失在都市重建與更新的時代巨輪之間，發展與傳統好像永遠找不到平衡點，老饕所堅持的基本教義美食到底能否捍衛下去呢？美好古老的中國似乎慢慢地消失殆盡，又何止是那一道道的傳統庶民美味而已呢！

**黃國華**　文字工作者，別號總幹事，主持「黃國華耕讀筆記」部落格，著作繁多，領域遍及財經、小說、旅行文學等等。

■中文版序

# 中國廚房裡的寶藏

我在一九九〇年代初期開始愛上中國與中國菜。從那時起，我多數的時間都在學習中國烹飪、研究中國的飲食文化，並以這兩個主題為英語國家讀者寫作。我堅信中國有世界上最豐富、最成熟的烹飪文化，而我的心願就是在西方世界推廣它，讓西方人也能欣賞到這樣的文化。

我在一九九四年時，因獲得英國文化協會的獎學金而前往四川大學就讀，隔年我又花了三個月的時間在「四川烹飪高等專科學校」學習四川烹飪，同時也在當地的多家餐廳廚房學做川菜。在後來的六年裡，我每年都會在四川待好幾個月，以研究探索那裡的傳統烹飪文化。為此，我不厭其煩地纏著餐廳大廚、小飯館做家常菜的廚子，甚至是向街頭小販討食譜。我的第一本書《四川烹飪》（*Sichuan Cookery*）於二〇〇一年在英國出版，書中收錄了經典川菜食譜以及四川飲食文化介紹；此書隔年又在美國出版。這本書廣受讚揚，被譽為「經典之作」，並在二〇〇二年時獲頒「傑瑞米羅德獎」（Jeremy Round Award）的「最佳初試啼聲作品」。（此書去年也榮獲英國《觀察者食物月刊》（*Observer Food Monthly*）評選為「史上最佳十大烹飪書籍」之一。）我的第二本書《湘菜譜》（*Revolutionary Chinese Cookbook*）是一本湖南菜食譜選集，該書在二〇〇六年出版後，亦入圍兩大烹飪書籍獎項。

除了圖書寫作以外，我還先後為世界各地的報章雜誌撰寫了中國菜與當地飲食文化的文章，有時候我也會以中國料理「專家」的身分參加電台或電視節目，偶爾還會舉辦演講和烹飪課程。我曾經伴隨中國廚師到世界各地去演講、示範。當然，我不會假裝自己已經得到了中國老師們的專業知識或經驗的真傳，但我希望自己對中國烹飪的熱情，以及嫻熟的英語文字功力（我是劍橋大學英國文學系畢業生），不只是能夠增進世界對中國飲食文化的了解，還能讓世界各國的人更加了解整個中國社會。

對我來說，寫作烹飪書就是在發掘一個文化最好的一面：廚房爐灶的溫暖、家庭的愛與親屬關係、民俗文化的豐富、傳統的安全感。我在寫前面兩本介紹川菜和湘菜的圖書時，費盡心力地想捕捉這兩個省分各自的人文精神，以讓英語系的讀者不只能了解中國人廚房裡的祕密，還能一窺中國社會、歷史、文化的內涵。因此，這樣的一種寫作思路就導致原本應該讓閱讀者食欲大振的烹飪書，寫到最後卻不由得變成了一篇篇以浪漫的眼光描述一個地區民眾的飲食生活的記敘文。

《魚翅與花椒》這本書就不一樣了。我在這本書裡和盤托出了過去十五年裡，自己以西方人的身分研究中國飲食文化的經驗。所以我不只描寫了自己一開始對四川菜的心醉神迷，以及我在中國的一些驚人又開心的冒險經歷，還講述了一些比較有挑戰性的個人經驗。在這本書裡面，我也討論了不管是中國人還是西方人在飲食方面都必須面對的一些棘手問題，比如貪婪、社會分配不均、環境破壞等。我非常希望我的中國讀者朋友會覺得我這一個外國人對這些問題的看法很有意思，而能把這些比較逆耳的話當作是一位老朋友的諍言、忠告，而不是一種惡意的冒犯。

從我探索中國菜開始已經超過十五年，而我至今依舊深深地被她所吸引，而在這十五年裡，很多事物都改變了。當我一九九二年第一次到中國時，我的同胞大多對這個國家知之甚微，他們似乎更傾向於認為，中國菜就是便宜的外帶速食（糖醋肉和蛋炒飯）！或者是可怕的古怪食物（蛇肉和狗肉）！現在，隨著中國在全球的影響力與日俱增，很多西方人都會前往當地親眼看看這個國家。而當他們回來後，不只是會讚嘆當今中國現代化和進步的速度，還會對那裡的美味料理留下深刻印象。我希望到了最後，他們會給予中國料理文化應有的尊重，認同中國烹飪不只是帶來愉悅的泉源，她還是我們人類文明的一個寶庫。

我也希望中國人能夠以自己所擁有的傳統飲食文化而自豪，尤其是在傳統的養生飲食這方面。在速食文化的興起，家庭料理的衰微，以及世界各地因現代西式飲食生活方式而引起的疾病（糖尿病、癌症、心臟疾病等）患者數量暴增，可以說中國人在這方面有很多的東西可以傳授給西方人。因此我希望，除了西方世界能對中國豐富且超群的飲食文化有更深的感悟以外，中國人自己也應當認識並肯定中國烹飪寶藏的豐富，並且盡力地傳承給自己的下一代。

# 魚翅與花椒：國際川菜權威扶霞的飲饌起點

## 目次

俄羅斯
共和國
黑龍江
哈爾濱
吉林
長春
內蒙古
瀋陽
遼寧
北韓
呼和浩特
黃河
北京
天津
渤海
銀川
山西
河北
石家莊
南韓
夏
太原
濟南
日本
黃海
山東
西安
鄭州
江蘇
陝西
河南
揚州
安徽
南京
湖北
合肥
上海
長江
武漢
蘇州
杭州
浙江
重慶
南昌
長沙
武夷山
韶山
江西
珠州
貴州
湖南
福州
貴陽
福建
北
廈門
中華民國
西
東
廣西
廣東
潮州
廣州
南寧
南
南
0
500公里
海口
0
300英里
海南

中國地圖
俄羅斯
哈薩克
烏魯木齊
新疆
喀什
和闐
甘肅
青海
西寧
西藏
四川
成都
拉薩
漢源
尼泊爾
不丹
印度
孟加拉
昆明
雲南
緬甸
圖例
自治市
省會
城鎮

引言

# 中國人什麼都吃

在一間時髦的香港餐廳裡，桌上擺著對半切開的皮蛋配酸薑做為開胃菜。這是我第一次來亞洲，過去我幾乎不曾在餐桌上看過這麼讓人反胃的東西。它們就像是會在噩夢裡出現的怪物眼球，黑漆漆的、用威脅的神色從餐桌上瞄著我；褐色半透明的蛋白，看起來髒兮兮的；蛋黃軟糊糊的，顏色是黑色夾雜層層疊疊的綠色和黴灰色，周圍還飄散著讓人昏厥的硫磺味。出於禮貌，我試吃了一塊，但是那令人作嘔的氣味馬上就讓我覺得想吐，我根本吞不下去。蛋黃在我的筷子上留下一道狡猾又惡毒的黑色微笑，死纏不放，威脅著要污染我接下來吃的每一樣食物。偷偷地，我用桌布擦掉那抹笑容。

這道皮蛋是我的遠房表哥薩巴斯汀點的，他讓我在出發去中國前在他家先住幾天。他和他那些歐亞混血的朋友，都開心地大啖這些切開的皮蛋。我不能讓他們發現我的不安，這可是面子問題。畢竟我應該是個充滿冒險精神的美食家。

我從小就開始探索食物。我在一個充滿各種異國風味的家庭長大。我母親是牛津的英文老師，教的是非英語系國家的學生。我小的時候，她來自世界各地的學生常常會用我們家的廚房，烹調出讓他們想起家鄉味的大餐；他們分別來自土耳其、蘇丹、伊朗、西西里、哥倫比亞、利比亞、日本等國。在我們家幫忙家務換取寄宿的日本女孩會幫我們姊妹做飯糰當早餐；同樣寄宿的西班牙男孩會打電話給他媽媽，問出她最拿手的西班牙海鮮飯到底是怎麼做的。我母親則會做我的印度教父維傑傳授給她的咖哩；而我父親會嘗試用食用色素做紫薯泥配綠炒蛋之類的實驗性菜色。我的奧地利教父來訪時，會準備戰時在緬甸和錫蘭當突擊隊員時學到的好菜。當大部分英國人都在吃烤約克夏香腸布丁、牛肉馬鈴薯餅、乳酪通心麵的時候，我們吃的是鷹嘴豆芝麻醬、扁豆咖哩、土耳其優格沙拉「恰遮克」，還有西西里茄子燉菜。所以我絕對不是那種看到蝸牛或腰子就臉色發白的女生。

但是中國菜可就不是這麼一回事了。我小時候當然吃過外帶的中國菜，像是紅通通的炸糖醋肉球、雞肉炒筍子、蛋炒飯之類的。後來我也去過幾間倫敦的中國餐館。可是即使有這些經驗，我在一九九二年秋天第一次到香港和中國時，還是受到了很大的美食衝擊。

那趟旅行源起於當時我擔任亞太地區新聞的副編輯，因而開始對中國產生興趣，在讀了幾個月關於中國的文章後，我決定親自去瞧瞧這個國家。我在香港也有幾個朋友，所以那裡就是我的第一站了。我馬上對當地的食物深深著迷。在那邊擔任平面設計師的薩巴斯汀，帶我去香港島上的灣仔參觀那裡的傳統菜市場。其他離鄉背井的西方朋友也帶我去了各種餐廳，點了他們最愛吃的菜，那些是許多令人愉快的驚喜：精心烹調的燒鵝、閃閃發亮的新鮮海產、一道又一道的精緻餃類點心。就連在最便宜、最不起眼的餐館裡，我吃到的炒菜和煲湯都比我在英國吃到的好吃。餐廳裡供應的菜餚種類之多更是讓人眼花撩亂。但是我也碰到了很多讓我不知所措，甚至作嘔的新食材。

那天和薩巴斯汀和他的朋友吃過晚餐後，我很快就跨越邊界進入中國，搭慢車到廣州。我在廣州去了在西方人之間惡名昭彰的清平市場，這裡的肉品區籠子裡關著毫無生氣的獾、貓、果子狸；藥攤上展售著一袋袋曬乾的蛇、蜥蜴，還有蠍子。那天我的晚餐是青蛙砂鍋和炒蛇肉，而且蛇肉上還有皮，對西方人來說，看起來就和真的蛇沒兩樣。在這些東西當中，有些是意外地好吃，例如炒蛇肉；但有些的味道或質地倒是讓我毛骨悚然，像是討厭的皮蛋（西方人把這叫做「千年蛋」，thousand-year-old eggs）。

我從來不是拒絕嘗試新口味的人。雖然就某些方面來說，我是一個謹慎的人，但是我也有挺橫衝直撞的一面，這讓我常常脫離我所熟悉、自在的生活領域。我到中國之前已經在歐洲各地和土耳其旅遊過，早就習慣面對驚奇與挑戰。我父母養大我的過程裡，我也是符合英式禮儀地有什麼吃什麼；而且在中國，不管碗裡的是六隻腳的還是飄著硫磺味的東西，碗裡還剩下食物就離席，簡直就是罪不可赦。所以在我第一次的旅行裡，從一開始我就毫不思索地要求自己鼓起勇氣，吃下中國人端到我眼前的任何食物。

打從最早的歐洲商人和傳教士開始記錄他們對中國的印象起，外國人就對中國人的飲食瞠目結舌。在十三世紀晚期，根據馬可波羅語帶不悅的記載，中國人喜歡吃蛇和狗，他還說某些地方的人甚至還吃人肉。法國耶穌會歷史學家杜赫德在一七三六年用記載奇聞軼事的語調描述了奇特的中國飲食：「鹿鞭……熊掌……他們肆無忌憚地吃貓、田鼠這類的動物。」中式餐宴常常使得外人驚恐萬分，因為宴會上會有魚翅、海參等等口感奇怪的珍饈，而且有太多的食材都是他們認不出來的東西。英國外科醫生唐寧在十九世紀描述了英國水手在廣州的貿易港時是如何小心翼翼挑選食物，「以免發現自己吃得津津有味的其實是蚯蚓，或是大啃貓的纖細骨頭。」

在約兩個世紀過後的二十一世紀初，中國菜已經成為英美日常生活的一部分。在英國，就算是最小的城鎮裡都會有中國餐館；超級市場的貨架上也排列著中式速食包和炒菜用的醬料；現在百分之六十五的英國家庭都有中式炒鍋。二〇〇二年，中國菜甚至擠下印度菜，榮登英國人最喜愛的「民族」料理寶座。然而在這些表象之下，西方人對「未知」的那種陰鬱、扎實的恐懼卻依舊存在。《每日郵報》（*Daily Mail*）在二〇〇二年刊出了一篇惡名昭彰的文章，標題是「大雜燴，大雜碎！」（Chop Phooey!）。這篇文章譴責中國菜是「世界上最狡猾的食物，創造出這種食物的國家人民吃的是蝙蝠、蛇、猴子、熊掌、鳥巢、鯊魚鰭、鴨舌頭還有雞腳。」這篇文章反映出早期歐洲旅行者的恐懼，說你永遠都不能肯定「那個你用筷子平衡地夾住、閃耀著螢光色澤的食物」到底是什麼東西。

英國媒體最喜歡報導，而且顯然大眾也很喜歡看的就是哪間中國餐館在賣狗肉火鍋或是燉煮睪丸這類生動刺激的新聞。這些可怕的美食似乎有令西方人無法抗拒的吸引力。二〇〇六年，北京專賣睪丸料理的「鍋裡壯」餐廳報導在ＢＢＣ新聞的網站上長期高居最受歡迎的文章之一。隔年，英國電視播出了喜劇演員莫頓到中國旅行的四集節目，其中報導的中國文化之一就是食物。而他們主打什麼食物？狗肉和睪丸！距離馬可波羅寫出中國人愛吃狗肉，已經過了七個世紀，法國耶穌會教士杜赫德因鹿鞭大感驚異，也已經是三個世紀前的事，但西方人卻還是念念不忘，甚至是著迷於這些中國美食界難登大雅之堂的食物。

奇妙的是，整體來說，中國團體面對這些詆毀的刻板印象都保持沉默。也許是因為他們覺得「什麼都吃」是不值得一提的。雖然典型的中國菜會有大量的穀物、蔬菜、豬肉，依照不同區域的情況也許搭配一點魚肉或海鮮，但是幾乎沒有什麼東西不**能**入菜。雖然大部分的人其實幾乎都不吃狗肉或驢鞭，就算會吃也不常吃，可是吃這些東西的**念頭**在中國倒也不是禁忌。

一般來說，中國人並沒有把動物的世界分成寵物區和食用區。除非你是謹守戒律的佛教徒（而且區域偏好也有影響），不然你可能就是什麼都吃。同樣的，在肉販剁開動物軀體的時候，也沒有把「肉」和「空有口感沒有味道的不能吃的部位」（例如毛肚、牛筋）分開的觀念。中國人傳統上喜歡把整隻動物吃光，這是在英國以供應內臟料理而著名的餐館老闆韓德森夢寐以求的。詩人伊薛伍德在一九三〇年代到中國的時候，難忘地寫下：「沒有東西是明確地可以食用或不能食用。你可以津津有味地嚼食一頂帽子，或是朝牆壁咬下一大口；同樣的，你也可以用午餐的食材蓋一間小屋子。」

對我來說，中國人無所不吃的顛峰之作，應該可以拿我認識的一位湖南省廚師兼餐館老闆寫的食譜做為代表。這本美觀、全彩的食譜，上演了所有對中國菜小心謹慎的外國人最害怕的夢魘。各種家禽類的頭和腳，懶洋洋地垂掛在湯鍋或是菜盤的邊緣；十個魚頭從豆腐和蛋白形成的「海」向外窺伺，牠們微張的嘴巴裡塞著用自己的肉所煮成的魚球；十一隻蛤蚧（大壁虎）剝去部分的皮，油炸到像雞塊一樣金黃酥脆的程度，炸過的身體前後被布有鱗片的尾部和頭部包夾，而在烹飪時煮碎的眼睛部分則用新鮮的青豆取代；還有一個大淺盤上放著十隻完整的馬蹄水魚（一種鱉類），看起來就像牠們隨時都會醒來，拖著步子離開。

在那本書裡我最喜歡的一張照片是一個打發的蛋白布丁，裝飾著用黑櫻桃酒浸漬的櫻桃，還灑上了碎巧克力片。真是可惜啊，我心想，這張照片把這些巧克力碎片拍得像螞蟻一樣。直到我仔細盯著照片旁的小字看，才發現這道「布丁」的名字叫做「雪山神蜉」，而且上面灑的真的就是螞蟻。下面的說明是這道菜「有去風溼，通經絡之功效」。然後呢，在第四十五頁，**最讓西方人瞠目結舌的一道菜**出現了：一整隻乳狗，烤得香脆，四肢攤開趴在盤子上。因為先前遭到切肉刀的敲擊，所以頭骨已經一分為二，兩邊各有一隻眼睛和一個鼻孔，還用芫荽和紅蘿蔔雕花精心裝飾。有哪一個種族歧視的漫畫家畫過的圖，能比這樣的影像更能夠表現出「可怕、無所不吃的中國人」這種刻板印象？

我一九九二年第一次到中國的經驗，對我來說有重大的啟發。這個國家充滿活力，毫無章法，和我既定印象中，群眾穿著毛裝、揮舞著《毛語錄》的單調極權國家完全不一樣。透過火車的車窗，我凝視著有農夫和水牛在耕種的稻田、魚塭等鮮明的景色。我造訪了廣州一個神奇的馬戲團，那裡的人會把蛇放到鼻尖，赤腳在碎玻璃上跳舞。我沿著桂林附近美麗的灕江騎腳踏車；我在長江三峽的渡船上和一群年長的政治代表談論文化大革命；每一樣我所見到的東西，幾乎都讓我深深著迷、無可自拔。回到倫敦，我報名了晚間的中文課程，並且開始為《今日中國》（*China Now*）雜誌撰寫每季一次的中國新聞綜合報導。我開始嘗試蘇恩潔的《經典中菜食譜》（*Classic Chinese Cookbook*）裡面的一些中國菜食譜。這些都只是我對中國著迷的開始，往後更成為我的生活重心。隨著我對中國的了解愈來愈上軌道，我對中國菜的探索也愈來愈順利。

對於旅行者來說，要讓自己的口味完全和當地一致不是件容易的事。我們吃的東西，是對自我的了解與定義中，相當關鍵的部分。在海外維持文化傳統不是件小事，而是我們發自內心深處認為，能夠保護自己免受未知威脅的方法。就像出外旅遊前先接種疫苗，保護身體不受到外國疾病侵襲，在海外吃熟悉的食物，也是暴露於陌生文化威脅下保護自己的方式。十九世紀末、二十世紀初住在亞洲的英國殖民者，每天晚上盛裝打扮參加晚宴、啜飲雞尾酒，並不全是為了娛樂而已；而是他們知道如果自己不這麼做，他們就會有失去自我的風險，就像那些在印度的英國怪胎一樣：他們全心投入當地文化，深入到忘記了自己真正歸屬的地方。

十九世紀時，很多住在上海和其他條約港的英國居民都盡可能地迴避中國菜，他們靠著從家鄉進口的錫罐裝或瓶裝的「金屬」食物過活。在一九二〇年代出版的《英華烹飪學全書》（*The Anglo-Chinese Cookbook*）裡（分為兩冊，英文版是家中的女主人看的，中文版是家中的廚子看的），列出了經典菜龍蝦別司（龍蝦濃湯）和鴿派愛（鴿子派）的做法；此外雖然也有一些匈加利穀拉許（匈牙利燉牛肉）或是印度咖哩之類的異國料理，但是完全沒有提到一丁點的中國料理。對於無所不吃的中國人，作者顯然有著揮之不去的深層恐懼。

不知怎麼著，一個國家愈是陌生、當地人的飲食愈是和我們相去甚遠，這些居住在異鄉的人就會愈嚴格遵守家鄉的習慣。這樣比較安全。即使到了現在，我很多住在中國的歐洲朋友在家裡吃的，大致上都還是歐洲菜。你要是吃了外國的食物，就要自己承擔風險。吃啊，然後你無可避免地會鬆開將你繫在原本文化碼頭上的船繩，動搖你身分認同的根基。這是高風險的行為。

所以這本書是關於中國菜出乎意料的美好。這也是一個英國女孩到中國的故事，她什麼都吃，而且有時候對於結果感到驚奇。

## 第一章

# 好吃嘴

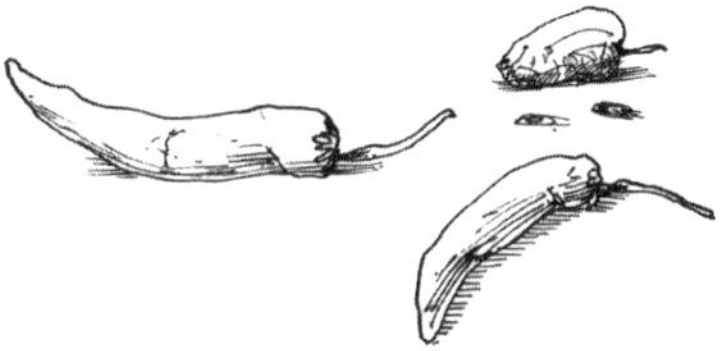

我在潮溼的十月早晨從床上爬起來。這裡是四川大學留學生樓的分租小套房，我的義大利室友費羅米娜已經起床出門去了，睡眼惺忪的我披上鋪棉夾克往窗外看去。天空一如往常的灰濛濛（俗話說「蜀犬吠日」——因為看到太陽太驚訝了）。越過隔開裡面的外國學生和外面好奇的中國人的牆，我可以看見一排的梧桐樹，樹林之後是錦江，帶著鸕鶿的捕魚人在那混濁的水裡碰運氣。他帶著拍動巨大黑色翅膀的鳥，鳥的頸部都繫著一個環，當牠們抓到的魚太大，無法滑過牠們被束住的喉嚨時，牠們就會把魚交給漁夫，讓他把大魚放進籃子裡，給牠比較小條的魚做為交換。我入迷地看著。我在四川的日常生活裡，總是有數不盡的迷人小事，這就是其中之一。

隨著帶著鸕鶿的漁夫在水上划遠，我也看不到鸕鶿的動作了。於是我去淋浴換衣服，準備外出吃早餐。我向留學生樓大門口年長的管理員說早安，沿著成排的大蕉樹漫步。學生和講師騎著腳踏車，撥響示警的鈴聲從我身邊經過。低樓層的公寓群陽台上，掛著洗好的衣物和鳥籠。在四川的薄霧輕拂下，一切都稍稍顯得柔和了起來。校園是個安靜、枝葉繁盛的地方，是在這個計程車老是狂按喇叭、街道小販嘶吼喧嘩的城市裡一座靜謐的綠洲。

不遠的地方，就在大學辦公樓的後面有一個小吃攤。我只要靠著鼻子就能找到它的位置。**鍋魁**是捲麵團做成的扁麵餅，包著碎豬肉、蔥花、花椒，誘人的香氣飄過整個校園。老闆是一對老夫婦，他們話不多，但是勤奮地做著生意。婦人揉麵團，在抹了油的木板上把麵團捲成球狀，再用手掌根部把每個麵團壓成長形的舌頭狀，鋪上豬油和調味濃重的豬肉，捲起來後再壓扁成圓形，交給她的丈夫。他用油把麵餅煎到金黃色後再塞到煎鍋底下，用煤炭火盆把鍋魁烤得香脆。熱熱地吃，鍋魁又脆又有嚼勁，鹹香可口，花椒讓你的嘴唇麻麻、刺刺的，彷彿在唇上跳舞似的，讓人感到很舒服。在潮溼的秋日早晨，還有什麼比這更美味的早餐呢？

一開始引誘我來到中國並且住下來的並不是食物，至少我是這樣告訴自己的。我應該是要來研究中國的少數民族歷史。在我一九九二年第一次前往中國的一年後，我搭飛機到台北上了兩個月的暑期中文課程，接著花了一個月的時間在中國各地旅遊。在我從拉薩回家的路上，我拜訪了四川的省會成都。我抵達的那天是少見的陽光普照、氣候宜人的日子，四川終年不散的薄霧只稍微遮蔽了陽光。我身上只有一張四川二胡演奏家周鈺皺巴巴的名片。我在故鄉牛津的街道上認識他，他的琴聲讓周遭群眾如癡如醉。「如果你到成都的話，記得來找我。」他曾這麼告訴我。所以我入住交通飯店後就租了一輛腳踏車，出發到四川音樂學院找他。

周鈺就如同我記憶中一樣溫暖迷人，他充滿活力的妻子陶萍也是一位音樂家。他們把我當成老朋友一般歡迎我，帶我騎腳踏車遊覽市區風光。我們前往杜甫草堂散步，接著他們邀請我到巴士站附近的一間小餐館吃午餐。這間餐館位於一棟木造建築的一樓，只有一個房間，像浴室一樣鋪著白色的地磚，放了幾張桌椅，牆上完全沒有任何裝飾。周鈺點了幾道菜後，我們就在轟轟的快炒聲中等待著後面的小小廚房裡端出菜餚。房間裡瀰漫著不可思議的香氣。

我到現在都還記得那美味的一餐裡的每一個小細節。冷盤的雞肉淋上用醬油、紅油、花椒做成的嗆辣醬汁；整隻鯉魚用薑、蒜頭、蔥花、豆瓣醬調成的醬汁燒；豬的腰子精巧地切花後再切片，用芹菜和泡辣椒爆炒。還有所謂的「魚香茄子」，這是我吃過最妙的菜色之一了：金黃色、炸得像奶油般滑順的茄子用深紅色的辣醬烹調，沒有放真正的魚，但卻帶著甜酸的誘人美味。這是我過去從來不知道的中國菜。我就像得到了天啟。

幾個月過後，我的一個同事建議我申請英國文化協會的獎學金到中國念書。她幫我擬了一個值得補助的研究計畫，主題是中國對少數民族的政策，這是我一直都很有興趣的題目。填寫獎學金的表格時，我提出了各式各樣說明我的研究基地應該在成都的學術性理由：首先，我想要避開外國人聚集的中心，像是北京和上海，這樣我才有機會能浸淫在中國人的生活和中文的環境中——哪管四川話是出了名的和北京話相差很多的方言。接著，因為四川在中國位於漢族文化的邊陲地帶，鄰近的省分裡居住著藏族、彝族、羌族等數不清的少數民族。這些聽起來都是值得讚許的理由。但是我在填寫表上的空格時，撰寫我的個人聲明時，我必須承認我心裡想著的是辣甜酸的茄子、懶懶躺在豆瓣醬裡的魚、切花的豬腰，還有花椒。很幸運的，英國文化協會和中國政府都同意四川是適合我進行研究的地點，給了我獎學金，讓我得到了一張黃金車票，可以在中國毫無牽掛地盡情探索一年。

在一九九四年的秋天，四川大學的外事辦公室（外辦）舉辦了一場集會來歡迎這批來到成都的外國學生。我們在留學生樓的大廳集合，當地公安局一位嚴肅的警察向我們宣讀了針對「外人」的國家法規，有一位老師負責把內容翻譯成英文。他們告訴我們，「破壞活動」會讓我們陷入麻煩，而且如果我們的犯行過於嚴重，我們可能會被逐出這個國家。等到警察念完法規後，那位老師補充說，等等會有醫護人員到學校來幫我們抽血做ＨＩＶ檢驗。由於我們在進入中國之前就已經被要求進行詳盡的全身健康檢查，其中就包括了ＨＩＶ檢驗，因此我們當時都非常憤怒（我自己的醫生曾經發自內心地嘲笑中國政府對年輕女性的健康要求，尤其在心電圖方面）。然而這也提醒了我，不論我們對於即將居住在中國感到多麼地緊張，中國對我們的存在也同樣覺得緊張，儘管數十年的毛澤東主義內向性（Maoist introversion）已經逐漸轉為開放。

在九〇年代中期，成都的外國人圈子還很小。除了我們這些總共約一百二十人的外國學生外，只有幾個美國領事館員工、外籍教師和援助工作者，還有一個來自祕魯的神祕商人。大學裡的四十幾個日本學生大部分時間都自成小團體，不歡迎外人加入，於是其餘來自義大利、法國、蒙古、俄羅斯、衣索比亞、波蘭、約旦、寮國、迦納、德國、丹麥、加拿大、美國的學生，就和睦地一起生活。

我們在校園裡居住在受保護的領地裡，中國學生稱這棟建築「熊貓樓」，因為他們覺得我們就像是被當成瀕臨絕種的稀有動物一樣。和我們一樣在此念書的中國學生擠在水泥宿舍裡，一間八個人，冬天沒有暖氣，夏天也沒有空調，遙遠的公用淋浴間一天只開放幾個小時。我們住的則是鋪了地毯的雙人房，裡面有暖氣有空調，每層樓都有自己的廚房、洗衣機、浴室。我們的餐廳供應的單點四川菜比中國學生的販賣部裡賣的好很多（也貴很多）。在我們住宿區的大門口有一位管理員，還有一間辦公室，讓外辦的員工可以在那裡監視我們的活動。

但是即使我們住在奢華而與世隔絕的地方，我們只要走出宿舍，就會被四川生活的喧囂淹沒。大學的側門邊就有一個市場，裡面滿滿的都是新鮮的當季農產品。水箱裡有活跳跳的魚和扭動的鱔魚，雞鴨在圈欄裡嘰嘰呱呱；蔬菜和水果堆疊在竹簍上：空心菜、竹筍、蒜薹、苦瓜，以及像三色莧菜、枇杷、椿芽（香椿的嫩芽）等季節性美食。有一個攤販賣的是十幾種不同種類的豆腐。農夫坐在小小的凳子上，前方的竹籃子裡裝著沉甸甸的農產品，隨時準備好用他們古老的手拿秤來稱斤論兩，用算盤加總價格。

所有成都人每天都在這樣的市場買菜，當時這裡還沒有真正的超級市場。有時候我會在這裡碰見大學裡的老師，他們擠過擁擠的人群，腳踏車的籃子裝滿了蔥、豆芽、菠菜和薑，新鮮宰殺的魚裝在塑膠袋裡掛在把手上，還在抽動。

很快地，小攤販和我就熟了起來。斜視的老婦人穿著白色的工作褲坐在她一袋袋、一罐罐的香料前：有完整的也有磨碎的血紅色辣椒，還有深紅色的花椒。英俊的賣花小販穿著深色的西裝，看起來很時髦的樣子；他坐在他的小竹椅上垂著頭，倚著磚牆跌入安詳的睡眠裡，周身被一片玫瑰和康乃馨形成的豔麗花海包圍。當客人出現，客氣地叫醒他，他就會眨眨眼睛，發自內心地露出敦厚的笑容，點起一根菸，用他彩虹般的花束換得金錢。

雖然早上的市場很繁忙，但在午餐過後，尤其是天氣溫暖的日子裡，市場在下午就會有一段休息時間，或說是午憩時間。此時不只是花販，而是所有的人都好像睡著了。農婦把頭放在圈起的手臂上，在南瓜與茄子上打起了盹；賣番茄和豆子的老闆把頭埋在彎起的膝蓋裡；魚販靠著牆壁微微地打呼。不只是市場，整座城市好像都昏昏欲睡。人力車伕倚躺在沒有乘客的座椅上，把腿抬在三輪車的車座上。辦公室裡的員工倒在假皮製的沙發上，像貓一樣慵懶地攤著四肢。

儘管成都讓人立即就為之著迷，但我剛到這裡的前幾個禮拜完全陷入悲慘和迷惘的境界。我其實並不太知道我在中國做什麼。在這之前，我的人生一直都像是在輸送帶上，不經思索地隨著帶子移動，讓我從高中的學術溫室進入劍橋大學，接著走上記者生涯。長久以來我都醞釀著要成為專業廚師的想法，但是我大學畢業的時候身負債務，而且我本來為了還債做的短期工作竟然提供了我長期的職位，我也沒有勇氣拒絕。在我二十歲出頭的那段時間，我受困於一份根本不適合我的乏味學術性工作，每天從倫敦到瑞丁的通勤就讓我筋疲力竭。所以當我同事提出申請英國文化協會的點子時，我馬上抓住這個逃脫的機會。

現在的世界沉迷在一股中國熱當中，因此很難回想起來在九〇年代初期它是多麼地邊緣化。當時沒有人會想到要去上海度過一個美好的假期或是去**購物**。英國很少大學有中文課程；認為學校裡會教中文的想法會讓人覺得可笑不已。我在倫敦的朋友就算不認為我上中文課非常好笑，也會覺得這是相當古怪的。就連我自己都覺得中文是一種與我無關的語言。

從我抵達中國的那一刻起，我就幾乎完全和世界的其他地方切斷了聯繫。電子郵件和網際網路對於大部分的人來說，是難以置信的傳說；要和我在英國的朋友通信要花上好幾周的時間。成都只有三個地方可以打越洋電話，而且就算你找到了其中一個，要花的電話費根本就是天文數字（和歐洲通話三分鐘的費用就能讓你在小餐廳裡辦一場晚宴了）。除了在市區裡兩間高級豪華國際飯店之外，幾乎找不到任何的西方食物。這裡唯一的西方文化活動，是在大學附近的一排違法簡陋戲院裡看盜版影片。就連新聞都很難看到，而且官方來源的新聞都受到審查。不管我們喜不喜歡，我和我的同學在中國就是與我們原本的文化隔絕。在留學生樓的繭殼之外，我們只能別無選擇地投入四川生活之中。

我自己應該要做的研究基本上沒有甚麼方向。當時我的中文太差，根本沒辦法做任何嚴謹的學術研究，而且我還選擇了一個充滿政治敏感性的研究主題。我在大學的圖書館裡辛苦看了一些書和期刊，但也沒什麼進展。中國的社會和文化對我們來說都是挑戰。我和那些同學的外國人身分，讓我們特別到足以被當成怪胎或是名人了。我們接受記者訪問，受邀在重要場合發表沒什麼內容的演講，民眾會群起檢視我們做的瑣事，連買公車票都不例外。光是在城裡騎腳踏車都會引來眾人停下手邊的事，一個一個站起身張望我們，彷彿球賽時的波浪舞般，他們會大喊「哈囉！」或「老外！」。幾乎所有人都對我們很好，但在顯微鏡下的生活真的不好過，我們過了幾個月才開始了解這到底是怎麼一回事。你不可能一空降到中國後馬上就達到你的目的——也許過個一年半載，你就可以笨拙地在這個政治與社會系統中開始摸索出自己的路。

然後這個地方本身又帶著緩慢、隱約的懶散氛圍。在成都這個城市裡，幾乎不可能有任何計畫，當然也不可能完成計畫。從唐代開始，這裡就以生活悠哉聞名，因為這裡氣候宜人，土壤更是著名地豐饒。成都居民不需要特別努力工作就能豐衣足食，享受生活。這座城市帶著南方風情，幾乎像是地中海地區一樣。這裡的居民步調比北京和上海慢多了，他們可以在茶館裡從下午坐到晚上，打麻將或是玩牌，用帶著蜜似的韻律、有著拖長的母音和舌顫音的四川方言互相談笑；當地人稱這種四川式的對話閒談為「擺龍門陣」。四川話裡有可能最具代表性的字就是「好耍」（好玩）了，講的時候懶懶的，咧開嘴笑，同時還聽見竹椅嘎嘎作響的聲音。一位計程車司機跟我說：「沿海的那些人，」他說的是廣東人和福建人，「他們野心勃勃、勤奮工作，所以他們是最先變富有的人。我們四川人只要賺夠錢，能讓我們吃好東西填飽肚子就可以了。」

我不是唯一一個難以專注於研究的外國學生。我和同學聽到在北京和上海的朋友說其他大學嚴格的出缺席規定：在那些地方，只要缺幾堂課，你可能就拿不到獎學金了。但是在四川，根本沒人在意出缺席。我們之中有少數幾個人能安頓下來認真研究，他們主要是之前來過中國的人。其他的學生一個接一個都漸漸地，而且毫不戀棧地退出了正式的課程。我的室友大部分的時間似乎都花在打麻將上；有一個年輕的丹麥學生老是耗在公園裡，跟一位瘦弱的年老大師學武術；德國人伏克爾是在洛杉磯事業成功的製片人，來這裡是為了暫時休息，他每天、每周都在聊天中閒晃過去。其他人有的玩橄欖球，有的談戀愛，有的到處旅行，這邊看看、那邊走走。

至於我，我在第一個月裡很努力要做一個勤奮的學生，而且會因為缺乏學術進展而譴責自己。但後來我發現自己愈來愈不在意我的獎學金和職業生涯。所以在幾個禮拜的灰暗沮喪後，我決定像我大多數的同學一樣，拋棄我先入為主的想法，只要活在四川就好，把自己的方向交給這個地方。鬆開了讓我綁手綁腳的心靈束縛，我終於張開雙眼，看著我周圍這個迷人的都市。我讓四川對我施展它那緩慢但甜美的魔法。於是我人生中最美妙的階段就此展開。

對任何一個中國人說起成都，幾乎每個人的第一個反應都一定會說，這裡的食物很辣。「你怕不怕辣？」是旅行者前往成都的路上最常聽見的警告。但是如果再給他們一點時間，他們就會浮現愉快的記憶所帶來的微笑，喃喃說起當地料理的美妙之處。宋朝詩人陸游曾用「舉箸思吾蜀」感嘆自己每次拿起筷子，就會懷念家鄉四川的心情。「食在中國，味在四川」則是現代老饕的箴言。

傳統上中國菜被分割為四大菜系。北方菜系是大器、高貴的北京菜和山東菜（魯菜），是帝王和朝臣的食物，以烤肉、濃得不可思議的湯品，以及魚翅、海參等昂貴的珍饈聞名。東方則有精緻高雅的文人菜色，文人雅士在揚州和杭州這些文化中心裡思索飲食的愉悅（所謂的淮揚菜）。這裡讓人想到的是帶著甜味、深色的紅薯料理，用紹興老酒浸泡的醉蝦，新鮮的茭白筍和蓮子、蓮藕等水生蔬菜，還有沾著芬芳鎮江醋吃的清蒸大閘蟹。

在南方則是以其新鮮而惡名遠播的廣東菜（粵菜），這裡的食材新鮮到幾乎是活的。在這個地區，廚師的調味很簡單，只用一點鹽巴、糖、酒、薑來增添食材的原味。這裡的烹飪手法很精準，對食材的干預是最低的：清蒸魚只用一點點的薑、蔥、醬油調味；半透明的蝦餃；將食材切片拌炒，口感達到完美的爽脆或軟嫩，端視食材本身的特質而定。這裡的人也很喜歡吃野味，像是蛇、青蛙、果子狸、禾花雀都是盤中飧。

四川菜（川菜）就是中國菜裡的辣妹了，既大膽又抹了胭脂，妙語如珠而且有百般風情。「每道菜都有自己的特色，」他們說：「一菜一格，百菜百味。」四川菜不像廣東菜或山東菜需要高檔的食材。是啦，如果你一定要用那種食材辦一桌川菜大宴當然也可以，但是你用最普通的食材也一樣可以創造奇蹟，用豬肉和茄子做的簡單料理就能讓味蕾讚嘆不已。這就是四川菜了不起的地方：在平凡中創造不凡。

四川人吃辛辣的歷史至少可以回溯到一千六百年前，當時歷史學家常璩就記載了當地人「尚滋味」「好辛香」。到四川你就會知道這不盡然是個人口味，而是受到環境所決定的。四川盆地氣候潮溼：冬天刺骨的溼冷能穿透每一層的衣服；夏天時太陽被層層霧靄遮蔽，使得這裡悶熱得讓人難以忍受。以中醫來說，身體就是一個氣的系統，乾溼、冷熱、陰陽都必須要調和；如果失調了，疾病便會隨之而來。雖然四川的潮溼讓這裡的女性肌膚柔軟年輕，但是也會讓身體失調。因此從不知道什麼時候開始，這個地區的人就不得不以味辛、性熱的食物來調整飲食，以抵抗這裡不利健康的氣候特色。然而在美洲的辣椒來到這裡之前，這裡的人能使用的性熱食材，只有很早之前從中亞進口的一些食材以及當地的香料，例如生薑和花椒。

花椒原產於中國，早在我們所熟悉的黑、白胡椒被夾帶運過蜿蜒崎嶇的古老絲路之前就已經為人所使用了。它嘗起來不像辣椒，不會辣，但是會讓你的嘴唇變涼而且有刺痛感。中國人把這種感覺稱為「麻」，和「發麻」還有「麻醉」都是同一個字。花椒這種奇怪的、氣泡式的效果搭配上辣椒的熱，就是現代四川料理的正字標記。

辣椒最早在十六世紀來到中國，當時剛從南美洲返航的葡萄牙商人將他們的大型帆船駛入了東方的港口。一開始，沿海地區的中國人因為辣椒的白色小花和鮮豔的緋紅果實而把這種植物當作裝飾品，後來才開始把這種辛辣的果實拿來調味。商人把辣椒用長江三角洲的水路運到了中部省分湖南，又從湖南沿著河運到了更西部的四川。辣椒就在這兩個溼熱的地方找到了心靈的歸宿，它們等待這麼久就是為了它；在這兩個地方的醫理和食理中，都為辣椒保留了一個位置。辣椒火紅的顏色點亮了這裡灰濛濛的天空，熱辣的味道驅散了人們體內的溼氣，為他們的生活帶來美味的平衡。

四川大學留學生樓的食堂是個無趣的地方，那裡供應的食物雖然新鮮但是沒有靈魂。我們微薄的零用錢和外頭熱鬧的市場應該會使得我們這些拿獎學金的學生利用留學生樓裡的烹飪設備自己煮東西來吃。的確有些人是這樣，例如帶著丈夫和小孩住在宿舍單人房的那個約旦年輕女生。但我們大多數人都很懶，而且我們很快就發現，校園外面的食物豐富又好吃，浪費時間在公共廚房裡搶位置根本就是沒大腦的事。所以我們在每天的午餐時間都會成群結隊到我們最愛的麵店，狼吞虎嚥地吃掉一碗碗淋著不同醬料的麵。晚上的時候，我們會從大學附近五六間木頭搭建的小餐館裡挑一間吃飯。我們的中國學生朋友覺得我們一直外食很浪費，但是以西方的標準來說，這樣吃其實很便宜。幾塊錢就能吃一碗麵當午餐，而一大群人吃頓豐富的晚餐和很多啤酒，每個人分擔的通常也不超過十二塊。

在成都過了幾個禮拜之後，我們就知道了所有主要菜色的名字。「辣子雞丁」是乾炸的酥脆雞肉塊，埋在數不清的糊香辣椒小山裡；「魚香茄餅」是整疊多汁的茄子切片包著豬絞肉的餡料，淋上濃厚的糖醋辣醬；「回鍋肉」是帶油的三層肉搭配蒜苗，用好吃到無法形容的豆瓣醬一起炒……而且其實很多菜裡都有辣椒，像是滷鴨心肝的蘸料、雞絲上頭淋的紅油、豬肉和茄子用的醬料等；不管是整根的還是切段的、紅的或綠的、新鮮的或乾的、磨碎的、浸泡的還是浸在油裡的，辣椒的種類多得難以計數。但是成都料理的辣勁，其實還不到來自中國各地的觀光客聞名已久、避之唯恐不及的程度。要吃到真的辣到那種程度的料理，你就得搭幾個小時的巴士到四川的第二大城，同時也是長江大城：重慶。

我曾經去過那裡一次，就在我到成都後沒多久，我去那裡拜訪我的音樂家朋友周鈺的父母。在九〇年代早期，那個地方有種龐雜但壯觀的感覺。那裡被工廠煙囪排放的廢氣污染的樓房，散落在陡峭、無盡延伸的山坡上，山腳下的遠方就是長江和嘉陵江的交會處。重慶是個喧囂繁忙的河港，這裡的人每天在山上與山下之間跋涉，和悶溼的氣候相抗衡。夏天的溼熱讓這座城市成為中國的「火爐」之一。就算在四川，重慶食物都還是出了名的麻辣與重口味。

周鈺的父母在一個悶熱的夜晚請我到江邊去吃火鍋。我們圍坐在鍋子旁，裡頭是一大塊厚厚的牛油，沾滿多得不可思議的乾紅辣椒、花椒粒和其他香料。接著服務生彎腰，從桌下點燃瓦斯爐火。隨著鍋子熱起來，油脂開始融化，辣椒也開始跟著牛油上下流動。接著服務生送上一盤盤新鮮食材：牛毛肚和香菇，豆腐和綠色蔬菜。我們用筷子在滾燙的紅湯裡煮這些食材。每一片食材都沾上了辣椒和花椒等香料，火紅油亮地從火鍋裡現身，就連一根豆芽菜都是混著一堆辣椒被夾出來。吃完那一餐，我都被辣得要精神錯亂了。我的嘴巴又熱又痛，全身流汗；我覺得自己既狼狽又像要融化了，痛苦和快樂無從分別。

經過這種火的洗禮後，沒有很多外地人會馬上決定要去重慶定居。但是成都是座溫和的城市。這裡的生活不是和丘陵環境與坡度對抗的戰爭，而是一個甜美、悠閒的美夢。辣椒的使用不是暴力，而是喚醒並刺激味蕾，讓它活起來，品嘗其他味道的可能性。辣味結合了底層的甜味、濃厚的豆瓣醬和豆豉的鹹香、香醇的醋酸味，誘發人的食欲和喜悅。在成都，四川料理不是國際上刻板印象的野戰訓練場，而是一趟誘人、蜿蜒且令人歡欣的旅程。

我很快就成了「竹子屋酒店」的常客。這間餐廳在學校附近，以豐富的口味和友善的氣氛聞名。這個簡單的地方位在一間搖搖晃晃的木屋裡，但是這裡的食物滋味豐富，我怎麼都吃不膩。每晚到了六點，這裡就已經熱鬧地擠滿了人。顧客圍著方木桌坐在矮竹凳上，大啖香氣四溢的炒菜與熱騰騰的湯。這裡的女服務生是來自鄉下的年輕農家女孩，像擠沙丁魚似的住在天花板低矮的閣樓上，此時則忙碌地拿著一瓶瓶的啤酒滿場飛。老闆的媽媽，則在店門口旁的櫃檯裡帶著算盤坐鎮。

隔了幾間小屋，就在街的另一頭，有另一間餐廳：義大利飯店，不過賣的東西其實跟義大利一點關係都沒有。店名是取自一群過去常去的義大利學生，但現在已經沒人記得他們。這間店賣的是一般的四川菜，後來變成我們特別的晚餐聚會或生日派對最愛的地點；這種時候我們會包下這裡兩間包廂的其中一間，叫滿滿一大桌的菜大快朵頤。我們一邊狂飲會燒灼喉嚨、引起嚴重宿醉的烈酒，一邊聽加拿大籍的英文老師傑高談闊論——他的演講總是刻意浮誇，用天外飛來一筆的中文詞彙加以點綴，在喝了幾輪的白酒後聽起來格外滑稽好笑。

天氣溫暖的夜裡，我們會沿著大學外的河岸漫步，那裡的梧桐樹下冒出了一堆的**露天**餐廳。我們會在枝枒下坐上好幾個小時，啜飲啤酒，啃著豬耳朵、蓮藕片，把新鮮毛豆從豆莢裡擠出來。周圍有人懶洋洋地倚在竹椅上，用四川方言說說笑笑；當時流行猜數字划拳，玩的人會激動地大喊，伴隨著我們頭頂上的樹梢傳出的陣陣蟬鳴。

在九〇年代中期那段時間，我們去的餐廳根本連冰箱都沒有。啤酒是放在水桶裡冰鎮的，肉跟蔬菜都是每天從市場買來的；如果你要吃的材料餐廳裡沒有，可能就會有一個女生要去跑腿從外頭買回來。魚和鱔魚住在廚房的水箱裡。每樣東西，除了慢火細熬的湯和燉菜之外，都是新鮮現炒的。衛生稽查員要是看到煮過的內臟放在沒有冷藏功能的櫃子裡，還有重複使用的木頭筷子與清洗的簡陋設備，一定會氣得臉色發白。不過我們幾乎沒有人吃壞過肚子。

坐在「竹子屋酒店」裡，我看到一大盤的魚和神祕的陶甕湯被送上隔壁桌。隨著香氣飄送到我的鼻子裡，我也開始變得沮喪。在倫敦上了兩年夜間中文課，在台北也學了兩個月中文，但我還是沒有破解餐廳中文菜單的基本能力。我上課的幾個禮拜裡用的四川大學教科書，既乏味又不切實際。書裡沒有教我們像是「炒」「燒」「筍子」「鵪鶉」這類有用的字，而是要求我們死記一長串無關的中文字，例如古典史詩作品《三國誌》裡面的英雄與惡徒，或是古老的馬車、武器、樂器的名字等等。

無論如何，學中文字都是個痛苦的過程，對成人來說尤其如此，幾乎會讓你崩潰。他們說，要讀懂報紙，你必須要認識兩千到三千個字，而這數字只不過是現存中文字數量裡的滄海一粟。所以你把這些都擠到你的腦袋裡，一再寫出來，寫在有成排小方塊標示的特殊紙張上，寫在小卡片上好貼在牆壁，或是吃早餐的時候順便看。可是不管你多麼努力想要把它們塞在腦袋裡，大部分都還是會掉出來，就像從篩子裡篩出來的麵粉一樣。學中文字就像是希臘神話裡薛西弗斯永無止境的勞動，沒有人會感激你，而且充滿挫折。這也就是為什麼很多學中文的外國人最後說得都挺好的，但是大多不會讀或寫。我不喜歡花幾個小時背誦那些古代小說裡的字彙，所以後來我就不去上語言課還有民族歷史課了，取而代之的是一些中文家教課，剩下的時間我就會去逛市場、上餐館，或是坐在茶館裡鑽研字典以及當地餐廳菜單的影本。

我從小就很喜歡做菜。每次歐洲大陸的家族節日過後，我都會嘗試重做我覺得特別有意思的外國料理。在大學的時候，我曾經有一整個暑假都浸淫在土耳其料理中。那時我們家的世交，一位土耳其瓷器大亨邀請我到他在安納托力亞中部的家裡住兩個月。身為一個年輕未婚的女性，我在他的穆斯林家庭裡沒有什麼自由去探索這個古老的城鎮或是鄰近地區；大部分的時間我都待在家裡，和他的大家族在一起。很自然地，我被吸引到了廚房。我的日記裡寫滿了各種食譜：填餡蔬菜、燒烤肉餅、馬齒莧沙拉。我從我媽媽那裡學到在餐廳裡猜菜餚裡用的材料與烹飪手法的習慣，我會尋找香草和香料的蛛絲馬跡，鑑識般地分析盤子裡的食物。我在十一歲的時候就想要當廚師了。但是我的教育輸送帶卻把我帶得離食物愈來愈遠。

在校成績好的學生想離開學校到餐廳工作，通常都是不受到鼓勵的。我記得當我告訴一位中學老師我的志向時，他不可置信地嘲笑了我一番。所以我繼續通過考試，努力工作，做好外界期望我做的事。一直到了中國，這個離我家千里之遙的地方，這個讓我幾乎和過去完全切割的地方，我才能夠做我真正想做的事。我終於能夠向自己坦承，我不是什麼歷史學家或是學術研究者，甚至也不是記者，而是一位廚師。在廚房裡切蔬菜，用手揉麵團或是幫湯調味，才是我覺得最像自己的事。我在牛津長大，在劍橋讀書，在倫敦工作，支撐我的只是一條學術與專業聲譽的細繩，好像這才是他人眼中對我的定義。可是在中國，那些全都不重要。我只是一群想家、在文化裡迷失的外國人之一；我們試著想在這個國家裡找到立足之地，而儘管我們做了種種學習，對於這裡我們還是所知甚微。我花了一段時間才接受這一點，不過到了最後，這卻是我人生裡最美好的事。

對一個天生對食物充滿好奇的人來說，九〇年代中期的成都可以說是天堂。在你的面前什麼都有，一聞就知道。在後巷裡，家家戶戶在小屋外就架起炭爐燒晚飯，豆瓣醬、花椒和茉莉花茶的香氣飄散在帶有暖意的秋夜空氣中。最不起眼的小館子裡端出的中國菜，常常都比你在倫敦任何地方吃的還要好吃。在四川，幾乎人人都很喜歡聊做菜和食物。兇巴巴的計程車司機一對我說起他們最喜歡的菜，馬上就詩情畫意了起來，還說得鉅細靡遺；中年夫婦午餐的時候一邊吸著麵條，一邊還會回憶以前那些豆腐做得很好的廚師。我記得有一次從收音機廣播裡聽見一個年輕的女播報員在報導市內各家餐館裡美味的食物時，語調裡洋溢著出自口腹之欲的喜悅。她喃喃念過一長串的菜餚名稱，開心地描述每道菜的味道與口感（「啊，那個牛毛肚，真是爽脆」）。她的話語中間穿插著激賞與興奮的抽氣聲，幾乎難以自持。她就是我碰到的人的典型。就像一位廚師朋友跟我說過的，成都人有「好吃嘴」，一張愛吃東西的嘴巴。

在抵達成都後的幾周裡，我寫下我對於當地食物的印象。在我第一本四川筆記本的前幾頁，日期是一九九四年九月的時候，我就已經寫滿了市場裡賣的各種蔬菜水果的名字，還有關於食物的對話記述。一旦我讓自己掙脫了學術上的責任束縛，我隨興的食物調查就成為了我的生活重心。一切難以抗拒。每天都會有新的美食發現：也許是路邊專賣我從來沒看過的點心的小販，或是一位用竹扁擔挑著兩籃少見的水果或藥草茶疾行過街的農民。我抓住每一個和四川朋友或熟人在廚房交流的機會。我和周鈺與陶萍這對夫妻的友誼也日益加深，當初就是他們好客的招待將我引來了成都。現在我會定期去他們在音樂學院附近的小公寓裡吃晚餐。陶萍的祖母當時是位八十多歲的婦人，每天都還會上附近的市場買菜，提著裝滿食材的袋子上上下下十二層的樓梯。她曾邀請我們去她家吃美味的乾煸四季豆和魔芋燒鴨。我的中文家教余太太也歡迎我三不五時地去她家享受一流的晚餐：她不只教我中文，也教了我烹飪。

四川人是出了名的親切和隨興，跟他們那些北方同胞大相逕庭；就像義大利那不勒斯地區人的熱情與英國人的冷靜那般的對比。我數不清有多少次因為和陌生人巧遇，最後就被邀請去吃了晚餐。在一個難忘的下午，我在岷山飯店附近巷子裡和一位烤鴨的小販聊天。他先替鴨子上飴糖漿和醋，然後放進用磚和泥砌成的圓頂爐子裡烤。在烤鴨的時間裡，我們聊了起來，結果他一下就邀我去他入股的餐廳吃飯。之後的好幾年裡（直到他的烤鴨店因為都市開發而被拆除），每次我騎腳踏車經過，他都會跑出來跟我聊天，塞給我他幫我留的一罐醃菜或是豆腐乳。

在一個國定假日，周鈺和陶萍邀請我和他們一起出城去朋友家，和大家一起吃火鍋。我們到了那裡就先去當地的市場買菜，再回到那個朋友的公寓。他們準備了一大鍋的辣高湯放在廚房地板上的瓦斯爐上，大家圍著火鍋，坐在小凳子上，自己煮起了午餐來：在鍋裡放入一把把的金針菇、豆腐皮、紅薯粉（地瓜粉絲），還有咬勁十足的毛肚。隨著這一餐的進行，大家的情緒有明顯的改變：一開始大家都很有精神、活力，接著一陣恍惚來襲，最後大家各自在扶手椅、沙發等等地方墜入夢鄉。在一場漫長又幸福的午睡過後，我終於恢復知覺，此時我才注意到在高湯裡浮沉的，是大量的罌粟花頭。

不過呢，其實你不需要罌粟花頭就能在四川解放受壓抑的自己。在這裡的空氣中、方言裡、居民身上，以及最重要的食物裡，都有某種溫暖和閒適，能夠融化英國式的僵硬，就像陽光能融化酥油一樣。當我剛搬到成都時，我的心像拳頭一樣緊緊地揪在一起。除了經由食物之外，我幾乎不能對外溝通。但是過了幾個禮拜後，我覺得自己變得柔軟了。在我的人生裡第一次，我覺得自己擺脫了所有的義務與期望。生活就像一張白紙。

# 魚香茄子

茄子　六〇〇到七〇〇公克
油炸用的花生油
四川蔭豆瓣醬　一又二分之一湯匙
新鮮薑末　一湯匙
蒜末　一湯匙
高湯　一五〇毫升
白糖　二茶匙
生抽　二分之一茶匙
豆粉（澄粉）　四分之三茶匙（加一湯匙冷水拌勻）
鎮江醋　二茶匙
青蔥　四根（只取蔥綠部分切細蔥花）
麻油　一茶匙

一、茄子縱切半後再斜切，共四段，每段再縱切成三到四塊，大小要相近。

二、鍋子裡將油燒熱到攝氏一八〇到二〇〇度，準備油炸。茄子全下，炸三到四分鐘，等到外皮呈金黃色、裡面變軟就可撈出，放在廚房紙巾上吸去多餘的油。

三、將油炸的油倒掉，需要的話也可以洗洗鍋子。接著開中火，用二到三湯匙的油炒豆瓣醬。炒到油變紅、香味出來了，就加入薑末與蒜末，繼續炒二十到三十秒爆香。

四、加入高湯、糖、醬油拌勻，需要的話再加點鹽巴調味。

五、把炸過的茄子加進醬汁裡煮滾，然後慢慢燉幾分鐘，讓茄子把味道吸進去。接著倒入水豆粉（芡汁）勾芡，再翻炒一下讓醬汁變濃稠。倒入醋和蔥花煮幾秒，等到蔥花一熟就讓鍋子離火，淋上麻油拌過後盛盤。

## 第二章

# 擔擔麵！

「啥子麵？」何老闆從和常客的對話裡抬頭瞥了我一眼，一如往常粗魯地問我要哪種麵。

「二兩海味麵，一兩擔擔麵。」我一邊回答一邊把我的書包丟到地上，在距離川流不息的腳踏車潮不過幾公分的地方，在搖搖晃晃的凳子上坐了下來。我根本不需要看黑板上粉筆寫的十來種麵的名稱，因為自從我到了成都，幾乎每天都在何老闆這邊吃麵，麵的種類我早就記住了。何老闆向他的三四個年輕伙計大喊了我點的東西，他們在麵店裡的炭爐後忙進忙出，玻璃櫥櫃裡放著碗裝的調味料，有味道濃厚的紅油、花椒末、蔥花、醬油和醋、鹽巴和胡椒。旁邊還有一鍋鍋滿滿的鮮湯和燉物放在電子爐上煨煮，一束束剛做好的麵條彎彎地放在竹編的簍子上。在店前面，正對著街全景的位置，兩口巨大的鐵鍋裡滾燙的沸水冒出了熱騰騰的蒸氣。

何老闆繼續聊天，靠回了他的竹椅，邊抽著菸邊重新說起那些好笑得有點可怕的故事。他的表情總是帶點憤怒，像是在敵意與猜疑的邊緣。就算他是對熟人微笑，那笑容看起來都像是帶著挖苦的冷笑。他大約四十多歲，臉上有青春痘留下的坑坑疤疤，雖然是太陽曬黑了的膚色，拉長的臉卻顯得蒼白。他看起來既厭世又憤世嫉俗，只是我跟我的留學生朋友從來也不知道原因。我們對他深深著迷，但是儘管我們不斷地揣測他的生活：他住在哪裡、和誰一起住、晚上又做些什麼、有沒有開心過，最後還是很難想像他會出現在大學後巷竹椅以外的任何地方，以及除了幫客人點麵，對伙計大吼大叫外，他還會做些什麼。我們之中比較大膽一點的——海參崴來的莎夏和帕夏、巴黎來的大衛會發自內心地跟他打招呼，想要和他交談或是講笑話，但都白費功夫：他臉上連一丁點的笑容都沒有，依舊板著臉面無表情，只是一如往常地問：「啥子麵？」

我看見店裡的年輕人在料理我的午餐，把香料和紅油滴進我小小的擔擔麵碗裡，在海味麵的大碗裡灑一點點鹽巴和胡椒。重量剛好的麵被拋進鍋裡煮，沒多久，冒著熱氣的麵碗就送到我的桌上了。海味麵一如往常，豐富得讓人心滿意足，海鮮高湯淋上滷豬肉和竹筍、香菇、蝦米、淡菜等配料。至於擔擔麵嘛，絕對是城裡最好吃的，甚至是任何人吃過最好吃的。看起來很簡單：一小碗麵，上面放了一湯匙深色、鮮嫩的牛絞肉。但只要你一用筷子拌開，就喚醒了碗底油亮亮的香辣調味料的風味，每根麵條都裹上了由醬油、辣油、芝麻醬和花椒混合而成的醬汁，結果讓人精神為之一振。只要幾秒鐘，你的嘴巴馬上就像著火了一樣。嘴唇因為受到花椒的突擊開始顫抖，全身因為發熱而活了起來。（天氣溫暖的時候，你可能會開始滿頭大汗。）

何老闆的擔擔麵是效果強大的興奮劑，是治療宿醉或心痛的特效藥，也是甩開成都陰鬱潮溼氣候的萬靈丹。我們這些學生像上癮般臣服於它的味道。很多人都像我一樣，會點一份味道比較清爽的湯麵，像是番茄煎蛋麵或是海味麵，再點一碗小的火辣擔擔麵，像是喝淡酒後會追加的那杯烈酒一樣；不過生活追求刺激、喝酒喝得凶的俄羅斯人和波蘭人總是會點整整三兩的「擔擔兒」。我們坐在街邊不穩的桌子旁狼吞虎嚥，呼嘯而過的腳踏車不時會碰撞到我們，計程車的喇叭聲與排放出來的臭氣也對我們展開攻擊。等到我們吃完了，我們會向何老闆要帳單，他就會把這些零頭加總，接過我們皺巴巴的紙鈔，在他小小的、半開的木頭抽屜裡翻找零錢。

擔擔麵是標準的成都街頭小吃，這個名字就是來自傳統街頭小販為了運送貨物挑著的竹擔。「擔」當動詞用的時候，指的就是肩挑扁擔的動作。城裡的老一輩居民都還記得過去賣麵小販的叫賣聲迴盪在舊巷弄裡的日子：「擔擔麵！擔擔麵！」小販會在他們習慣的地方把扁擔放下，拿出他們的爐子、煮麵鍋、裝麵的碗筷，還有一罐罐的調味料。僕役一聽見叫賣聲，就會衝出古老木造宅院的大門幫他們的主人點碗麵；在茶館裡嘩啦啦洗牌打麻將的人，也會為了吃一碗麵而暫停；路過的人則在街頭就唏哩呼嚕地吃了起來。麵用小小的碗裝著，一次一兩的分量，恰好讓你止飢，價格又夠便宜，幾乎人人都吃得起。

賣麵的小販不是唯一要四處奔波的生意人，他們是以繁榮、多采多姿聞名的成都街頭百態的一部分。在清朝末年，也就是二十世紀初期，傅崇榘對這座城市的導覽中就包括了這裡許多街頭攤販的描述與圖示，有流動理髮師、修腳指甲的師傅、賣水和賣花的小販、修傘和風扇的工匠、賣雞毛撣子的小販、磨刀的工匠、做點心的師傅等。整座古城是一座迷宮，巷弄是通道，以木材為骨架的房屋是襯裡；房屋的牆壁是竹編的，空隙裡塞滿了泥巴和稻草後外層再粉刷。座台上的石獅子守著宏偉的木門兩側。幾乎每條街上都有一間茶館，拿著滾水茶壺的侍者四處走動，回沖中式茶壺裡的茉莉香片。在市場的喧鬧與街頭的嘈雜聲中，沒有什麼聲音比點心小販的叫賣聲更受到歡迎的了，那宣告了某種美味小吃的來到。

十九世紀末、二十世紀初是大家記憶中成都小吃的全盛時期。路邊攤的小吃品質決定了他們的存亡，所以每一家都小心守護著自己的烹飪祕方。在競爭激烈的氛圍中，每個生意人都開發出自己的新食譜，有些至今依舊以他們的名字傳世。鐘燮森發明了超好吃的「鐘水餃」：新月形的軟嫩餃子，包著滿滿的豬肉餡，浸在調味過的紅醬油與辣油裡，最後再放上一點蒜泥提味。另外一位名叫賴源鑫的人，則把他的溼潤黏滑的「賴湯圓」傳給了後代，內餡是烤過的黑芝麻與糖做成的芝麻糊。一對帶著烹飪器具沿街叫賣的夫妻因為感情好得出名，所以他們的拿手菜——用滷水、紅油辣椒、花椒末所調成的火辣醬汁拌切片的牛內臟、芹菜和花生米——到現在依舊保留「夫妻肺片」這個名稱。更成功的攤販通常會自己開餐廳，店名一般也都是他們最受歡迎的料理。

當老一輩的人回想起童年的街頭小吃時，眼眶裡常常浮現一層薄霧。我在茶館碰到的一位長者，和我一起坐了一個小時，一絲不苟地仔細寫下一張列出幾十種點心的清單，依照烹飪手法和主要食材分門別類。一位五十多歲、個頭很大、性情開朗的廚師一邊回想，一邊露出渴望的笑容：「喔，當時街上什麼都有，扁擔裡有賣擔擔麵、豆花、丁丁糖。」他還學給我聽他一直記得的小販叫賣口訣：「有甜的，脆的，糖麻花！」

文化大革命期間禁止所有的私人企業。成都的茶館被迫關閉，小吃攤販也被驅離街頭。但是在中國的「十年浩劫」結束後不久，舊的街頭小吃文化就復活了，小吃復甦的部分原因是「打破鐵飯碗」：中年工人突然發現自己只能領到微薄的工資，因此被迫找其他方法賺錢。所以有些人會在早上炸一籃的麻花或包點粽子拿到街上賣。農民在農閒的時候也會在路邊賺點零頭。

在九〇年代中期，成都還是一座巷弄迷宮；有些巷子的兩側是灰磚牆圍住的，間或以木門點綴，有些則是被木造或竹造的兩層樓住宅包夾。宏偉的老舊宅院被切割成許多簡陋的居住單元，塑膠招牌懸掛在開放的店頭上方，石獅子也被搬離了台座。但如果你閉上眼睛，不看這些改變的跡象，你依舊能夠想像自己走在中國更久遠的過去當中。

這座城市老街的迷人是永無止盡的，我花了很多時間探索這裡。在有陰影遮陽的街角，有理髮師把鏡子掛在樹枝上或附近大樓的牆上，擺好竹椅給客人安穩地坐下，他們臉上塗滿泡沫，在大庭廣眾下讓理髮師拿著直柄剃刀幫他們刮鬍子。磨刀的工匠穿著骯髒的圍裙晃過去，手上拿著他們的木凳和長長的灰色磨刀石，準備好替任何人的菜刀磨出鋒利的刀刃。另外還有流動雜貨商，腳踏車上滿滿載著拉鍊、鈕釦、一捆一捆的棉線。還有些小販賣的是自己的手工藝品，像是竹編的篩子，或是鋪著白色鞋墊的黑色棉布鞋。

當吹起春風的三月來臨，每條主要道路上就會出現賣風箏的小販。他們展示著色彩鮮豔的風箏，是用竹子骨架上糊著薄如蟬翼的紙做成鳥或是昆蟲形狀（整片廣大的天空裡也滿滿的都是風箏，就像是一群浮游生物一樣）。下雨的時候，賣摺疊雨衣的小販就像變魔術一樣地出現；在黏答答的夏季高溫裡，老先生在人行道上就擺起了成排的風扇。我甚至還看過一輛腳踏車上堆滿幾百個用細竹枝編成的小籠子，每個籠子裡面都有一隻活的蟋蟀。牠們的鳴叫聲聽起來就像個小交響樂團。

在巷弄裡還有酒鋪，用巨大的泥缸裝著穀物釀的烈酒。有些酒裡會浸泡藥用的枸杞子，有些裡面有各種動物的鞭，想當然是給男性喝的。賣笛子的小販身上掛滿竹笛在人群中穿梭，邊走邊演奏音樂。想要走個幾公尺都不被食物引誘非常困難。我可能會被賣麻圓（芝麻球）的老人突襲，也會為了腳踏車後方載著蒸籠，用橘葉包住出爐的黏黏葉兒粑的販子分心，或是被剛起鍋、包滿果醬的蛋烘糕的香味俘虜。

當用一片金屬兩頭敲出的「叮叮噹、叮叮噹」的音符響起，就是賣丁丁糖的來了。他賣的是白色的飴糖（麥芽糖），如果不快點吃就會黏黏地融在手上。最棒的就是賣豆花小販喊的「豆花兒！」了。我一聽見就會跑出去追他，他會放下兩端吊著紅黑木桶的扁擔，動手幫我裝一碗豆花。才剛離開爐子的豆花還是溫熱的，和焦糖蛋奶一樣軟、一樣滑嫩，淋上醬油、辣油、花椒末做成的風味醬汁，再放上幾片榨菜。

我從來沒看過在路邊賣擔擔麵的。就像出名的「鐘水餃」還有「賴湯圓」一樣，他們都消失在原本出沒的地點，轉而在專賣點心的餐館裡販售，或是在更高檔的餐廳裡當作點心。取代他們在街上位置的是一些新流行起來的玩意兒：上海炸雞、新疆馬鈴薯或是烤肉串。每隔幾個月，街上就會流行新的小吃，然後就會一窩蜂地出現一樣的攤子，擠破頭想要靠著已經出名的小吃分一杯羹。

雖然「擔擔麵」這個名字，一開始只是表達這小吃是被挑在扁擔上賣的，但隨著時間過去，這個名字開始和某種特定的食譜連結。這道麵點上面會有肉燥和芽菜（譯注：四川省的一種傳統鹹菜，以白菜、芥菜等的莖葉切絲、晒乾、醃製而成），這是一種很有名的醃菜，捲曲的深色菜葉會為料理帶來鹹香味。每間賣傳統四川菜的餐廳菜單上都有擔擔麵，現在超市也買得到擔擔麵醬。從我第一次住在成都開始到現在，超市的數量如雨後春筍般增加。這幾年來，我已經嘗試了數不清版本的擔擔麵。但是在我追尋的過程中，我一直找不到何老闆在四川大學旁邊簡陋的小店裡做出的美味。

我當然試過要說服他給我他的祕方，但是他從不完全洩漏給我，而是用片段的資訊吊我胃口。有一次，他勉強讓我看他的伙計在碗裡組合那些調味料；還有一次，他讓我試吃他用的油和醬汁；最後他告訴我他煸透了的牛肉臊子（淋在麵上的碎肉醬）的原料是哪些。終於我成功地把拼圖拼湊了起來，在家裡成功複製了他的祕方，隨之而來的是鬆了一口氣和極大的成就感。

後來的好幾年，每次我或是我的四川大學同學從巴黎、倫敦、慕尼黑、維羅納或克拉科夫回到成都時，我們都會去吃一碗何老闆的擔擔麵一解鄉愁。不管我們來自地球的哪個角落，也不管我們過去在他的店裡吃過幾百碗、甚至幾千碗的麵，他看我們的時候還是一絲笑容都沒有，一點點好像認得我們的跡象都看不出來，只是用他一貫平板的四川方言問：「啥子麵？」如果我們夠幸運，我們離開的時候他可能會對我們敷衍地點點頭，表示我們一年後，或是更久之後再見。何老闆這樣拒絕承認我們的身分，已經變成我們之間一個苦樂參半的笑話。

情況一直到我最後一次去他的店裡才有所改變。那是在二〇〇一年，李春城（大家都叫他「李拆牆」）擔任市長的時期。好像李市長決心在任內拆毀整個舊市街，用現代化的格子狀道路與水泥高樓取代做為政績。在他的命令下，成都一片片被夷為平地，不只是那些搖搖欲墜的舊住宅，連京劇院跟雄偉的天井式大宅、有名的餐廳和茶館、整條梧桐樹大道，全都無一倖免。

文化大革命時，紅衛兵炸掉了成都的「紫禁城」，也就是明代建造的天井和屋舍建築群組成的「皇城」（同樣的位置現在佇立著一尊毛澤東揮手的雕像）。從那之後，成都就沒有再經歷過這樣的變動。

何老闆麵店周圍的巷道都成了一片廢墟，木頭和竹子如屍骨般橫陳，而他緊鄰著其他一兩間小店的麵店，如同一座孤島在周遭的荒蕪中殘喘。當我信步走去，想吃碗麵當午餐時，何老闆給了我一個陽光的表情，而且讓我感到驚奇的是，他幾乎笑了。看著他幫我點菜、算帳、和常客聊天的樣子，他好像更圓融了，沒那麼尖銳了。以他自己的標準來看，他簡直容光煥發，和藹可親。是什麼造成了這種神奇的轉變？是他戀愛了？還是打麻將贏了大錢？或是在這座城市的舊面向陸續消失，而他的生意瀕臨被摧毀邊緣的此刻，反而使他理解了世事無常的道理，選擇輕鬆面對當下？我永遠也不會知道。我坐在那裡吃麵，一樣的美味可口，然後我就得走了。後來，我再也沒看過何老闆。那年稍晚我去找他，想告訴他我在自己的四川菜書裡寫到了他，還有他的麵店，而且已經出版了經過我改寫的他的擔擔麵祕方，這份食譜現在可能被世界各地的川菜愛好者看過或嘗試煮過了。但是在他的麵店過去的位置，只剩下如月球表面般的破瓦殘礫，一片碎石堆上散落著幾個摔破的泡菜罈子和飯碗。沒有一個路人知道我到哪裡能找到他。

在我待在成都的第一年，我當然沒有想過要寫關於四川料理的書，而且那時候我也很難相信在短短幾年後，這座活力蓬勃的城市古舊的部分就會消失。我在那裡度過愉快、閒散的時光。我可能會一天在茶館裡待好幾個小時背中文字；改天又決定去拜訪附近的漁村，看看那邊的人午餐煮什麼；我和一些朋友開始在青羊宮（一座道觀）滿是樹蔭的花園裡，向一位退休的中醫師學氣功，學習如何感覺並控制在身體裡流動的氣。俄國人莎夏和帕夏說動了一間違法戲院舉辦（盜版的）「黑色追緝令」特映會，最後變成了一場狂歡派對；我的德國朋友伏克爾和另外八個外國學生，和我一起租了一輛巴士去四川藏族區進行刺激冒險的旅行。但很多時候，我只是騎腳踏車漫步在成都的老街上，等待某事發生，而且通常的確會發生。

在我最喜歡的一間茶館裡，我和一位掏耳朵的師傅變成了朋友，他姓肖。我在認識他之前就對他的聲音很熟悉了。我喜歡躺在竹椅上閉著眼睛，手邊放一碗茉莉香片，聽著街頭小販經過的聲音。一聽見尖銳、金屬敲擊的聲音，就知道掏耳朵的來了。他的襯衫口袋裡裝滿了各種嚇人的道具：小刀、銅做的尖棒子、小小的杓子，還有幾隻細緻的鵝毛刷。肖先生是這間茶館的常客，我常看到他把工具伸進茶館客人的耳朵裡，躺在椅子上的客人露出滿臉幸福的表情。有一天我們開始聊起來，他告訴我他的生意，向我解釋他用他的小叉子和刀子刺激的穴道，還告訴我掏耳朵這門技藝可以追溯到宋朝。他說：「現在有些女性會用掏耳朵的工作掩飾賣春。她們帶的工具是對的，但根本不知道怎麼好好掏**耳朵**。」他說的一切深深吸引了我，但是我太害怕，不敢讓他實際在我身上示範他的技藝。

不過在我認識他一陣子之後，我的堅持就在一個陽光普照的下午瓦解了。我緊張地在椅子上躺好，讓他對我為所欲為。他一開始先搔我的頭髮後面，然後用一支小鈍刀輕觸我耳朵周圍的皮膚，舒服的顫抖傳遍我的全身。他很沉默而且專注，接著開始刮，用他的小杓子和銅棒子深入我的耳朵裡。然後他在我的耳朵裡轉動好幾支的鵝毛刷。當他把一支刷子放到我的耳朵裡，用嗡嗡作響的音叉輕敲鵝毛刷的柄時，帶來讓人全身寒毛都立起來的興奮感：震動傳來的韻律聽起來像是傳到我的耳朵深處的蟋蟀鳴叫。

在成都的生活常常讓我們外國人有超現實之感，每天都會有最不合乎常理的事發生，反正我們這些留學生幾乎不可能有「正常」的生活。不管我們做什麼，在當地人的眼裡一定都是奇怪又讓他們感興趣的。我們受邀參與廣告和電影演出，我們的臉被印在肥皂的包裝上，我還曾在一個遊樂園待了一天，穿著西班牙佛朗明哥的裝扮，頂著全副舞台妝在廣告中扮演一個角色，因為導演說我的眼睛「充滿神祕感」。就算我們努力要以謹慎且平淡的方式過生活，我們所到之處還是會引來人潮和驚呼連連。實際上來說，這倒是給了我們一張什麼都能做的通行證。

有一天晚上，我和兩個義大利朋友搭計程車去城的另一頭參加聚會，但沒開多遠，計程車就在一個大型十字路口拋錨了（那時候的私家車還很少，也沒有交通號誌，所以車子都是以獨特的方式自己找空隙通過這些大型的路口）。我們的司機下車開始修引擎，我們那時候喝醉了所以超蠢，開心得昏了頭，就放了一卷搖滾樂的卡帶到車裡的音響，把音量調到最大聲，接著下車在路上跳起舞來。司機帶著微笑放任我們，就像大家通常那樣。很快地，另一輛計程車在我們旁邊停下，那輛車的司機跳下車，瞠目結舌地看著三個外國女生嘻嘻哈哈地在路中間跳舞。車子一輛接著一輛停下來，最後整個路口都被停得歪歪扭扭的無人計程車塞住了，大概有二三十輛吧。此時我們的司機把引擎修好了，所以我們又跳回車上，穿過在路上亂停的車與車之間的空隙揚長而去，回頭只見眾人一片驚愕的表情。

在如此奇異的環境中，我的口味變得愈來愈有冒險精神也是很合理的。一開始我就像大部分的外國人一樣，把我的小船儘量駛離中國菜的漩渦。和朋友去外面吃飯時，我會點雞肉或豬肉，而不是青蛙或泥鰍，會選肉而不是內臟類。但是隨著我的中國朋友愈來愈多，我就愈來愈不可能維持這種挑剔的口味，就算只是出於我的英式禮貌也是一樣，因為有些中國人表達好意的方式，就是把豬腸或是軟骨紛紛夾到我的碗裡，顯示他們對我的特別關照。

我記得一次讓我寒毛直豎的恐怖午餐經驗。我的中文老師介紹我認識了一位親切的烹飪史學者，他邀請我一起吃火鍋，然後「為了我」點了一整盤昂貴的豬腦。他用一個小金屬網杓挖起豬腦，放進略滾的火鍋裡涮了一下，然後把豬腦放進我裝了調味料的碗中，沒入麻油和蒜末裡。一開始我還想把豬腦藏在大蒜下面，再用活潑的對話轉移他的注意力，好讓我能偷偷把它丟到放魚骨的廚餘盤上。但是這招沒有用。每次我因為某種無力的藉口而把豬腦「弄掉」了，他就會把更多的豬腦送進我的碗裡。最後我還是吃了，是種不情不願的屈服。豬腦吃起來像是奶黃醬那樣軟，味道濃厚得嚇人。

有時候我對某種食物的保留態度，會僅僅因為喝醉了就棄守防線。在一九九四年的成都，兔腦殼就相當於在英國當宵夜吃的沙威瑪，這種點心我是從一個加拿大朋友那邊聽說的。我看過兔子頭恐怖地在玻璃櫃裡排排放著，沒有耳朵也沒有皮，露出尖銳的牙齒，用兔子圓圓的眼珠直直盯著前方。光是想到要吃這東西就讓人想吐。但有一天晚上，在我跳了很久的舞之後，我又累又餓地來到了一個路邊攤，酒精讓我神智不清，於是我吃了生平第一份的兔腦殼，做法是切半後放到鍋子裡和辣椒與蔥快炒。我沒有要在此形容頰邊肉的絲滑濃郁、眼球入口即化的順口、兔腦多層次的軟嫩；我只是要說，從那天起，我幾乎每周六晚上都會吃兔腦殼。（後來我才知道在四川，形容兩個人火熱地接吻就叫做「啃兔腦殼」。）

感情當然也助長了我的無所不吃。基於對我朋友的深厚感情，當他們滿懷好意，用帶著熱切與期待的表情交給我一份微微抖動、外表可疑的食物時，我實在是無法拒絕。我也愈來愈喜愛成都，喜愛四川，喜愛中國。有時候就算是最讓人反胃的東西，只要是和一個熟悉並喜愛的地點有關，吃起來也會是美味的。除了內臟和奇特的珍饈之外，有些難以想像的點心也變成了我中國美食風景畫裡的一部分。所謂**火腿腸**是一種淺粉紅色的香腸，是用不能說的組合豬肉和穀類做原料，灌進紅色塑膠腸衣裡做成的。在中國每個火車站的月台都買得到，吃火腿腸是長途火車旅行儀式的一部分。這樣食物至今還是會引起我的鄉愁，我偶爾還會忍不住買它，但其實在英國已經沒有任何誘因讓我去吃它了。另外「大大卷」泡泡糖也讓我吃上了癮，這是裝在扁圓形盒子裡賣的長形、捲成像緞帶一樣的口香糖。這種口香糖可能就是直到二十五歲都有一口好牙的我，從四川回到英國之後得補七顆牙齒的原因。

## 何老闆的擔擔麵（牛肉擔擔麵）

兩人份的晚餐，分量等同四人份的路邊小吃。

乾的中式麵條　二〇〇公克（新鮮的三〇〇公克）

**碎肉醬（澆頭）材料：**

菜籽油　一湯匙
四川乾辣椒　三根（切半去籽）
花椒粒　二分之一茶匙
四川芽菜（醃菜）　二十五公克
牛肉碎末　一〇〇公克
生抽　二茶匙
鹽　少許

**醬汁材料：**

花椒末　二分之一茶匙
芝麻醬　二湯匙
生抽　三湯匙

老抽　二茶匙
有辣椒末的辣油　四湯匙
鹽　少許

一、將一湯匙花生油放入鍋裡，用中火加熱到油熱但是還沒冒煙時，放入辣椒和花椒炒一下，直到油變辣並散發出香味，小心不要把香料炒焦了。接著放入芽菜或冬菜繼續拌炒，直到芽菜變熱，傳出香氣。加入牛肉碎末，倒入醬油後炒到肉變褐色，表面略呈酥脆，但不要炒得太乾。加一點鹽巴調味。等到肉熟了以後，全部起鍋，放在旁邊待用。
二、把醬汁材料分別放到個人要使用的碗裡後混合。
三、根據包裝袋上的指示煮熟麵條。濾乾水後根據個人分量放入有醬料的碗中，每碗撒上炒過的牛肉臊子端上桌。
四、吃之前要把麵拌勻，讓醬汁和肉末均勻分布。

## 第三章

# 殺魚是第一步

馮銳重重地把魚甩在澡盆的邊緣，接著拿一把刀開始刮魚鱗；魚鱗飛散在空中，閃閃發亮。但是那條魚還是活的。牠激烈地抽動身子，最後跳出了他的掌握。馮銳憤怒地哼了一口氣，抓住那條魚，比第一次更用力地把牠甩到亮漆的澡盆邊緣敲昏。昏過去的魚一動也不動地任由他刮除鱗片，扯掉血紅的鰓，畫開魚腹後再挖出圓潤滑溜的魚內臟。此時小小的浴室裡散落著魚鱗和動物的黏液，但是馮銳一點都不以為意，輕輕鬆鬆就把這些殘骸掃在一起丟到箱子裡。回到廚房，馮銳在魚的側面畫了幾刀，抹上鹽和酒，拍扁一塊薑和幾根蔥塞進魚肚裡。接著他點起一根菸，深深地吸了一口：「你知道，你一定不會相信，但是廣東人真的吃魚腸唷！想想看，多噁心啊。那些廣東人他們**什麼**都吃。」我把眼光投向廚房的流理台，上面放了一碗浸在滷汁裡入味的雞腸，那是我們午餐的一道菜。於是我會心一笑。

馮銳前一晚在黑根酒吧過來跟我打招呼，那裡是成都那時候唯一一間「酷」的夜店，店老闆可能是中國唯一走牙買加黑人打扮路線的人。他是個四川藝術家，頭髮編成許多繁複的細髮辮，有很豐富的CD收藏，而且超愛牙買加的音樂家兼社會運動者馬利。

當時很晚了，舞池幾乎是空的。正當我和朋友隨著音樂搖擺的時候，我注意到一個設法引起我注意的中國男子。他看起來好像有點面熟，所以等到那首歌結束後，我就晃過去探探情況。他把一包菸遞向我，示意我抽一支，說要請我喝啤酒。

「你是喜歡做菜的那個，對吧？」他有點口齒不清地這麼說。我對食物的興趣已經在大學附近出了名了。我拜託過好幾間餐廳讓我進廚房，而且大家也常看到我和路邊攤或市場的老闆聊天，但這還是第一次我的美食探索變成了夜店搭訕的開場白。我對他的話表示贊同，是的，我就是那個想成為四川廚師的老外。

「如果我沒有給你上一堂烹飪課，我就不是真正的四川人。」他這麼說：「我有一些朋友是以前在錦江賓館工作的主廚，我們明天要一起做菜。你想來嗎？」通常我不會接受夜店裡陌生人的邀請，但是當他提到紅油雞塊還有回鍋肉的時候，我覺得我什麼都會同意了。接著我發現原來他是「竹子屋酒店」的老闆，那是我最喜歡的餐廳。於是我告訴他我很樂意去。

「太好了，」他說：「那你帶幾個女性朋友一起來怎麼樣？」

我笑著說：「是怎樣？這是烹飪課還是聯誼啊？」

微醺的他露齒一笑，故作無辜地說：「當然不是，可是要做出完美的食物，就要陰陽平衡啊。」

這就是我們美好友誼的開端。接下來幾個月裡，我和馮銳愈來愈熟，並且在他的廚房裡度過很多愉快的時光。然而我很快就發現他的烹飪課可不是給那些看到血或內臟就會暈眩想吐的人上的。就像中國任何一位好廚師一樣，馮銳堅持使用他從當地市場親自挑選的絕對新鮮的食材。所以我和他一起去採買，開始學習忍受當場宰殺的畫面，因為如果我是認真地要在中國學烹飪，這就是必要的條件。

光是在鱔魚攤周圍就永遠都是一場浴血戰。這裡賣的是黃鱔，牠們表皮的深灰綠色閃閃發亮，細得像一根手指，長度大約有幾十公分左右，像是蛇一樣蜷曲在裝滿水的盆子裡。賣鱔魚的準備工作雖然簡單但卻一點也不輕鬆乾淨。坐在矮木凳上的小販嘴裡叼著一根菸，一如往常地從鱔魚的脖子處抓起其中一條。活跳跳的鱔魚左右拍打擺動，小販用一個釘子刺穿魚的頭部，把它固定在他夾在膝蓋中間的長條木板上（此時出現清脆碎裂的聲音）。菸還在嘴巴裡的小販拿出一把髒髒的小刀，從頭到尾巴切開這條扭動的生物，挖出脊椎骨和一團內臟，丟進木板下方的桶子裡。有一些腸泥或內臟是漏網之魚，散落在地板上。最後他把頭尾的部分切掉，把血跡斑斑的魚身丟到另外一個塑膠桶裡。馮銳說：「吃鱔魚一定要新鮮，放一個小時就會走味了。」

在和馮銳一起出門前我也去過很多中國市場，一開始我對於親眼目擊的殘酷除了感到驚訝以外，還很驚嚇，因為大家表現得那麼滿不在乎：他們去魚鱗的樣子好像只是在削馬鈴薯皮，可以一邊抽菸一邊幫活生生的兔子剝皮，一面任由血從一隻搞不清楚狀況的鴨子脖子流出來，一面跟朋友說笑。他們不是在烹調與食用前宰殺動物，而是單純的進行把食物送到鍋裡或是端上桌前的準備工作，只是動物在某個時刻就死了而已。但也許整件事的關鍵部分就隱藏在最後這兩句話中。在英文和大多數的歐洲語言裡，指稱我們吃的生物的字大多是從拉丁文裡代表空氣、呼吸、生命的 *anima* 這個字所衍生出來的。「生物」（creature）這個字是從拉丁文裡「被創造的」這個字衍生出來的，好像把動物和我們人類在某個神所製造出的宇宙中連結在一起。我們也是生物，是有生命的。可是在中文裡，「動物」的意思是「會動的東西」。所以對你來說（除非你是虔誠的佛教徒），去傷害你眼中只是「會動的」，連活著都不算的東西會讓你覺得殘忍嗎？

我感受過最強烈的一次文化衝擊，發生在一位媽媽型的中年婦女邀請我去她專賣兔子的餐廳吃午餐時，當時我才抵達成都不久。「來廚房裡看看嘛。」她這麼鼓勵我。當我們走進廚房，我們燒菜的主要食材就乖巧地坐在房間的角落，嚼食著萵苣葉。下面是我那天在廚房裡一邊看一邊寫下的日記內容節錄：

兔子之死
往頭上一擊把兔子敲昏
頭下腳上倒吊起來
切開它的喉嚨
馬上剝掉皮
粗暴地用切肉刀剁成小塊
……
不到十分鐘，活生生的兔子就變成了盤中飧

剛剛目睹的殘暴還讓我頭暈目眩時，我就被帶到了餐廳裡，一碗還冒著煙的紅燒兔子隨即送到我面前。我一點都不想吃，但是李太太帶著那種驕傲的神情期待地看著我，表現出親切又大方的熱情，所以我還是吃了。

有些最殘酷的中國菜傳說其實來源可疑。在英國軍醫瑞尼關於十九世紀末的北京生活紀錄裡，有段烹煮活烏龜的描述。他說要用一種特殊的鍋子，蓋子上有特製的孔洞讓烏龜探出頭來，然後這隻可憐的生物會因為熱而愈來愈渴，此時從伸出的頭餵食牠一種特殊的酒，好讓牠的肉烹煮後會有芳香濃郁的風味。他還描述了活生生的鴨子站立在被火燒燙的盤子上，因為廚師想要煮熟的只有鴨腳而已。這些殘忍嚇人的故事是真的嗎？瑞尼醫生承認這些其實是他聽一位上海商人轉述的。一位年長的佛教僧侶曾經張大了眼睛，嚴肅地向我描述一道稱為「三叫」的廣東菜，他說：「第一叫是他們用筷子夾起掙扎的新生小老鼠發出的聲音，第二叫是老鼠被放進醬汁裡的叫聲，第三叫是老鼠頭被咬掉的叫聲。」我不確定自己是要相信中國南方的人真的會吃活老鼠，還是覺得這位優雅、一生都吃素的僧侶只是想要讓我遠離肉食。

世界各地的人都聽說過那道惡名昭彰的中國珍饈：活猴腦。據說，那隻猴子會被關在桌子裡，只有頭被鉗住固定，接著服務生會把猴頭蓋骨切開，客人就用湯匙直接挖猴腦來吃，像是吃布丁一樣。但是有人真的看過這種做法嗎？施睿博這位記者在二〇〇二年的《日本時報》（*Japan Times*）中報導，根據他的詳盡調查，這些描述其實都不是親身經歷，他認為這個傳說也許能追溯到在一九四八年的報紙所捏造的中國飲食習慣專欄內容。

但是就算這些臭名遠播的殘忍中國菜都只是都會傳說，中國菜的日常殘忍程度還是會讓一個西方人感到震驚。我曾經在成都一間時尚的飯店裡吃過「桑拿蝦」，服務生先送上一個放在桌上的爐子，一鍋熱水上面放著網子和塑膠玻璃蓋。等到水燒開了，服務生會把蓋子拿開，倒進一盤活蝦後再把蓋子蓋上。我們透過塑膠玻璃看著網子上的蝦子在「蒸氣浴」中縮起身子彈跳。等蝦子熟了，我們就應該要把蓋子打開，沾著醬油吃蝦。我並不覺得那道菜讓人食指大動，不過我也不會說我的中國同伴是虐待狂才會喜愛這道菜，因為即使他們認為眼前桌上蝦子的痛苦是一種餘興節目，對他們來說那些蝦子只是在「動」，而不是在「感覺」。

當然隨著時間過去，我的雙手也逐漸沾上了市場的血腥：我堅持要看到我買的魚和雞在我眼前被宰殺，這樣我才能確定牠們夠新鮮；我也可以漠然地看著賣鱔魚的小販屠殺我的午餐。雖然中國人對動物的態度依舊讓我困擾，但我認為至少這是種誠實的態度。在我的故鄉英國，肉食餐點背後飄散的死亡惡臭是個罪惡的祕密，大家買的肉看起來都很安全衛生，但動物其實是在擁擠狹窄的籠子裡受苦。而在中國，你看得到「肉」代表了什麼，這裡毫不避諱；你是在看得清清楚楚的情況下自己選擇要吃的。

那天早上在市場，馮銳帶我去一個賣家禽的攤子。關在攤位上的竹編柵欄裡太妃糖般褐色的雞不安地走動著，鴨子倒是比較安靜，雙腳被稻草綁住，靜靜趴在地上。這座城市裡的鴨販每天都用三輪車綁著幾車的鴨子載進城。被稻草枷鎖綁住的鴨子，隨著小販在腳踏車與巴士的車流中穿梭，優雅地搖擺著頭和頸部。就像鱔魚一樣，這些雞鴨將要面臨血腥的公開宰殺。「我們看一下那隻。」馮銳說。於是老闆從脖子後方抓起那隻雞讓他確認。馮銳戳戳牠，檢查了一下牠的腳。他告訴我：「從腳就看得出來牠的年紀。你看這隻的拇指幾乎都還沒長，表示牠很年輕，肉也會比較嫩。如果拇指很長而且很多節，就表示這隻雞老了，適合拿來熬湯。」然後他跟老闆說：「好，我要這隻。」

於是老闆把雞的頭往後拉，用刀切開牠的喉嚨。他搖一搖，讓雞血流到塑膠袋裡，接著把這隻家禽泡在炭爐上的一鍋熱水裡。等到老闆坐到凳子上準備拔雞毛的時候，那隻雞都還在抽動。拔完雞毛後，他把雞泡在一鍋滾燙的焦油裡，焦油像是橡膠一樣裹住整隻雞，然後他把裹上焦油的雞放入冷水裡，再把這塊黏黏的黑色裹屍布剝掉，連帶拔掉了所有剩下的粗短翮羽和細毛，就像用蜜蠟除腿毛一樣。老闆俐落地把雞開腸剖肚，去除內臟，把雞胃和膽囊丟到屠宰場般的地上，留下貴重的雞胗、雞肝、雞心還有雞腸，連同一小包雞血，一起裝進袋子裡交給馮銳。其他還活著的雞還傻傻地在旁邊閒晃。

馮銳和我帶著買好的菜慢慢走回他朋友的公寓：那隻雞和它的內臟已經安全地裝在袋子裡，一條活的鯉魚在旁邊拍動著身體，我們還買了一塊豬的後臀肉和很多蔥。前晚他提到的那兩位頂尖飯店的主廚在屋裡等我們。其中一人坐在扶手椅上抽菸，另外一個正把扁扁的煙燻兔肉切成小塊。馮銳沖洗了雞腸，用銳利的菜刀切成小段後在上面灑了一點鹽。他先把活鯉魚安置在浴室裡，接著把全雞和豬肉放入一鍋水中，放在爐子上燒滾。他不屑地說：「你們的『歐洲雞』吃起來也許很軟，但根本沒有味道。那些都是餵飼料的，只是讓牠們的肉變多，可是根本就不健康。我們中國的雞都是餵剩飯菜的，還可以在農田裡四處跑，所以味道比較好。」他一邊說，一邊把整袋的雞血倒進另一鍋微滾的水裡，血在鍋裡變成果凍狀，他再把雞腸放進去汆燙清洗。此時他戳了一下他沉默寡言的朋友，要他告訴我燻兔肉的做法，內容包括活生生地將那隻動物剝皮，抹上用鹽巴和香料做成的醃料，用兩塊重石頭把身體敲扁，然後把它釘上木棍做的十字架，再用悶燒的松樹、樟樹、杉樹的葉子煙燻。我不太確定要在倫敦如法炮製會有多容易，但我還是認真勤奮地記筆記，一點都不想錯過。

過去擔任主廚的馮銳在成都擁有兩三家小餐館和酒吧。他是個生意人，利用經濟自由化的機會逃離了中國餐館的廚房煉獄。但他還是著迷於烹飪的藝術與科學，這是他的熱情也是專業所在，我從他重視細節的完美主義，他說起食物時的溫柔語氣，還有他把自己的知識傳遞給一個好奇的外國人時流露的驕傲等表現中看出了這一點。但是他的驕傲與快樂泉源也常常帶著苦澀的蛛絲馬跡。

「這些有文化的人，」他的臉上像籠罩著一片烏雲，「他們看不起烹飪。他們覺得這是低等的事。真是太沒道理了。」

隨著我在接下來的幾年裡愈來愈認識馮銳，我才了解他多舛的家庭背景。他的父親以前是軍人，在國民黨的空軍裡擔任技師。當國民黨在中國內戰裡戰敗時，他才發現自己在歷史裡選錯邊了。在文化大革命期間，他因為政治背景而遭到鬥爭，被囚禁了很長一段時間。這麼多年裡，他都見不到自己的家人。在革命政府的眼中，他的六個小孩都受到父親錯誤意識型態的餘毒所污染，因此在文化大革命開始時才四歲的馮銳在學校便受盡欺凌。「我們沒有政治前途，沒有未來，也沒有臉在社會上生活。」他這樣告訴我：「我們一直都受到壓迫。」

但是馮銳在廚房裡找到了他的慰藉。他從小就會在家裡的爐子旁打轉，跟他的祖母學做菜。他才八九歲的時候就迫不及待要磨練他的烹飪手藝，開始在婚宴的場合幫忙。當時的人很窮：那是文化大革命的顛峰時期，食物是定量配給的，大家的生活都很艱苦。但是婚宴就是主廚難得可以大展身手的時刻。「從我有記憶開始，我就很喜歡做菜。」馮銳告訴我：「到了二十歲的時候，我就希望被認可為一位廚師。」一九八四年時，他就在中國正式的烹飪階級中得到「二級廚師」的資格。他周圍的人都很羨慕他，因為在那個困苦的年代裡大家都知道，廚師是鐵定能吃好東西的。可是在那些受過教育的人眼裡，像他這樣的廚師不過比僕人好一點罷了。

在中國，烹飪傳統上就是一個低賤的職業。培養精緻的口味和品嘗食物是儒家學者教育的一部分，但是實際上的烹飪工作則是落在沒有受過教育的平民身上。貧窮人家的男孩子會去餐廳或是私人廚房裡工作，通常只是因為他們的家人知道這樣可以讓他們一天三餐得以溫飽。其中很多人都不識字，一代一代的手藝傳承都沒有使用書寫下來的紀錄。對廚房工作的蔑視也許源自於西元前四世紀孟子的著作，這位偉大的思想家認為心靈與勞動的工作之間有一條鴻溝，並且說了那句有名的話：「君子遠庖廚。」

但這不表示中國的歷史記載裡都沒有廚師。伊尹就是商朝的一位傳奇廚師，他的烹飪知識讓商湯王為之驚豔，甚而受命擔任丞相。另外一位周朝的廚師易牙則因為一系列的宵夜大餐讓齊桓公深深著迷，隨之在朝廷中受到拔擢。但這個故事的黑暗轉折在於他為了滿足齊桓公想要品嘗嬰兒肉的念頭，而把自己的兒子蒸熟以後獻上。儘管有這種禽獸不如的行為，他依舊因超群的廚藝而名留青史。湖南省的廚師到現在還是尊崇易牙為該職業的祖師爺，直到文化大革命之前，他們都會在廚師專門的廟宇裡準備祭品給易牙像。即使如此，中國烹飪史上的名人依舊以饕客占了多數，也就是那些能享受美食，用文章或詩句描述美食的知識份子。

最有名的文人饕客應該就是清代的袁枚了，他擅長詩文，很早就辭官退休，主要在南京這個南方的城市生活。他在這裡買了一塊地蓋了「隨園」，一座羅列著精緻涼亭的風雅庭院。在袁枚流傳後世的文章中，食譜《隨園食單》可說是絕佳的作品之一。他在裡面寫下了烹飪的理論與技巧、對飲食衛生及食材挑選的建議、列出他個人的飲食禁忌、和諧的味道組合、提出菜單規畫的提示；他也記錄了約三百份的食譜，從簡單的炒蔬菜到複雜的鴨肉調理都有。但是袁枚可能從來沒有在廚房裡弄髒過自己的手。他是一位觀察者，站在他手藝高超的私人廚師王小餘的肩膀上，試吃、做筆記、提出問題。

袁枚本人也將他的晚宴歸功於在背後揮灑魔法的這一位。在王小餘過世之後，袁枚因為太想念他，還為他寫了一部傳記。記述這位「低賤人物」生平的書冊，似乎和他書架上關於知識份子與上流社會人物的傳統傳記格格不入。然而兩百五十年後，王小餘的名字已經變得黯淡，消逝於歷史，袁枚的名字卻還活在喜愛中國烹飪文化的人的記憶中。其他著名的美食家也有相似的情況：他們喜愛的菜餚會因他們而命名，但辛苦做出菜讓他們品嘗的人卻被遺忘。少數的例外之一是宋朝的詩人蘇東坡，他對豬肉滿懷熱愛，還寫了一首詩描述豬肉料理，他的名字也在杭州菜「東坡肉」裡永垂不朽；而且他自己也很喜歡調理食物給他的妻子與鍾愛的妾吃。不過大部分負責吃和發表意見的都是主子，在爐子和砧板前忙得不可開交的都是那些無名的廚師。

在改革後的年代，中國手藝超群的廚師可以要求優渥的薪水。我認識一個穿名家設計衣服的廚師，他有兩輛車、兩間公寓，還有各種投資，興趣是到西藏的偏僻地區度假。烹飪已經變成具有一定吸引力的職業，特別是因為它還有到國外工作的機會。但是社會上還是有根深蒂固的偏見，認為廚師不是一種值得尊敬的職業。來自廣東，居住於倫敦的華裔烹飪作家蘇恩潔是我的良師之一，她起初是一流的歷史學家，但當她將注意力轉向食物時，就必須要抵抗那些受過高等教育、家境富裕的朋友的反對意見。這不是好女孩應該做的事。而我自己的中國朋友也無法理解我身為一位劍橋畢業生，除了和「知識份子」交往之外，怎麼還會和做餃子的師傅、賣豆莢的小販來往。

但是對馮銳以及中國歷史上數不清的人來說，食物帶來的愉悅是他們在私生活與職業生涯遭遇困頓時的避難所。對那些被放逐、被排擠的人來說，吃東西是一種撫慰，能讓生活的苦澀暫時得到甜美的舒緩。在一個隨時都有政治危險，每個人都受到帝王或共產領導人專斷控制，生涯與名聲可能因為一個念頭就毀於一旦的社會裡，飲食是一種安全的享樂，你能在其中放鬆，不會感到恐懼。詩人蘇東坡是在官場失意，開始貧困的流放生活後才開始自己種菜、在廚房裡嘗試烹飪的。馮銳在成長時期遭到排擠，他的父親被迫害、囚禁，但他在廚房的色彩與味道中找到了快樂。烹飪給了他自由，讓他的創造力得以發揮。

儘管苦澀感揮之不去，馮銳依然在食物裡呈現出最好的自己。和他在廚房度過的第一個早晨，他的技術和沉著就讓我印象深刻。我站在他旁邊，手裡拿著筆記本，呼吸的是廚房裡瀰漫的香味：他把新鮮香菇放進雞高湯裡，製作出簡單湯品的香味，用炒鍋慢火烘炒花椒粒發出的強烈柑橘類氣味，以及保溫的雞肉與豬肉冒出的細緻香氣。

那天馮銳選的午餐菜色中有一道是臨時起意的，就是**炒雞雜**，這是一道感覺比較適合出現在鄉下農家的廚房，而非餐廳菜單上的雜炒料理；裡面用的食材有雞的各種部位，大多是歐洲廚師會扔掉的：果凍狀的雞血、雞胗、雞心、雞肝、雞腸。這些材料被放到炒鍋裡和泡辣椒、薑、細長又香氣四溢的中國芹菜段一起快炒。每一種內臟的事前調理都帶出了它獨特的味道與口感。

這道菜是典型的四川家常料理，仔細發揮食材最大的經濟效益，馮銳的雞幾乎沒有一個部分是浪費掉的。那條我看著他在浴室宰殺的魚也是一樣，除了馮銳曾語帶貶抑地說過，只有吃髒東西的廣東人才吃的魚腸，其他每一寸能吃的部位都會確實地被仔細品嘗，特別連魚眼睛周圍的絲滑肉條、軟嫩的魚臉頰肉和眼球都是一樣。最後留在盤子裡的只有骨頭和魚鰭而已。

我在牛津的家裡曾經接觸過一點點這樣的烹飪類型。在我媽媽養大我的過程裡，她教我怎麼把整隻雞切塊、烤臘肉皮、用骨頭熬鮮湯（高湯）、用剩菜做明天的晚餐。我們有時候也會吃內臟，主要是肝和腰子，不過有一次我媽媽做了豬腦炸肉丸，耍了一點花招讓我們吃。但這些跟中國比起來根本不算什麼。

在九〇年代中期的這裡，至少對老一輩來說，關於饑荒和糧食配給的過去都還記憶猶新。他們會告訴小孩自古以來中國小孩都被告知的那句話：粒粒皆辛苦，每粒稻穀都是農夫流汗種出來的。他們父母中有很多人都在文化大革命的時候住過鄉下，靠著土地收成勉強度日。這裡的人覺得食物是珍貴的，因此你必須發揮它最大的價值。

在成都飛逝的幾個月裡，我也學會去品嘗過去我在倫敦會留在盤子裡，或是根本沒看過的魚和家禽類的各部位（這些部位在西方國家大多在肉送到肉販攤或超市架上之前就被解決掉了）。馮銳的炒雞雜非常好吃，他用滋滋作響的豆瓣醬與蒜苗炒成的回鍋肉也很美味；那隻我驚恐地一路看著牠從水箱來到餐桌上的魚則是先清蒸後，放上薑絲和蔥絲，再拿滾燙的油當成祭祀用的酒一樣畫龍點睛地淋在上面，喚醒蔥薑的鮮香後再慢慢滴上深色的醬油。最後馮銳在桌上放了一鍋冬瓜香菇湯，還說也有白飯。我們舉起筷子，吃了起來。

所以馮銳盡到了他心目中的責任，給這個愛問東問西的外國女生上了一堂四川烹飪課。後來他讓我能隨時到「竹子屋酒店」的廚房裡學習，還帶我吃了很多次讓我大開眼界的晚餐。我不認為他知道他開啟了什麼，就某種意義上來說，你可以說他是我的第一個四川烹飪師傅。

# 回鍋肉

帶皮的坐臀肉（後腿上方，臀尖肉下方部位，又稱刀頭肉） 三〇〇公克
蒜苗 六枝
菜籽油或豬油 二湯匙
郫縣豆瓣醬 一又二分之一湯匙
甜麵醬 一又二分之一茶匙
豆豉 二茶匙
老抽 一茶匙
白糖 一茶匙
鹽

一、燒滾一鍋水，放入豬肉以後再煮滾，接著用文火慢慢煮到全熟，大約要二十到二十五分鐘，視豬肉的厚度而定。豬肉煮熟後從水裡拿出來放涼，冷藏至少幾個小時，好讓肉質緊實，這樣比較好切。

二、等到肉完全冷卻以後，切成薄片。最好每片都帶皮、肥瘦相間。

三、蒜苗大角度斜切成片。

四、在鍋裡放兩湯匙的油或豬油，用中火加熱，加入豬肉片，炒到油脂融出，肉片

有點像烤過、稍微捲起來的樣子。把肉片推到鍋子的一邊，在空出來的位置倒入辣豆瓣醬。快炒約二十到三十秒，油變紅時加入甜麵醬和豆豉，再快炒幾秒鐘讓香味出來。把鍋裡的所有東西混合拌炒，加入老抽和糖，需要的話加一點鹽調味。

五、最後加入蒜苗翻鍋拌炒，蒜苗熟了就可以起鍋。裝盤後馬上配白飯一起食用。

第四章

# 野蠻人才吃沙拉

我早期在中國的那段時光裡，有件事真的讓我很困擾，那就是我碰到的每個人對於所謂的「西餐」都抱持著極端鄙視的態度。情況是這樣的：我總是毫無例外地表現禮貌與外交禮儀，試著去看中國對動物屠殺暴行的光明面，讓自己適應他們對軟骨類與內臟的喜好，還強迫我自己吃豬腦；但是沒有人，完全沒有一個人，準備好用同樣的禮貌對待**我**。

只要「西餐」這個主題出現在對話裡，大家就會立刻諷刺地舉出幾個刻板印象，輕蔑地下定論：「西餐很單調」或是「西餐很簡單」。我的同胞習慣把「中國菜」視為一成不變的傳統菜色，將這個地域遼闊國家裡多樣化的地區性料理拆解成無趣的套餐組合：春捲、咕嚕肉（糖醋肉）、蛋炒飯，或是將其貶低為沒用的「垃圾食物」或是「黏糊糊的東西」；同樣地，中國人也把「西餐」當成一種單一的、無趣的菜系。他們不會想到在那不勒斯的人和赫爾辛基的人吃的會不一樣，也想不到阿爾巴尼亞人和巴黎人的飲食差異。我發現自己必須常常提醒他們，光是法國這個國家就有四川省那麼大，而**有些人**覺得當地的料理和四川料理一樣有特色並且複雜。

聽起來可能很好笑，但是在多次我費盡心力，花大錢準備西餐給我的中國朋友吃的場合中，這種態度可就不是那麼有趣了。舉例來說，我的一位老師有一次說服我在她安排的一場聚會裡準備一頓傳統的英式晚餐。光是要決定做什麼菜就是一大挑戰了，因為我心目中的理想菜色，幾乎都不可能在這裡買到食材。這裡的市場裡沒有新鮮的香草類或非中式的香料，也沒有超級市場會賣進口的罐裝食材（事實上，那時候這裡根本沒有超市）。這裡唯一買得到的「巧克力」是當地的牌子，裡面的主要成分是植物油；鮮奶油是聽都沒聽過的東西；橄欖油是裝在小罐子裡面賣的保養品，價格以當地標準來說，就跟倫敦賣的香奈兒五號香水一樣貴。更麻煩的是，我的老師的廚房就跟中國所有的家庭廚房一樣：沒有烤箱。最後我和一些其他外國學生湊錢買了一個小的可移動式烤箱，決定做烤牛肉佐馬鈴薯和蘋果奶酥派。

後來我覺得自己幹嘛那麼費心。我老師的朋友覺得我煮的東西實在太奇怪了，以至於他們的評論毫不留情。他們一看到菜單就爆笑了出來，完全無法理解我怎麼能給客人吃三四道菜而已。「西餐很單調！」他們得意洋洋地說，一邊要人拿辣椒醬來，好讓烤牛肉的味道可以重一點。「飯在哪裡？」他們吃完這一餐之後這麼問，無法理解我們可以用馬鈴薯**取代**飯（在中國，只有貧困的農民才把馬鈴薯當成主食）。一位中年婦女隨便戳了戳牛肉以後就一口也沒吃了，她的丈夫對蘋果奶酥派的噁心味道吐了吐舌表示厭惡。因為中國人沒有甜點是單獨菜色的觀念，所以他們的碗裡「同時」堆了層層疊疊的烤牛肉、奶油胡蘿蔔、馬鈴薯和蘋果奶酥派。

對大多數中國人來說，「西餐」當時是個遙遠且充滿異國情調的概念。在一九九四年的成都，這個約八百萬人口的文化中心兼一省首府裡，只有一間專賣外國食物的餐廳，叫做「耀華餐廳」。這間餐廳自稱是「西餐廳」，在一九四三年創立，菜單上時髦的西方食物包括咖哩雞、冰淇淋、沙拉、炸果醬三明治，以及備受好評的**焗麵**：義大利麵淋上濃稠的蛋製醬料後放進烤箱。在四〇年代，這裡是城裡最時尚的地點，是家境富裕或教育程度高的年輕人常去的地方；這裡以某種方式從五〇年代的國有化風潮與六〇年代的文化大革命當中存活了下來，經營到九〇年代時還搬到了位於東大街的新店址撐了好幾年。我去過那裡一次，但我從來沒在那邊吃過飯，因為那裡的菜單和氣氛對我來說都太陌生，一點都不像我自己所理解的現代「西餐」，就像成都人也無法認同在英國的一些中國菜一樣。那個地方的裝潢是那邊的管理階層所謂的西方流行尖端風格，牆上掛著刻意高調的雪茄菸和雞尾酒杯裱框畫，以及接近裸體的西方女性對著鏡頭搔首弄姿的庸俗照片。桌上放著刀叉和湯匙。根據我的記憶，菜單標榜的是老派歐洲菜：濃湯、牛排，還有醬汁多得嚇死人的炸肉排。

除了耀華之外，成都還有兩間為了西方旅客開的時髦五星級飯店。「岷山飯店」晚上固定提供吃到飽的自助餐，供應許多切片乳酪和沙拉之類的新奇菜色。另外我在「錦江賓館」頂樓華麗的花園餐廳吃過一次填餡蘑菇還有牛排。不過通常我們這些想家的外國學生和背包客，只要偶爾在城裡唯一一間給旅人的「花園」咖啡館裡吃早餐就滿足了。那裡有賣配優格吃的綜合乾穀堅果、香蕉薄餅，還會把塑膠袋包裝的加工乳酪片當成魚子醬或松露一樣鎖在玻璃櫃裡（十二片吃起來像橡膠又沒味道的乳酪要價相當於十碗麵）。

除了外國商人和學生會去的少數幾家餐館外，這一類「美食」在外面是很難找到的。大學裡最認真的學生會騎好幾公里的腳踏車，到城的另一頭買像海綿一樣的法國麵包和人造奶油，這樣他們才不用吃這裡的早餐：稀飯配油酥花生和辣醃菜。除此之外，我們也只能一直吃四川菜，別無選擇。雖然天天吃川菜其實也不是什麼難事——你大概會這麼想，但我們的確會想念某些食物，比如說「真正」的巧克力。不過我們最想吃的還是乳酪，我們會想像、討論，然後苦苦哀求任何從歐洲來看我們的人帶一些過來。我爸爸一直都很討厭乳酪，他根本不吃乳酪。要是你拿乳酪在他鼻子下揮動，他就會退避三舍。但是他曾經有過一次感人的壯舉：他帶了一箱乳酪來看我（包括洛克福藍黴乾酪、切達乾酪、法國卡門貝軟乳酪）。他在中國旅行了一個禮拜才到達成都，於是這些乳酪在旅程中慢慢熟成而且愈來愈臭。我看到乳酪的開心程度和我看見他不相上下。

既然要吃到「西餐」對我們來說都很困難了，對一般的成都居民來說，這幾乎就是不可能的事。飯店附設餐廳的價格根本是天文數字，沒有一個領當地薪水的人能夠負擔得起。整個用餐環境對他們來說又是那麼陌生、可怕，因為我有一次邀請一位四川朋友到其中一間飯店吃自助式晚餐時發現：她從來沒有用過刀叉，完全不知道要怎麼拿才好。

有些我去過的中國賓館試著要討好他們寥寥可數的外國遊客，因此供應了「西式早餐」。我還記得女服務生把那些小盤子送上來時臉上奇怪的表情：盤子裡放了一些兩面都煎過的蛋，還有一個碟子裡放了一點炸過的薯條，幾個蒸好的白饅頭，還有一杯杯的牛奶。他們把這些東西送來給我們的樣子，好像是要把活生生的老鼠送到蛇嘴邊一樣：把奇怪、討厭，而且不能吃的食物放到危險、有威脅性的生物前面，只為了觀察牠會怎麼做。我們是會嘶嘶吐舌舔舔食物，還是像大蟒蛇一樣整個吞下去？我認識的一位中國長者回憶自己去香港時，居然拿到一顆軟軟的水煮蛋當早餐，他這麼表達他當時的驚恐：「那裡面還是生的欸！」他說。十五年後他依舊心存懷疑：「我連碰都沒碰！」

我待在成都的最後那段時間裡，美式速食公司已經在那裡開了第一間店，但是他們並沒有採取行動改變當地人對西方食物的看法。一名我認識的年輕廚師曾經隨口說起他「不喜歡西餐」。「真的嗎？」我很驚訝他曾嘗過西方食物，所以我問：「你吃過什麼？」

「我吃過一次肯德基。味道好噁心。」他回答。這一次的經驗既震撼又不愉快，不只讓他記憶猶新，還毀了他對整個西方世界烹飪成就的看法。我想向他描述那些讓人垂涎三尺的菜色，好好地款待他一番：香煎鵝肝、牧羊人派、焦糖布丁、烤羊排搭配大蒜與鯷魚、那不勒斯披薩、烤牡蠣佐檸檬白醬等等，所有我在西方吃過而且熱愛的食物。但我卻不知道從何說起。於是我什麼都沒說，只是不知所措地盯著他看。

我一直覺得諷刺得很好笑的是，相對於我的同胞都覺得中國人是未開化的雜食性民族，吃的都是蛇啊、狗啊、睪丸之類的，中國人也回敬了我們相同的不屑。他們覺得我們沒有文明，吃的是幾乎無法入口的簡陋生食。

這種對外國食物的態度也不是新鮮事了。在中國古代，異族就被分成「生」「熟」兩種。「熟」的異族就是你在必要的時候可以打交道的異邦人。「生」的（也就是非中國的、未開化的）就不能接受了。就連在現代的中國，陌生人有時候也被稱為「生人」，認識的人就是「熟人」。這種輕蔑也反映在中國人不吃生食的傳統上。不過還是有例外，例如寧波和中國東方沿海地區會食用的醉蟹等料理。但廣義來說，中國人一直喜歡自己的食物要切得好好的、經過烹飪，熟食被視為文明的根源，只有還在演化階段的野蠻人才會「茹毛飲血」。

對外國食物的古老偏見深深嵌入了現代烹飪的語言裡。從西方穿過沙漠裡古老的絲路傳來的食材至今依舊背負著語言上的污點：從普通的「胡」椒到「胡」蘿蔔都是。「胡」這個字指的就是以前西北的蒙古、韃靼、突厥等部族，另外也有「粗心、愚蠢、盲目、肆無忌憚」的意思，像是「胡話」就是形容瘋子的「胡」言亂語，「胡搞」說的就是把事情搞砸；其他和「胡」連接的詞也都是用來形容淘氣、欺騙、狂野、粗心、使人惱怒、瘋狂的行為。在遙遠的過去，吃**沙拉**這種東西的人，顯然是愚蠢又荒唐的。

想當然，乳酪根本就是難以想像的東西了。乳製品在中國飲食中幾乎是缺席的。也許是因為在過去，這種食物和周期性入侵中國北方、西方的這些吃乳酪、優格的野蠻游牧民族的粗糙飲食習慣的連結太過強烈。另外，中國人在一塊塊緊密的稻田之間也缺乏牧場這樣的土地。雖然中國的父母在二十世紀晚期已經開始餵小孩喝牛奶，但一般人還是覺得乳酪很噁心：美國人類學家安德森的一位受訪者難忘地形容乳酪是「老母牛的內臟流出的黏液化膿做成的。」我的一些中國朋友面露厭惡地宣稱他們可以在西方人的汗裡聞到牛奶的味道。

在中國泱泱大國的榮光裡，中國人輕蔑外國人和他們吃的食物看來是其來有自。中國的城市裡有高級餐館、熙攘的市場，這裡熠熠發亮的文明光環，過去曾是世界羨妒的對象。偶爾從沙漠裡闖進來的那些臭臭的、毛茸茸的大眼睛野蠻人都瞠目結舌：在他們自己遙遠的土地上，幾乎沒有可與此相提並論的事物。但是到了十九世紀，中國人堅定不移的文化優越感卻被西方強權的「砲艦外交」所擊潰。中國人在過去發明了火藥、紙張、印刷術和磁性羅盤，但他們沒有用這些東西來征服世界；而那些頂著紅頭髮，瞪著大眼睛，滿臉鬍鬚又沒有文化的野蠻人，結果其實還挺聰明的。

就算是在一九九〇年代，住在中國的外國人的生活依然常常會被歷史的陰影籠罩。我發現自己經常因為鴉片戰爭而被指責。當時大英帝國脅迫中國進行有害的交易：用白銀買下毒品。他們是否期望我「個人」代表我的祖先，為那些罪行道歉呢？我這麼懷疑。我受到的待遇的確彷彿我是女王陛下的個人特使，而且我應該對英國必須在一九九七年將香港歸還中國感到不情願。

有時候我覺得，很多中國人都戴著同時懷有輕蔑和嫉妒兩種情緒的眼鏡看我和我其他的外國朋友。一方面，就某種意義而言我們不就是野蠻人嗎？我們身材高大、豐滿、吃得也太多，而且是有一點點異味（都怪乳製品）。我們生活沒規矩、頹廢、道德低落。有一個中國學生告訴我，大家都說「熊貓樓」是性雜交的溫床。但在另一方面，我們有錢而且自由。光是我們可以在中國玩耍一年，在餐廳吃飯，還能在全國各地自助旅行的事實，就是富裕和自由的象徵。

但就算中國人對我們的態度是如此矛盾，有一件事卻是肯定的，那就是我們的食物是他們無法忍受的。一開始我有著傳教士般的使命感，充滿熱忱地對我的中國朋友介紹西方美食。他們讓我看見了中國食物的美好，而我也想回報他們，因為我覺得文化交流不應該是單向的。所以我沒有被在我的老師家和她朋友吃的那頓晚餐災難給嚇倒，而是繼續嘗試說服我認識的人：「西餐」沒有他們想像的那麼可怕。畢竟如果我都能愛上兔腦殼了，他們難道不能愛上乳酪嗎？

每次有外國美食隨著國外訪客來到熊貓樓而出現時，我都會把這些逸品分一點點給我最好的朋友：托斯卡尼松露醬、精純橄欖油、黑巧克力、帕瑪森乾酪。有時候我還會煮給他們吃，但我的努力通常沒什麼好下場——我會觸犯了沒有預料到的禁忌，讓我的晚宴賓客感到無趣、反胃，或是根本無法滿足他們。

有一次我做了一道很棒的義大利燉飯，用的是義大利米、乾燥牛肝菌菇、帕瑪森乾酪。我深信這道燉飯可以讓我的朋友大快朵頤，畢竟這是飯配乾香菇，可不是他們全然無知的食材。我自己熬了雞湯，燉飯的時候加了一點白葡萄酒，花了四十分鐘一湯匙一湯匙地慢慢添加水分，直到飯粒油亮滑順，飄散著牛肝菌菇的香味。他們都吃了一點，但一點也不感動：沒有人能理解我為什麼花了這麼久的時間，只做出一道簡單的「湯飯」。

就算在某些少數的場合，我的朋友很喜歡我做的菜，他們也總是能破壞我要讓他們嘗嘗正統西方口味的計畫。舉例來說，當我帶手工蘋果塔去老朋友周鈺和陶萍家的晚餐聚會時，他們會把蘋果塔切成筷子可以夾的大小，跟豬耳朵、煙燻茶鴨、涼拌辣海帶一起放在桌上。我思考後認為，雖然我的確讓他們吃過一些「西方食物」，但他們已經透過「吃的方式」把這樣食物完全中國化了。

從我第一次住在成都到現在，「西餐」進入中國市場已經有相當的成績了。除了殖民在這個國家的麥當勞和肯德基之外，這裡還有咖啡館和披薩店；新的超級市場裡也販賣了各種進口產品。但是中國人吃的「西方食物」常常和歐洲人或美國人心目中的「正常」相去甚遠。蘇州的一家西式咖啡店就是一個例子。那裡供應二十二種咖啡，但卻做不出一杯純正的義式濃縮咖啡；那裡的菜單上的「西方」美食有「煮檸檬可樂加薑」、肉鬆鬆餅、水果披薩、「美極醬油燒鴨下巴」。當我的中國朋友在晚餐時分我喝一瓶新流行的乾紅（dry red wine）時，他們完全是用中國式的喝酒方法：一次一小杯，互相舉杯敬酒。

我幾年前在上海買了一本外表光鮮，據說能代表英國菜的食譜。我一邊看，一邊笑到眼淚都流了出來。在這些所謂經典英國菜的食譜當中，值得一提的有上面有美奶滋擠成格子狀的「赤貝番茄沙拉」、「蝦仁義大利麵」、填餡魷魚配黑胡椒和蘋果泥的「黑椒蘋果鮮魷」，還有菜花鵪鶉蛋（燉花椰菜鵪鶉蛋）。簡單來說，裡面沒有一道菜會讓英國人覺得是英國食物。

儘管如此，現在大家已經有多一點點的跨文化經驗了。我二〇〇七年到中國的時候，一位飯店老闆邀請我以貴賓的身分參加一場西式晚宴。我們坐在我在中國僅見的一張華麗的長橢圓形餐桌旁，上面放著銅製枝狀燭台，每個人前面排著刀、叉、點心盤和兩個酒杯。飯店廚房的主廚受過「西方料理」的訓練，安排的菜色有冷牛肉淋芥末醬、烤牡蠣配荷蘭醬、奶油玉米濃湯、炸兔腿佐薯條、牛排佐洋蔥圈，以及某種布丁。（顯然沒有任何乳酪製的料理。）其他的客人，主要是廚師和食物評論家，都捨棄了備用的筷子，優雅地握著他們不熟悉的刀叉，大口吃下這頓異國盛宴。但我注意到大家會偷瞄我怎麼吃麵包，怎麼用點心盤，而且我也沒有印象有人很享受這一餐的食物。

就算我在成都的第一年裡努力想提升「西餐」地位的結果是慘敗，我還是繼續投身學習四川烹飪文化。在上過馮銳令人難忘的烹飪課後，我的非正式食物研究加快了腳步，筆記本裡也寫滿了食譜。但我還想要更多，所以我和我的德國朋友伏克爾想出一個計畫。伏克爾和我一樣都是很有熱忱的廚師，而且他在加州的農民市場裡經驗豐富，於是我們自然養成了一起外食、討論各家料理的習慣。有一天下午，他提議我們可以嘗試正統的烹飪課。於是我們四處打聽後，找到了當地一間著名的烹飪學校地址，接著我們就騎腳踏車出發去找這所「四川烹飪高等專科學校」。

那是一間難以形容的混凝土建築，坐落在城市西北方的一條小巷裡。但一聽見打開的窗子裡傳出的切菜聲，我們就知道我們到了。在樓上一間單調的白色房間裡，數十位學生穿著白色的廚師服全神貫注地在學習調味的藝術。他們拿著兩把菜刀，在樹幹做成的砧板上切碎辣椒，把花椒磨成細緻的褐色粉末，忙著調和油與香料，像鍊金術師般調整鍋子裡濃郁的深色液體的味道。優雅、帶著節奏感的敲打聲，瓷湯匙和瓷碗互相敲擊的聲響，都在空氣中嗡嗡作響。在排得長長的、平行的桌子上，放著一碗又一碗的調味料：像小水池的醬油和辣油，堆成小塔的糖和鹽；在桌上血紅色的辣椒和散落的花椒粒中間，是用潦草的中文字記錄的筆記本。光線從敞開的窗戶外灑落房裡。匆匆闖進來、充滿期待與興奮的我們，一如往常一出現，就因為我們的外國人身分引起了學生的一陣騷動。

這所學校的校長是一位矮胖、開朗、臉色紅潤、穿著卡其色毛裝的男人。我們不怎麼聽得懂他口音很重的四川方言，於是他找來了學校裡的英文老師馮全新副教授當翻譯。很快地，另外幾個老師也圍了過來。他們看起來都很開心，可能有種受寵若驚的感覺，因為我們意外地提出一定要讓我們來這裡學習的不尋常要求。過去唯一在這間學校學習過的外國學生，是在八〇年代晚期在此上私人課程的一對美國夫妻。我們提出的要求不僅是因為我們是外國人讓他們感到奇怪，而且像我們這樣的大學生居然願意待在廚房而不是圖書館裡，更讓人覺得不尋常。

在那個中國歷史上奇特的過渡時期，還沒有能處理我們要求的行政程序。特許外國人在省教育體制下的這間學校讀書到底合不合規定？這很難說，不過四川這地方，對中央政府來說有些鞭長莫及，界線有點模糊，這裡的人也傾向折衷讓步。我們好好坐下來後，漫長地討論了一個下午，溫和地討價還價；香菸盒都空了，菸灰缸也滿了，裝茶的馬克杯也用熱水重複回沖了好幾次。經過的老師和學生會順道進來盯著我們看，很快的，整間辦公室都塞滿了人。薄暮降臨時我們達成了協議：我們可以在周二和周四來這裡上一周兩次的私人烹飪課程。他們會安排烹飪老師和翻譯，準備食材，我們會用人民幣付給他們這辛苦談來的合理費用。

伏克爾和我騎腳踏車回家，為我們的成功沾沾自喜。我們走的路線帶我們跨越過了整座城市，從西北方的烹飪學校到了東南方的大學校園。我們穿過的窄巷子古區是由一排排雜亂的、深色木材骨架和白牆對比的黑白相間小屋所組成。這些舊巷弄裡沒有路燈，那天晚上又停電，所以我們經過的商店、住家、小餐館裡都點著蠟燭。有一對老夫婦就著桌子坐在他們小屋外的竹椅上，分食幾道簡單的菜配飯。店老闆站著看顧他們的香菸和茶葉，蠟燭固定在玻璃櫃台上的蠟堆，燭火點亮了他們的臉龐。前門敞開的餐廳裡飄出誘人的香味：一排瓦斯爐上慢火燉煮的高陶甕飄散出深奧、可口的氣味，小竹籠堆成的塔散發出小巧的粉蒸牛肉誘人的香氣，馬鈴薯薄片在炒鍋裡和辣椒與花椒嘶嘶作響。

在接下來的幾個月裡，伏克爾和我學會了十六道四川菜。我們的老師姓甘，長得像電影明星詹姆斯迪恩，嘴上永遠都叼著一根菸。每堂課我們都會先看甘老師怎麼料理當天的菜，然後再嘗試自己依樣畫葫蘆。我們學會了怎麼握菜刀、切生食材、混合調味料、控制火候。

學習其他地方的料理就像學語言一樣。你一開始完全不知道基本的文法規則，只能透過如洪水般的詞彙，在此則是菜餚，毫無系統或結構地親身體會。我剛到中國的時候，對於基本法國料理的詞彙已經非常熟練，我會做基本的乳酪麵粉糊、蛋黃醬、荷蘭醬、油醋汁、做塔或泡芙的甜酥麵團。我知道在燉煮前先把食材略煎過可以增添香味，我也常能從做好的菜裡辨識出裡面使用的調味料和烹飪技巧。所以就某種程度來說，要我跟著新的法國菜食譜做菜是很簡單的，只要把這些基礎用基本的烹飪過程組合起來就好。不管我對這些元素的組合方式有多麼不熟悉，元素本身都不是什麼新玩意兒。就算沒有食譜，我看著一樣食材就能想到各種料理的方式。但是面對中國菜，我毫無頭緒。

在甘老師的私人課程裡，我開始學習不只是用於四川菜，而是通用於中國菜的基礎料理文法。透過重複進行一開始看來毫無章法的步驟，我逐漸拼湊起對中國菜的架構與程序的理解。過了幾個禮拜後，我發現，當我看著我的中國朋友在家煮菜時，開始能夠了解炒鍋裡大概是怎麼回事；能在家裡做出幾道我每天晚上在「竹子屋酒店」或「義大利飯店」裡大吃的美味菜色更是讓我興奮不已。我很快就無法自拔。

每次上完課，我和伏克爾都會帶著裝滿我們努力成果的飯盒騎腳踏車回大學，讓其他的外國學生評鑑，而他們總是把菜一掃而空。烹飪課變成我每周的高潮，我覺得自己如魚得水。

但隨著時光飛逝，烹飪課和我的獎學金補助都到了尾聲。我決定要延後返國，和三個義大利朋友在西藏與甘肅旅行了一整個暑假。我們從成都往北進入由四川西部、青海、甘肅所組成的「非開放藏族地區」，每到一個鄉鎮我們就會被警方拘留，為了逃過罰款的命運而在無數個警局裡向公安好說歹說。我們坐在嘎嘎作響的運木材卡車車斗，緊抓著一堆沒綁穩的樹幹，和各形各色的藏族喇嘛、漢族農民一同搭便車。（特別危險的一次是我們搭便車經過一段隨時要崩塌的懸崖邊後，才發現我們的司機是個獨眼龍。）

那真是一場充滿魔力又令人難忘的旅行。我們跨越了遼闊的鄉間野地，造訪偏僻的寺院，接觸到農民、走私者、女尼，還有祕密警察。藍得無以復加的清澈天空包圍著我們，偶爾會傳來馬蹄聲的回音，有幾位打扮得像是中世紀王儲的藏族人騎著馬，噠噠地經過，他們穿著鑲金邊與毛皮的紅色羊毛斗篷，腰部有繫繩，斗篷的一角隨意披掛在一邊的肩膀上，馬蹄則把腳邊的黃土踢成了一朵雲。對我們來說，這是一趟滿懷著敬畏與驚嘆的旅程。

儘管青藏高原的景色與聲音讓我們為之臣服，那裡的食物卻無趣到快把我們搞瘋了。有時候我們會和僧侶一起在山頂的寺院裡吃藏族人的主食：糌粑，用手指把磨碎的大麥粉和犛牛油做成的酥油茶和成一個小球，直接丟進嘴裡。除此之外，我們日復一日的每一餐都在回族清真飯館裡解決，那裡賣的只有各種不同形狀的山羊麵或羊肉麵，配料只有蔥跟辣椒。最常見的是一片片方形的麵，叫做「麵片」，在剛開始吃的十五到二十次裡還很好吃，但到了最後我們已經吃得超膩了，所以改叫它「名片」。

在道路上走了好幾個禮拜後，有一天我們來到了一個在草原上的迷你村落，那裡有一間常見的回族人開的餐館，為路過的朝聖者、游牧民族和商人提供餐點。那時我們又餓又累，而且因為又一次搭卡車的可怕經歷而耗盡心神。當我們走進這間簡陋的餐館時，難以置信地居然在廚房旁的黑板上看到一套精緻法國料理的菜單。菜單是這樣的：

●菜單●

肥鵝肝醬
法式清燉肉湯
烤龍蝦
清口雪酪
（剩下的被擦掉了。）

那簡直就是妄想，是流浪在沙漠裡的旅人滿布塵埃的眼中閃閃發光的幻影。那也是我碰過最令人痛心的玩笑，至今我仍時常猜想是哪個絕頂聰明的人設計了這麼殘酷的幽默。我們念過菜單，心裡想吃得不得了，發出了痛苦的哀鳴，然後坐下來繼續吃我們那碗放了羊肉、蔥、辣椒的「名片」。

在飽嘗了兩個月藏族地區的美景與靈性後，我們的身體實際上倒是餓壞了。於是我自己一個人（那些義大利人回去威尼斯繼續完成大學學業），踏上了橫越蘭州大草原往南方蜿蜒的漫長道路回成都。九月初，我抵達有著邊疆城鎮荒野氣氛的若爾蓋。在一層樓的木造店面裡晃蕩的藏族人，身上穿戴的鮮豔斗篷和帽子邊緣都裝飾著少見的動物毛，腰間還掛著匕首；馬匹沿街拴著。我離開長程巴士站，拖著背包往那裡唯一接受外國旅客的旅社走去，此時我的鼻子馬上遭到我絕對不會弄錯的氣味攻擊：炒四川豆瓣醬還有花椒的香氣。我的心跳加速，我知道我在回家的路上了。那天我在一間賣四川菜的小餐館裡吃晚餐，那裡賣的不是放蔥的羊肉「名片」，而是魚香茄子和回鍋肉。

回到成都時我其實沒有什麼計畫。我同意承租一位英國朋友在工人住宅區的公寓，心裡只有想學習更多四川料理的模糊想法。雖然我已經離開了大學，但我還是成功地讓我的中國綠卡有效期限再延長了六個月。當時外國人能在中國獨立生活是很不尋常的，而且嚴格來說，也是未受批准的。在前幾年這根本是不可能的事，不過現在當地警察只是對我做了登記，好像也沒有要多問的意思。

我回來後沒多久，就騎腳踏車去烹飪學校向那些老師打招呼。我想問他們我能不能偶爾過去看看他們的烹飪示範。結果校長把我當成老朋友一樣歡迎，並且告訴我，他們為期三個月的專業廚師培訓班剛開課。「你何不來上課？」他問我。這是一個很不尋常的邀請。這裡過去從來沒有正式的外國學生，而且我也不確定就現行法規而言，我到烹飪學校上課合不合法。不過當時的中國正在改變，各種可能性的邊界也在迅速擴張，而且我覺得，這個外國人對他們當地料理無法言喻的狂熱也讓這些老師受到感動。所以我當場就答應了。而出於純粹的好意，學校讓我付跟其他中國學生一樣低廉的學費。我入學以後馬上拿到了一把菜刀，印著學校名稱的一套白色廚師服，還有兩本中文課本：一本是烹飪理論，一本是四川菜食譜。

我的學徒生涯就此正式展開。

## 黑椒蘋果鮮魷

新鮮魷魚　一條
豬肉餡　一〇〇公克
圓蔥碎末　五公克
西芹碎末　五公克
胡蘿蔔碎末　五公克
鹽巴和黑胡椒粉
橄欖油　十五公克
牛肉高湯
月桂葉　二片
番茄　二十公克
醃酸黃瓜　二根
熟胡蘿蔔丁　十公克
牛油　十五公克
蘋果碎末　四十公克
紅酒　五公克

一、清洗魷魚。

二、將豬肉餡與圓蔥末、西芹末、胡蘿蔔末混合，用鹽和胡椒調味。把豬肉餡塞進魷魚裡後，用竹籤將填餡用的開口封好。

三、用橄欖油將魷魚兩面煎熟後倒入高湯，再放一點蔥末，然後放入月桂葉增味。等到煮滾後轉小火慢燉到全熟。

四、把魷魚放在盤子上，用番茄、醃黃瓜和熟胡蘿蔔丁裝飾。

五、淋上用牛油、牛肉高湯、蘋果、黑胡椒與紅酒做成的醬汁。

第五章

# 嶄露鋒芒

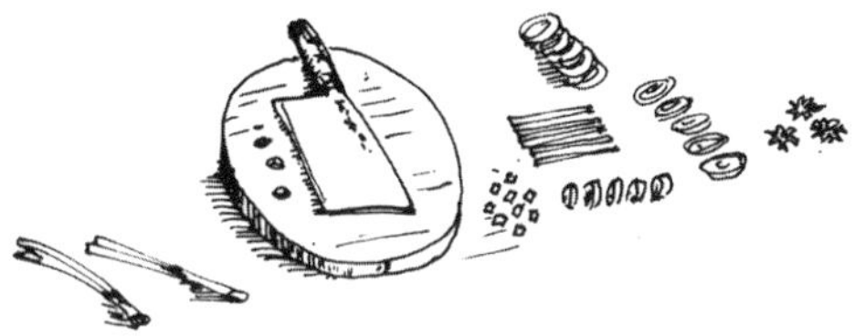

時間接近早上九點，龍老師正在烹飪學校的教室裡解釋怎麼料理「火爆腰花」。她用粉筆在黑板上畫了長長的流程圖，一邊向我們解釋這道菜繁複的步驟，一邊用中文潦草寫下一些術語。整個過程都非常有系統。「火爆」這種烹飪手法是基本的快炒的變形，要用旺火把切好的食材快速炒熟。這道菜的調味屬於「鹹鮮味」；另外因為主食材的生豬腰有異味，更明確地說是「臊味」，所以將豬腰浸泡在料酒（料理酒）裡去除異味，讓它味道變得更好就是一道關鍵。

以一大早來說，要記的東西有點太多了，尤其你是一班將近五十個中國學生裡，唯一一個不以中文為母語的學生，甚至可能是第一個想在中國接受廚師訓練的西方人。我的同學大多是年輕的四川男子，才十幾、二十歲出頭，只有兩個是女性。我不只是班上唯一的外國人，也是很多同學唯一認識的外國人。我坐在房間中央的木頭課桌前，筆記本和筆都準備好了。課桌上有之前學生留下的塗鴉，他們用學校商店裡賣的蔬菜雕花刀，把他們的名字鑿進木頭裡；幾個同學籠罩在自己吞雲吐霧製造的煙雲裡；我旁邊的小伙子手上拿著一塊麵團，一邊聽老師上課，一邊心不在焉地用麵團重複捏出餃子的皺褶。

龍老師提點了這道菜的幾項「特點」：「你必須確保腰花『形美觀、質嫩脆、味鮮美』。」「特點」是每堂課最重要的部分。除了麵點類的課程外，我們在烹飪學校從來不用磅秤或是量匙，我們必須學會怎麼用自己的感覺來判斷一道菜在料理的每個階段看起來、聞起來、嘗起來、感覺起來對不對。而且儘管中國不斷堅持自己是個齊頭平等的社會主義國家，我們在課堂上學的每道菜依舊有牢不可破的階級地位。有些菜可能比較適合和「一般筵席」的菜色擺在一起，有些則是高級筵席的「頭菜」（用料最好、價格最高的主菜）。相對來說，「火爆腰花」就比較沒什麼，「是大眾便餐。」龍老師說。

在要和外國人，或是「老外」，一起並肩學習的初期驚奇過後，我的同學大多都已經習慣了我的存在，不過很多人還是不太敢真的跟我說話。他們會圍著我，好像我是什麼奇怪的人一樣，在我對他們說話的時候自己竊竊私語，避免和我眼神交會。我自己努力好聲好氣地拜託了他們好幾個禮拜以後，才說服其中一些人不要當著我的面叫我「老外」，而是叫我的中文名字「扶霞」，或至少用比較友善的詞：「同學」叫我。

當然還是有些例外，例如班上兩個女生之一的王小姐。她是我在班上特別的盟友。因為她的丈夫拿到了獎學金到美國念博士，所以她想學做菜，希望這樣一來她到美國找丈夫時，也能在餐廳裡找到打工。也許是因為出國有望，她對於有機會能和外國人來往顯得特別積極與開心。打從一開始，她就把我當成一個「人」，而不是「火星人」來對待。但她也是唯一比較有「文化」背景的學生。另外一位女同學來自農家，每次和我面對面時只能滿臉通紅地微笑，說不出話來。

大多數的男同學都來自勞工階級或農家。我和其中一兩個人成為朋友，一個是十七歲、臉色紅潤又充滿活力的小曾。他曾邀請我參加他祖母的壽宴，因而拉近了我們之間的距離。他是一個忠貞的共產主義者，但儘管他對黨忠心不二，夢想著像他的祖父和父親一樣成為黨員，他對食物的熱情卻更勝過一切。他圓滾滾的臉龐在講起自己最喜歡的菜色時就會亮起來，他豐厚、紅潤的嘴唇會叨叨絮絮說著這些菜的優點。我覺得他和我志趣相投。

我之前說我在烹飪學校入學後，便展開了我的學徒生涯，但這其實是有點落伍的說法，因為學徒制早就已經消失了——至少官方說法是這樣。過去所有的專業烹飪知識都是由師傅口傳給學徒，幾乎沒有烹飪書籍存在。師傅需要廚房裡的幫手時，就會挑一個十幾歲的學徒，或叫「徒弟」，幫他做個幾年事，換取食宿並且學習烹飪。學徒必須要早起做麵團、切蔬菜，熬夜洗碗。如果師傅比較殘忍一點，學徒就會像奴隸一樣被打或是被虐待。比較幸運的學徒會受到師傅家庭的衷心接納，當成養子一般對待。完整的專業親屬關係網絡會從師傅的廚房展開：在他們往後的人生裡，過去在同一個師傅門下學習的廚師都會互稱為「師兄弟」。

師傅通常都會害怕學徒的手藝和經驗會愈來愈豐富，接著會竊取他們的烹飪祕訣，繼而成為他們在專業領域的對手，「留一手」的傳統因此應運而生。有才華的廚師會刻意誤導學徒，教他們不完整的做法，給予錯誤的指示或偷偷在湯裡加入關鍵的食材。因此傳說中國烹飪史上很多偉大的菜餚做法，都隨著創作的廚師辭世而佚失。現代的廚師和饕客只要一想起數個世紀以來消失的那些食譜，就忍不住怨聲載道，責怪那些嫉妒後輩的老廚師忽視了自己在中國烹飪當中的責任。

師傅和學徒的系統在文化大革命期間逐漸凋零，精緻料理在當時是黑名單上的一員，就連無關緊要的街頭小販都被當成資本主義者而遭到禁止。資深的廚師紛紛遭到迫害，新的平等教條打破了學徒和師傅間的從屬關係。據說有些師傅受人敬重了一輩子，卻在此刻遭到自己徒弟的羞辱，從而對自己的專業失去希望，以至於即使在這種瘋狂的政治運動銷聲匿跡後，他們依舊拒絕再繼續教學。

在七〇年代晚期、八〇年代初期的後毛澤東政府時期，政府開始想要撿拾「十年浩劫」下殘留的片段，隨之而來興起了將中國料理編撰成書，推動料理現代化的運動。「中國烹飪協會」於是成立，這個組織在全國各地都有分會，負責研究並推廣飲食文化，出版許多地方風味食譜。「四川烹飪高等專科學校」在一九八五年創立於成都，任務是專業且有系統地教授烹飪，不能有封建時代「留一手」與接近奴役制度的陋習。學生會學到自創菜色的技術，而不是由單一的師傅傳授一套固定的食譜。我自己在那裡的老師都是這間學校第一屆的畢業生，他們向我和同學們保證，他們會將他們所知道的一切傳授給我們。

專業烹飪學校的創立是現代化精神的英勇嘗試，但是舊學徒制度的氣息依舊繚繞不去，餐廳的廚師還是會講起他們的師傅和其他學徒，很多人也覺得舊方法比較好。「過去的學徒和現代的學生之間的差別，就像是土雞和飼料雞的雞蛋的差別，」一位饕客長輩這樣告訴我，「烹飪學校只是快速地生產廚師，但味道就是沒那麼好！」

中文，或者叫「普通話」，是全中國在課堂上使用的正式語言，但是實際上龍老師和其他烹飪學校的老師都會用口音很重的四川方言上課。畢竟除了像我一樣的少數幾個外地人之外，在成都大家都講這種話。而且就像大家說的，在像四川這樣遙遠的省分根本就是「天高皇帝遠」。連珠砲似的方言讓我在一開始受盡疲勞轟炸。雖然我已經住在成都一年，也學會了一些字詞，但大部分中國人跟我講話時都會自動切換成普通話，所以這是我第一次完全陷入四川方言的情境裡。龍老師在黑板上快速寫下板書，我得要很努力才能跟上那一長串我不熟悉的話語；她寫得也不是很清楚，黑板上的文字是中國人所謂的「草書」，我都得拜託同學幫我，清楚地在我的筆記本上重新寫下那些字，之後我才能查字典。有時候王小姐會借我她的筆記讓我影印，好讓我在課餘時間能跟上進度。

四川方言就像是放進軋布機裡的普通話。所以「ㄕ」的音變成了「ㄙ」，母音像是熱熱軟軟的太妃糖一樣被拉長，所以每句話的結尾都有像是海盜說話時的「ㄦ」；沒有人分得清楚「ㄋ」和「ㄌ」，「ㄈ」和「ㄏ」。（舉例來說，四川人念「湖南省」會念成「福蘭省」，這對外國人來說可真是好懂啊！）除此之外，一開始要學中文的音調就已經很難了：你要分辨平的一聲「媽」，往上揚的二聲「麻」，先往下再往上的三聲「馬」，以及快速往下的四聲「罵」，更別提還有自然發出、沒有阻音的輕聲「嗎」。如果你的音調不清楚，講中文的時候人家就聽不懂，你也會發現自己要講「請問」卻說成了「請吻」。但四川話本身的音調就是一團混亂。

此外還有純粹屬於方言的字詞，你學會以後會覺得這是很美的語言，但一開始根本完全無法理解。比如他們說「沒的」代表「沒有」，「啥子？」表示「什麼？」，「不曉得」表示「不知道」。更別提還有各種道地的諺語和髒話。還好我對四川烹飪旺盛的求知欲鞭策了我調整我的耳朵和舌頭，然後我學會了，而且還挺快的。沒有多久，我在正統中文課裡學的普通話就開始走下坡，我在北京和上海遇見的人也會問我：「你為什麼說四川話？」

我也奮不顧身投入了專業烹飪術語的漩渦裡。專業的中國烹飪相當嚴肅、複雜，而且成熟。就像法國菜有豐富各異的正統醬汁，有一套結構性的方法進入廚房與接觸烹飪藝術，中國菜各種食材的切法、調味料的組合、煎煮炒炸的各手法也都有細微的差異。例如基本的「炒」這個字還能更精細地分成「滑炒」「爆炒」「小炒」「生炒」「熱炒」「炒香」「鹽炒」「沙炒」等，而這些還只是我一時間記得起來的種類而已。

有一本四川烹飪大全列出了五十六種目前四川菜使用的烹飪手法。如果你去北京、廣州、上海，你會發現還有無數種其他的烹飪手法；有些很有地方特色，獨一無二。甚至早在西元前二世紀，當時我的祖先還在鐵器時代，住在茅草蓋的簡陋小屋裡，吃著原始的麵包、肉、麵糊這種食物，但在馬王堆發現的中國貴族墓穴裡，已經有超過十種的烹飪與食物保存方式的記載，更別提還在那裡發現了各式各樣切肉、煮羹、調味的方法。中國人早在那個時候就知道怎麼吃得好了。

龍老師和她的同事寫在黑板上的某些字實在太特別、太模糊，以至於在一般字典上根本找不到。當我拿烹飪學校的教科書束手無策的時候，就連我在大學裡聰明、功課好的中國朋友都幫不了我，因為他們也不知道用什麼字形容「用醬汁小火慢燉，讓醬汁發出**咕嘟咕嘟**的聲音」（正解是「熠」，音同「督」），或是「膻味」怎麼寫。收集這些晦澀難懂的字詞讓我開心不已，我把它們當成佛經箴言一樣學習。（因此在我長時間學習中國菜之後，我的字彙庫可以說是所有學中文的外國學生當中最古怪的。我能寫出稀有蕈類或草的名字、豬肉的古代名稱，還看得懂形容某種水餃「元寶」形狀的字，或是形容花枝丸彈牙口感的字，這讓很多中國烹飪專家都瞠目結舌。但我卻無法告訴你「銀行帳戶」「害羞」「網球」之類普通的字該怎麼寫。）

早上的休息時間過後，我們會在示範間集合。這裡有一排一排弧形的長凳，由下往上成階梯式排列，最下方則是烹飪區，就像是個即將有大型運動技藝演出的圓形露天劇場一樣。就某方面來說，烹飪的確是這樣的運動。每次大家都會搶著坐前面的幾個位置，因為我們現在知道如果坐在那邊，就有機會搶在貪心的同學把盤子一掃而空之前第一個試吃。大家的殷殷期待讓空氣顯得燥熱，龍老師已經準備好了輔料，也就是主食材之外的配料，有薑、大蒜、蔥、泡海椒（長的醃紅辣椒），還有當地產的碧綠色脆萵筍。

等到我們都安靜下來以後，她開始詳細解釋要怎麼切這些配料，「去皮的薑和大蒜都一定要切成『指甲片』的樣子。」龍老師優雅地揮舞著有大片刀刃的菜刀，好像她拿在手上的是一把解剖刀一樣。她把小小的大蒜瓣和去皮的薑切成一堆簡直薄可透光的薄片；蔥和辣椒切成長斜段，她把這稱為「馬耳朵」，萵筍莖則切成「筷子條」。但是火爆腰花真正難搞的技術，不是用大菜刀切小蒜瓣，還不切到自己的手指，而是在於切豬腰本身。在菜名裡「腰花」這個帶有詩意的名字指的就是透過小心仔細地切豬腰，讓豬腰在滾燙的油裡捲起來，變成帶花邊的討喜片狀，看起來一點都不像豬腰。

龍老師剝掉豬腰外面薄如蟬翼的薄膜，把豬腰放在砧板上，用她鋒利的菜刀和砧板方向平行地將豬腰切半。她刮掉如三角洲匯集處的白色排泄管部位，留下深色、金屬粉色的腰肉部分。接下來的步驟就麻煩了：她把刀子斜拿，在豬腰上方畫下像是外科手術的切口，每一道之間的距離才幾公釐而已，深度大約只有總厚度的三分之二，沒有切斷，直到豬腰上布滿這些完美精準的切口為止。接著她把豬腰翻轉，讓剛剛的切口和她的刀形成正確的角度，然後畫出更多道距離緊密的切口。接下來更繁瑣了：垂直切豬腰，往砧板的方向切到底，但只切豬腰的**部分**長度，每切第三道時才切**全部**的長度。

這樣一來，豬腰在每三道切口就有鋸齒狀的皺褶，而且會連在同一側上。「這就叫做『鳳尾形』。」她告訴我們。「當然你也可以把它切成『眉毛花形』。」她繼續進一步做更複雜的解釋。

刀工是在中國廚房裡的基本技巧，就和火候與調味一樣是料理的中心。在古代中國，烹飪這件事被稱為「割烹」，而在現代，學中國菜的廚師依舊會在每堂課上學到關於**如何**正確地切每種食材。一部分是因為快炒是一種普遍的料理手法，而要「炒」，所有的食材就必須要切成小塊，這樣接觸到熱的面積才會比較多，也比較快熟。如果食材太大塊，就容易裡面還是生的，但外面太乾，變「老」了；如果切得大小不一，那每一塊煮熟需要的時間長短會不同，最後吃起來也不順口，無法令人滿意。如果是真的很快速的快炒，就是類似「爆炸」效果的「爆炒」，那把食材仔仔細細切得一樣大就更重要了。精細的刀工不是用來裝飾，更是料理最後成功的關鍵。

筷子在中國的歷史已經有兩千，甚至三千年的歷史了，因而也對烹飪提出了自己的需求。中國餐桌上幾乎不會出現刀子，所以食物要夠軟才能用筷子分開，不然就要切成一口大小。在大宴上你會看到全鴨、全雞、豬肘子（蹄膀）這樣的菜色，這些菜會燉煮到完美的程度，你只要用筷子碰一下就能化開；不過在日常生活裡，幾乎所有東西都是切好的。

但這些只是刀工的實用性而已，更迷人的是它的美學層面。精巧的刀工能為用餐帶來另一個層面的愉悅。想想看「什錦炒鱔」這道菜就好。雖然當中各種食材的顏色、味道、口感都不相同，但是都切成了像蛇一般的長條形。或者想想「宮保雞丁」；為了配合裡面小顆、脆硬的花生米，廚師會刻意把雞肉和蔥白都切成小丁，這是多麼體貼的心意。精緻的刀工是中國數千年來優美、文明的烹飪文化中的一部分，傳說在西元前五世紀，孔子就拒絕食用切得不正確的食物。「刀工」到現在依舊是懷有雄心壯志的廚師的起點。

中國式的精細刀工也衍生出了非常複雜的字彙。廚師至少有三種基本的刀工，包括垂直的「切」，水平的「片」，還有「斬」或「砍」。如果將刀子的角度和切割的方向列入考量，刀工至少又會有十五種的變化，每個動作都有不同的名字。另外還有十幾種用刀技巧的專有術語，像是「捶」「刮」「剜」等等。

另外還有各式各樣的字彙用來形容食材切過後的形狀，有些還挺詩意的。例如簡單的「片」「條」「塊」「丁」「絲」。每一種又會因為切出來的確切形狀與尺寸有不同的變形。例如「片」就可能有小的「指甲片」，長方形的「骨牌片」，又大又超薄的「牛舌片」。蔥也可以切成「蔥花」「魚眼蔥」「蔥絲」。這些都對中國料理令人振奮的多樣性貢獻良多。就連豬肉這種日常食材都是千面女郎，可以把它切成彎曲的絲狀、軟嫩的塊狀、多汁的絞肉狀，或是順口的薄片狀。

既然切割的藝術如此複雜，你可能會預期中國廚師有一整套花稍的刀子，像一座軍火庫供他運用。但你這麼想可就跟事實相差了十萬八千里。幾乎所有這些藝術作品，都是用一把簡單的菜刀做出來的——有千錘百鍊的碳素鋼打造的刀身，木製的握把，以及磨得鋒利的刀刃。

在烹飪學校的休息時間裡，走廊上都是年輕人，而且個個手裡漫不經心地掛著鋒利到足以致命的菜刀。對我來說，還是要花點時間才能適應這個情況。一開始我還保留著菜刀是血腥殺人武器的歐洲觀念，覺得這是精神病患或是三合會的殺手喝醉酒發瘋時亂揮的東西；後來我才開始能夠把它當成一種精巧、多功能的工具來欣賞。很快地，我也有了一把隨身攜帶的菜刀。我會跟我的同學一樣，在休息時間用學校院子裡一塊大型的磨刀石來磨刀，讓刀子維持在鋒利的狀態。

和西方人一般的理解不同，中國的菜刀不是屠夫用的切肉刀。當然也是有能切斷豬肋骨或是把家禽類切塊的重菜刀，但是日常的菜刀其實是意外的輕巧靈活，能用來切的食物小至青蔥，大至肉塊；不管是雄壯威武的廚子到瘦弱的老太太都可以使用。單單一把菜刀就無所不能，從切蓮藕到削一小塊薑的皮都沒問題，通常中國廚房裡也就只有這麼一把刀而已。

菜刀不只能用來切菜，翻過來的鈍刀背也可以用來捶肉，把肉敲成糊，纖維被敲斷的肉糊做成肉丸子時黏度比較好，吃起來也比較順口。雖然這樣很花時間，但是能製造出完美滑順，讓人齒頰留香的口感。握把因為禁得起敲擊，所以能在盆裡敲碎花椒粒；刀身的平坦面能在砧板上拍帶皮的薑，讓薑的汁液進到湯或滷汁裡。最棒的是，平坦的刀身還可以把砧板上任何切好的食材掃起來放進鍋子或炒菜鍋裡。

我的父母買給我的二十一歲生日禮物，是一套全鍛造的法國名牌薩巴蒂爾廚房刀具組，但現在我在倫敦的家裡根本很少用到它們。我的手工四川菜刀已經是我不可或缺的烹飪工具，就像是我的護身符一樣。我在成都街上的市場買到這把刀，大概才幾十塊人民幣而已。我已經用了好幾年了，對它的寬度和重量、握把的確切形狀、碳素鋼刀身的白鑞色澤全都一清二楚。我喜歡把它握在我的手裡，感覺它的光澤和重量，把我的手掌放在刀身的平面上，把它拿近我的胸前。它讓我覺得自己是有能力的。這是工藝大師的工具，多樣化的用途讓人眼花撩亂。這把「我的刀」需要細心照料，要用磨刀石磨得鋒利，還要上油避免鏽蝕。

我要在外面示範烹飪或是到別人家裡做菜時都會帶著這把刀，我會把它用布包好後再放在我的包包裡。我已經帶著我的菜刀坐過好幾次的倫敦地鐵，或是深夜裡走在這座城市裡的危險地區。當我在空無一人的車站月台上，或是走過如迷宮般的隧道時，只要想到如果有人笨到想要搶劫我而可能發生的情況，就讓我有種甜美、竊喜的感覺。「我們應該先切牛舌片還是骨牌片呢？」在微光照亮刀鋒凜冽的反光下，我可能會這樣問搶匪。

當然菜刀不只對於那些想要傷害廚師的人來說有危險，對於廚師本人也很危險。使用磨利的菜刀時必須全神貫注，一不小心可能就會切掉自己的手。我認識一位食指第一指節斷掉的年輕廚師，他只能用包著繃帶的剩下的手指工作。我在成都的頭幾個月，自己也差點出了一樣的意外。當時我在切用來做聖誕布丁的一堆蜜餞，浸過糖漿的水果讓刀子又黏又難拉；累了的我就開始不小心了。我失去了專注力，結果切掉了我手指尖厚厚的一塊、連著指甲部分的肉。那是一次嚇人的意外，當時的傷疤到現在都還在。但是這也提醒了我，使用菜刀的時候要帶著尊重。現在我了解切菜也可以是一種冥想，並且知道為什麼道家的賢者莊子會用「庖丁解牛」這個故事來比喻生活的藝術：

庖丁為文惠君解牛，手之所觸，肩之所倚，足之所履，膝之所踦，砉然嚮然，奏刀騞然，莫不中音，合於桑林之舞，乃中經首之會。

文惠君曰：「譆，善哉！技蓋至此乎？」

庖丁釋刀對曰：「臣之所好者，道也，進乎技矣。始臣之解牛之時，所見無非全牛者。三年之後，未嘗見全牛也。方今之時，臣以神遇，而不以目視，官知止而神欲行。依乎天理，批大郤，導大窾，因其固然。技經肯綮之未嘗，而況大軱乎！良庖歲更刀，割也；族庖月更刀，折也。今臣之刀十九年矣，所解數千牛矣，而刀刃若新發於硎。彼節者有間，而刀刃者無厚；以無厚入有間，恢恢乎其於游刃必有餘地矣。是以十九年，而刀刃若新發於硎。雖然，每至於族，吾見其難為，怵然為戒，視為止，行為遲。動刀甚微，謋然已解，如土委地。提刀而立，為之四顧，為之躊躇滿志，善刀而藏之。」

文惠君曰：「善哉！吾聞庖丁之言，得養生焉。」

我看老師在小圓形劇場裡示範時，常常會想到庖丁的故事。龍老師向我們示範要怎麼把鴨的骨頭和內臟去除，以便之後填入「八寶」餡料；她還示範怎麼用繩子綁住鴨的腰，這樣一來鴨身的上下都凸出來，變成葫蘆的形狀。她會用菜刀在鴨的頸部到脊椎之間開一個小切口，然後開始將整隻生鴨剝皮，一邊說話一邊輕輕鬆鬆地剝下完整的皮和肉，用手上閃閃發亮的刀悉心去掉腿骨和翅膀骨，溫柔地處理鴨胸部位。還有一天，龍老師的丈夫呂老師在切豬肉絲的時候，臉上出現了細微的愉快表情。他的手臂和肩膀都放得很柔軟，在混亂的教室裡維持全神貫注的冷靜。

隨著時間過去，中國式的刀功已經成為我的一部分，在我打開冰箱檢查有什麼食材，或是做歐式的沙拉或燉菜時，我都會受到切菜方式的影響，現在這已經是我的直覺反應了。我在幫忙西方朋友做菜時倒是會常常覺得困惑：「你可以幫我切一點胡蘿蔔嗎？」他們可能這麼說。「那你要我切成什麼樣子？」我問。「就是切啊。」可是我的腦袋裡現在有一千種可能的切法啊，沒有「就是切」這種事。如果我跟一位中國廚師做菜，那就簡單多了：他只要說請切成「象牙條」或是「二粗絲」，我就知道要怎麼切才對。

我有很多同學住在烹飪學校樓上的宿舍，其中比較大膽一點的學生有時候會邀請我在午餐時間上去喝杯茶、玩牌，或是打麻將。他們的房間裡擁擠地擺著行軍床，四處掛著洗好的衣褲。有時候他們會在房間裡進行糟糕的勾當，這是我有一天早上從校長嚴厲的演講中聽到的。他譴責這些學生把零用錢賭光了，晚上還偷偷帶女朋友進來，「如果你在麻將桌上把錢敗光，你就沒東西吃了。」然後用儒家的觀點告誡我們：「好的廚師一定要過正當的生活。拿劉師傅來說，他是我認識的一位現年八十歲的廚師。他不喝酒也不抽菸，而且過著非常正直的生活。他的廚藝可說舉世無雙。」

我住在城的另外一頭靠近大學的地方，所以從來沒有看過這些傳說中飲酒作樂或是豁出去濫賭的情況。在每天午餐過後大家昏昏欲睡的午休時間裡，這裡的氣氛還挺節制的。有一天下午，我一邊啜飲茉莉花茶，一邊聽一位同學向我介紹他用雕花蔬菜做成的小小花圃；他的室友有的在打盹，有的在看食譜。他讓我看用南瓜肉做華美涼亭圖樣的彩色風景，用白蘿蔔雕刻後再用牙籤組合的優雅天鵝，還有胡蘿蔔的刻花和用「心裡美」（青皮紅心蘿蔔）雕成的玫瑰。

中國的蔬菜**雕刻**把刀工的技藝帶進了另外一個層次。在這個領域裡，雕刻的成果不是拿來吃，而是拿來欣賞的。真正精通此道的中國廚師已經不只是廚師，而是一位雕刻家，就像能用絹絲般的焦糖和白糖做成糖花的法國糕點師傅一樣。食物雕刻是漂浮在頂級烹飪文化最上方的泡泡，完全是鋪張、毫無實際用途的細節，就像是十九世紀法國裝飾性蛋糕大師卡漢姆設計的糖塑大教堂一樣（此人堅稱糕點是建築學的主要分支，是五種精緻藝術之一）。蔬菜雕刻只存在於薪資過低、工作過少的年輕人太多的社會裡，因為只有這樣他們才會願意花好幾個小時，在西瓜的外皮上雕刻出讓人一眼就能認出的經典小說場景，或是把南瓜雕成花瓶，再刻上精細的蓮花和在下方嬉戲的金魚，連魚尾的皺褶都清清楚楚。雖然有時候我覺得這真是太麻煩而且太荒謬了，但是這種技術依舊有它的魔力。

在現代中國的烹飪競賽裡，年輕的廚師在展現他們使用炒鍋和製麵團功力的菜色之外，可能還需要端出一盤「工藝菜」。工藝菜裡包括了精細、可食用的場景呈現，這些特色就烹飪或食用的實際層面來說根本沒有很大的幫助。在我參加過的一次競賽裡，所有參賽者都做出了裝飾華美的冷菜拼盤，用各種顏色的食材薄片組合成誇張的拼貼畫。其中一位參賽者做出了一對燕子，翅膀用皮蛋切片做成，身體和長分叉的尾巴則是用好幾百片的黃瓜皮組成；燕子飛在由紫色的豬肝、玫瑰色的火腿、淺粉紅的蝦子組成的彩色冷盤風景上方。

這些食物風景畫在中國的歷史令人肅然起敬。據說這項技藝的始祖是十世紀的一名佛教比丘尼梵正，她用二十一道冷盤重現了八世紀詩人王維的二十一篇詩畫。她用切得很細的蔬菜、瓜類、肉、發酵的魚做成可食用的景色，向啟發她的這些作品致敬，也讓她所宴請的貴賓驚奇不已。

我的同學不在課桌上刻下自己名字的時候，通常都拿著胡蘿蔔或形狀奇怪的白蘿蔔把玩，練習他們的雕刻技巧。他們知道在未來的職業生涯裡，他們可能偶爾必須要雕出一條南瓜做的龍，或是做出萬里長城的可食用拼貼畫。我們在正規的烹飪訓練中，必須學會約四十種生食材可以切成的基本形狀——光是蔥就有九種不同的切法。但是和高深的蔬菜雕刻相比，這些不過是雕蟲小技罷了。

所以從刀工的博大精深來說，把豬腰切成「鳳尾」或是「眉毛」根本不足為奇。在四川烹飪高等學校的講堂裡，老師的示範即將告一段落。在等一下的午餐和午休時間過後，我們就要開始動手處理自己的那一對豬腰。在我們把切鳳尾技術練得上手之前，我們一定會東扯西砍，把豬腰切得大小不一。不過現在，龍老師在細心的準備工作結束後，三兩下就把火爆腰花料理完成了。房間裡瀰漫著薑、大蒜、辣椒的香味。腰花在炒鍋裡捲起來，才幾秒鐘的時間，我就能在盤子上欣賞它們的模樣，對能讓這種粗陋的內臟搖身一變，成為令人食指大動的美食手法讚嘆不已。龍老師接著把盤子遞給了飢腸轆轆的大家，學生離開長凳一擁而上，爭先恐後伸長了筷子。隨之而來的是幾聲驚呼和吸食聲。豬腰馬上就被一掃而空。

## 刀工呈現食物的各種形貌

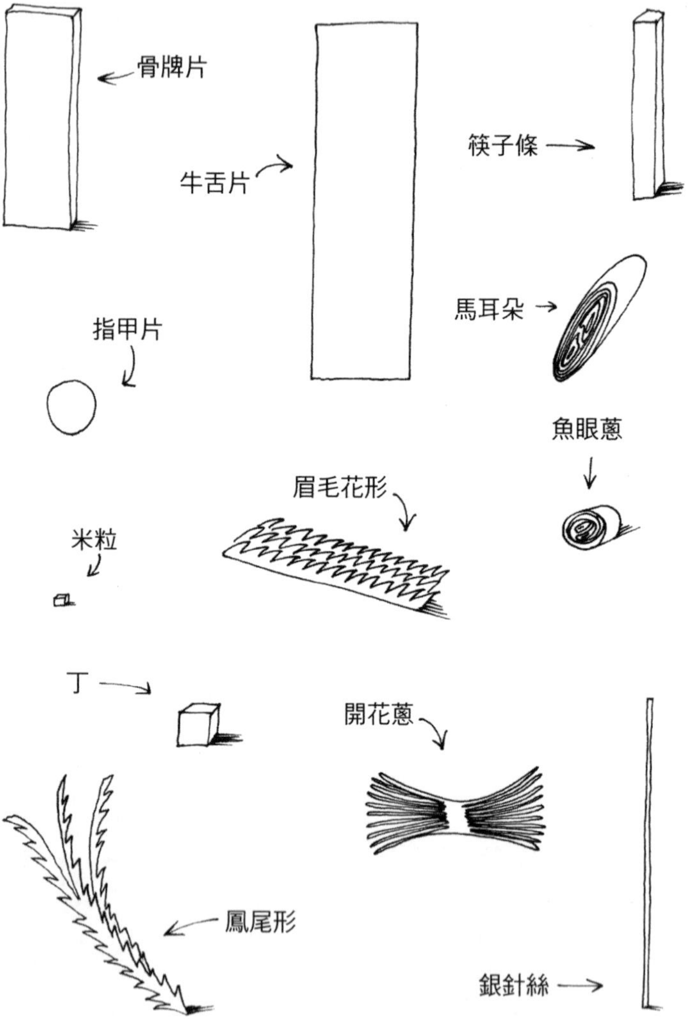

## 第六章

# 調味與火候

輪到我用炒鍋了。我的同學不懷好意地斜眼瞄我，準備好好嘲笑我一番。每天下午我們都分成十人一組，組員不變，大家圍著桌子，有兩個瓦斯爐、兩口炒鍋、一面砧板，還有幾個碗盤可以使用。我幾個比較熟的朋友都沒有和我同組，所以我不得不和其他九個想盡辦法不要跟我講話的男孩一起做事，他們毫不掩飾自己對於一個外國**女人**怎麼能成為四川廚師的懷疑。這種感覺真的很討厭。在分工的時候我必須費力爭取讓他們算我一份，不然他們就會丟下我，自己一溜煙地跑去儲物櫃或水槽。我得端出很久沒擺出的大姊頭態度，才能跟他們進行沒什麼大不了的對話。不過一如往常的，烹飪本身實在太令我開心，因此我根本不把這些麻煩放在心上。

我扭了轉盤點燃瓦斯爐，舀了一些油到黑漆漆的炒鍋裡。我的組員竊笑，有人用四川方言嘟囔了他自以為聰明的評論。我聽不懂，所以我也不管他，而是專心在我的烹飪上。我已經準備好食材：蛇條狀的豬肉先用鹽巴、醬油、料酒和水豆粉醃過，配料有木耳絲、淺綠色的萵筍莖切絲、泡辣椒末、大蒜、蔥、薑。這些是四川名菜「魚香肉絲」的材料。

油熱了以後，我把豬肉放進鍋裡，快炒到肉絲都分開而且變白。接著我把炒鍋斜放，讓油集中在火的上方這一側，然後加入泡辣椒末，讓它把油染成濃郁的深橘色。我灑入薑蒜末，炒出它們強烈的香氣，再加入蔬菜類，將它們全部拌炒在一起。最後倒入由糖、醬油、醋做成的醬汁，裡面還加了一點水豆粉好讓醬汁變濃稠，裹住食材。幾秒鐘後這道菜就完成了。我俐落地把菜舀到一個橢圓形的小碟子上。結果很不錯，攤在盤子裡的豬肉絲很軟嫩，外表也很光滑，和深色的木耳與綠色的萵筍纏繞在一起。紅油沿著緣側漂亮地盛在盤子裡，聞起來好吃得不得了。我同學對我的成功感到非常失望，我則相當沾沾自喜。哈！

我們在一群互相競爭、彼此攻擊的人當中輪流做菜。這些男生互相批評起來一點都不留情面，對我也不例外。如果有哪個步驟出錯了，他們就會開始嘲弄竊笑，每個錯誤都讓大家喜孜孜地出言奚落：「油太多了！」「要燒乾了啦！」「醬汁太黏糊了！」「你這個傻瓜！」每個人都完成後，我們會到房間的一邊找呂老師，讓他檢查我們努力的成果。他一如往常，雖然帶著親切的微笑坐在那裡，不過他的批評每次都很精準到位。他會挑出我們切得粗心或是不規則的食材：「不好看！你把細絲、粗絲、筷子條都混在一塊兒了。」他從菜的氣味和質感就看得出來油溫太高還是太低，他也會用試吃來判斷我們掌握均衡調味的技巧如何。今天我的魚香肉絲得到了他的認可：「不錯，不錯。」

可惜我們不能吃自己做的菜，只能嘗嘗味道。完成的菜會裝袋，放在學校大門口擺的桌子上賣給附近鄰居。這些白老鼠真的很勇敢，因為這樣買菜就像買樂透一樣：今天可能是一頓美味的晚餐，明天可能會是一堆過鹹又難消化的災難。我不情不願地把我飄著誘人香氣的菜交出去，回去看我的同學攻擊同儕。

我們在四川烹飪高等專科學校做的所有菜都是從頭做起的。我們只有最基本的設備，沒有絞肉機或食物處理機可以節省我們的時間。如果我們要做肉丸子，我們就要用刀背把肉敲成泥，用手指挑出每一條筋。我們用筷子快速攪打盤子裡的蛋白。如果我們要用核桃，我們就要自己敲開殼，浸泡核桃仁，然後再費功夫地剝皮。（「四川菜超麻煩的。」我的其中一位同學這麼抱怨。他一邊慢慢地把核桃果仁外頑強的皮剝除，一邊因他接下來的人生可能都要花在這種事情上而感到沮喪。）有些食材送到我們手上的時候還是活的，比如說，三十條閃閃發亮的鯽魚。我們會爭先恐後地去搶自己組分配到的那份，在陽台的水槽裡清洗這些魚；當牠們還在我們的手中活跳跳地掙扎時，動手扯掉牠們的鰓，畫一道口子取出牠們的腸肚。

我從小的夢想就是住在鄉下的小木屋裡，什麼都自己動手做。我想要自己種菜、養雞、烤麵包、做果醬。長大以後，新鮮食材的美讓我深深感動，不管是手上的魚銀亮的光澤，或是甜菜根切面流出的粉紅色汁液都一樣。我很喜歡廚房裡的基礎工作，例如在一盤米裡面挑出石頭，或是摘掉豆莢的頭尾之類的，不過其他人可能覺得很無聊。我在青少年時期學會了怎麼拔野雞的毛還有清理的方法，我還會自己做麵團和美奶滋。我的家人以前都會笑我：「等你長大了，你就會讓機器幫你做這些事了。你現在只是在幻想而已。」（我想最後贏的人是我。幾年後，我還是過著沒有電視、洗碗機、微波爐的生活。我依舊自己動手拔雞毛、做麵團還有美奶滋。）

九〇年代中期在成都的生活，正符合我長久以來想回歸這些烹飪基礎工作的渴望。這裡沒有捷徑。這裡的家家戶戶所使用的，依舊是數個世紀前所流傳下來的保存食物方法。天氣晴朗的時候，學校門外的小巷到處都掛著捲心菜葉，要曬到半乾才能抹鹽和香料裝在罐子裡發酵。大家的窗台上還會有一圈圈的風乾陳皮。農曆新年快到的時候，大家就會動手做臘肉和香腸，然後吊在屋簷下風乾。

在烹飪學校裡，我們食譜裡用的醃菜也都是用傳統方法做的。有一間儲藏室裡存放著許多半個人高的陶甕，那裡的光線永遠都像是天剛亮一般朦朧。我們拿起反過來蓋住這些甕口的碗，把筷子伸進去，扯出那些閃著滷水光澤的鮮紅泡辣椒。如果我們想讓燉煮的料理呈現深棕色，就要自己用油把糖炒成焦糖。這裡沒有現成的醬料，只有慢慢發酵的豆瓣醬是個例外。我們得用糖、醋、醬油、麻油等主要的調味料自己混合出各式各樣的醬料。我很喜歡這種鍊金術的感覺，像是用基本的元素點石成金；我手上的工具只有一把刀、一個杓子、一面砧板和一口炒鍋。

在這個烹飪天國裡，只有一件事讓我覺得不舒服，就是味精的使用。和大部分的西方人一樣，我覺得味精是一種噁心的人工添加物，只有垃圾食物和難吃的外帶食物裡面才會加這種東西。英國的家庭廚房裡根本不會有味精，如果哪間高級餐廳的櫥櫃裡被發現有味精，那簡直就會是大眾關注的醜聞。但是在中國，家家戶戶都有一罐味精，就放在醬油和醋的旁邊；大廚也會把味精加在他們最受稱讚的菜裡。而在四川烹飪高等專科學校，這間培養廚師的全國頂尖學校裡，對待味精就和平常的調味料一樣。中國人甚至用「味精」這個稱呼，表示這是「味道的精華」，還把它翻譯成「美食家的粉末」這樣的英文。（「精」指的不只有「精髓」，還有「精鍊」「精緻」「精密」「精明」「精巧」「精力」「精神」「精子」等等意思，這樣你大概就知道這個字有多美妙了。）在中國使用味精根本不會讓人覺得羞恥。

味精不是中國菜傳統的調味料。一九〇八年，一位日本科學家池田菊苗嘗到了由昆布（也就是海帶）所熬製的高湯。他對高湯濃郁的美味感到驚異萬分，因而受到啟發，發明了味精。他在實驗室裡成功分離出了美味的主要來源：海帶裡的麩胺酸鹽，並因為其美味而用日文的「旨い」（「好吃」）將之命名為「旨味」（*umami*，相當於中文的「鮮味」）。他的發現是日本工業化生產味精的開端，緊接著傳遍全世界。

一開始科學家以為味精只是「加強味道的調味料」。這種物質本身沒有什麼味道，但是能夠和各種鹹香味產生反應，製造出對味覺的愉悅衝擊。然而最近生物學家發現，人類的舌頭上有專門負責接收味精以及其他旨味化合物味道的受器，我們的腦中也有某些細胞專門對這些旨味做出反應。這使得大家愈來愈能夠接受旨味不光是加強味道而已，而是靠著自身的味道，變成了有別於傳統科學的「酸甜苦鹹」四種味道的「第五味」。

雖然旨味和工業產的味精有關，但這個味道也能在很多動物及蔬菜當中找到，像是番茄、香菇、鮪魚裡都有。旨味的成分是蛋白質的積木——胺基酸和核苷酸，而組成胺基酸和核苷酸的是麩胺酸鹽、肌苷酸鹽和鳥苷酸。動物和蔬菜的蛋白質分解後都會出現這些美味的分子，所以像是烹飪、熟成、發酵等過程，就能讓旨味變得更加濃郁。很多歐洲人和美洲人所喜愛的味道，例如帕馬火腿或是帕馬森乾酪的味道，就是來自於這些食物裡密集的旨味化合物。

中國人使用發酵的豆豉、醬油等旨味豐富的調味品已經超過兩千年了。用火腿和海鮮乾貨熬出的濃郁高湯，是傳統中國菜的主要味道。豆腐乳和皮蛋的味道在我第一次到香港時嚇壞了我，但它們也因本身強烈且複雜的旨味，在中國受到相當的重視。就某方面來說，味精只是這種傳統飲食習慣的延續罷了。

但是為什麼中國人這麼喜歡使用這個人工味精，但外國人卻避之唯恐不及呢？我懷疑部分原因是，中國人一般來說對於科學和科技都抱著正面的看法。喜歡烹飪與飲食的歐洲人常常把科學當作敵人，因為美食主義和主張回歸自然的基本教義派經常連成一氣。像我這樣的人會覺得食品科技的進步，是墮落的科學家被貪婪跨國企業收買後，強加於人類身上的東西。我們**預期**基因改造會帶來生態浩劫，我們**肯定**殺蟲劑會讓我們得到癌症。而面對味精這種相對來說新的、人工的調味料，我們自然沿襲了這種懷疑態度。

在中國卻完全不是這麼一回事，好像大家都**喜歡**科學。這個國家對饑荒與糧食短缺還記憶猶新，乾旱與水患也一直是農業所面臨的威脅，因此大家對於基因改造的可能性抱持著較為開放的態度，也就不奇怪了。食品科技的進步，洗衣機等新型家電變得容易取得，才剛剛讓女性從繁重的家務中得到解放。現在開始懷念「什麼都用手工」的時代還太早了。此外這種對科學與科技優點的普遍信任，背後可能也有其歷史因素。

在十九世紀末、二十世紀初期，西方強權顯著的優勢讓中國人的自我認同出現危機。有些思想家和政治運動者進而認為傳統中國文化是「落後」的，是禁錮國家發展的重擔。他們對傳統嗤之以鼻，認為只有西方的科學和理性才有未來。在知識份子階層發生了哲學思想上的大變動，種下了革命的因子之一。一個世紀過後，這裡對中國的過去、西方傑出科技的焦慮感卻依舊存在。諷刺的是，正當西方中產階級逐漸失去他們對科學的信仰，浸淫在仰慕東方所有傳統的情緒中時，中國人卻似乎常常處在要拋棄他們哲學與科技遺產的邊緣。

我第一次住在中國的時候，傳統烹飪、太極拳、傳統中醫都是常態，至少對老一輩是這樣的。

但現在我碰到的年輕人會告訴我他們比較喜歡運動而不是武術，喜歡吃西藥而非中藥，喜歡漢堡勝過中國菜，因為他們很「現代」。在廚師界，近年來熱門的討論話題是好像「非常科學」的「西方營養學」。我費盡心力提醒這些擁護者，西方人根本搞不清楚自己吃的是什麼，他們愈來愈胖，得到癌症和第二型糖尿病的也愈來愈多。我們已經被科學研究滅頂了！我這樣告訴他們。這個月有科學家說一天一杯紅酒對心臟有幫助，下個月又說喝紅酒會害我們心臟病發；昨天他們叫我們只吃蛋白質不吃碳水化合物，今天又說這樣會讓我們口臭、腎衰竭。我們的食品表面上標示了複雜的成分資訊，告訴你這有多少鹽、多少糖、多少卡路里、多少升糖指數，但有人真的知道該怎麼吃嗎？很多人回家後也只是把垃圾食物往微波爐丟而已啊。

相反的，中國處理食物的傳統方法既簡單又完整，而且就我所知，好處絕對大得多。老一輩的可能沒辦法提出什麼數字或是實證，但他們確實是了解飲食均衡的大師，他們知道發生某種病痛的時候應該要吃哪一種東西，也會根據季節與年齡調整飲食內容。我對於中國最深刻的印象之一，就是這種知道怎麼利用飲食養生的普遍知識。「你們在食物與醫藥方面的傳統文化是中國文明的榮光之一！應該是你們教**我們**才對！」我這樣告訴我的中國朋友。他們看著我，又驚訝又不知所措，似乎他們從未有過這種想法。

而味精呢，當然很現代化又科學，這顯然是它吸引人的部分原因。但這個理由還是得保留一下，因為味精開始變得普遍是在七〇年代。中國當時的處境很艱困，不只肉類很稀少，連穀類都是定量配給的。那時候，味精居然能不用到肉就模仿出傳統高湯濃郁、鮮美的味道。當時這一定像是奇蹟一樣。只要加一湯匙味精到一碗熱水裡，灑一點蔥花，你就有一碗勉強可以說是湯的東西了。灑點味精到炒青菜上，味道就好吃得上了天，好像你用了雞油或是雲南火腿之類的高級食材來炒菜一樣。

我朋友周鈺是七〇年代在重慶長大的。在文化大革命期間，他曾經聽過互相敵對的紅衛兵派系為了爭奪主導權而在街上槍戰的聲音。他在青少年時期就展露了他在二胡上的少見才華，日後也成為職業的二胡演奏家；而那時候的他，滿心渴望的就是那個加在毫不起眼的湯裡，散落如星塵般的美味粉末。他對自己發誓，等他自己賺錢了，他每天都要吃這個粉。所以當他終於進入四川音樂學院後，他買了**四公斤**的味精來慶祝。

在烹飪學校裡，我和同學學會在烹飪的最後階段，加少量的味精到菜餚裡提鮮味。老師教我們把味精放入冷盤肉和蔬菜的醬汁裡，還會在開胃菜的沾料裡混合味精。他們說幾乎什麼都可以加味精。不管是現在還是那時候，味精在餐廳的廚房裡用起來就像用鹽巴一樣普遍。頂尖的大廚可能會對那些把味精當成正統高湯和好料的**替代品**的人嗤之以鼻，我聽過他們一臉嫌惡地把這樣的外行人稱作「味精廚師」。但這些大廚，除了極少數的例外之外，都還是會用味精來提味。

味精在中國料理的無所不在讓我的處境艱難。我的直覺就是討厭它，我在家也從來沒有用過味精做菜。那是**假的**，有違我的原則。我也懷疑味精在中國廚房的廣泛使用會破壞中國人的味蕾，讓他們無法享受品嘗自然美味的愉悅。（中國廚師告訴我，他們現在必須要使用味精，因為顧客覺得沒加味精的味道太平淡了。）但是這比精鹽或是精糖糟糕嗎？這兩種東西使用得過多也會造成心理上癮與傷害。似乎也沒有證據顯示味精對身體有害：所謂的「中國餐館症候群」（西方人經常掛在嘴巴上批評的一個詞）的存在，其實廣受懷疑。有些科學家指出，味精是「神經毒」，會過度刺激胰腺與神經系統，引發自閉症、氣喘、糖尿病、過重等疾病。但我並沒有專業知識來判斷這些說法正確與否，我在關於味精的廣泛爭議中也沒有看到有人思考這些理論。此外，我所有偉大的中國烹飪英雄都會用味精，而他們的菜吃起來美味極了。

老實說，我到現在對味精的態度還是很混亂，但是我很早就決定我自己的料理中都不要加味精。我覺得那不必要，因為我買的食材都很好，我的高湯也都是自己熬的。我也受夠了中國餐廳裡那些滿滿都是味精的食物對我的轟炸；那些菜讓我口渴，我的味蕾也覺得疲累不堪。我喜歡比較溫和、比較天然的味道。對我來說，味精是廚師的古柯鹼，是讓美食的愉悅感受瞬間增壓、變得更加強烈的白粉。但是，不吸毒的人生不是就已經夠美好了嗎？

我也注意到不管味精是不是壞東西，西方對味精的偏見已經對中國菜在國際間的名聲造成了不言而喻的傷害。在我扮演類似「中國烹飪大使」的過程中，我發現把味精放在寫給西方讀者的食譜裡就像是搬石頭砸自己的腳一樣。所以我堅持傳統路線，拒絕使用味精，就像我拒絕使用不必要的廚房器具和有線電視一樣。也許我依舊試著向我的家人證明些什麼。

還好我避免使用味精的做法，對我接受四川廚師訓練沒有造成任何影響。沒有一道菜是**靠**味精才會好吃，使用味精也不需要特別的烹飪技巧。它只是加在其他調味上的東西而已，所以我直接省略這一步。就這樣而已。況且四川菜的天然風味已經非常濃烈，我根本就不會想念味精的味道。我的同學覺得這樣很奇怪，但是後來他們覺得我做的**每件事**都很奇怪。「不使用味精」正是我這個綠眼睛的外星人會做的事。

暫時不說味精了。對味道的關注是我的四川烹飪教育裡相當關鍵的一環，貫穿了每天早上第一堂的理論課、龍老師和呂老師在上午休息時間過後的示範課，以及下午的實習課。

我們的老師會向我們介紹畜肉、家禽、水產、海鮮等食物的天然味道中，比較不好聞的部分。這種味道統稱為「異味」，也可細分為「腥」「膻」「臊」等味道或氣味。這些觀念是我在歐洲烹飪裡從未接觸過的。我和我的同學必須學會如何以廚師的身分，精鍊或去除這些不好吃的味道，以及怎麼「提鮮味」，也就是帶出這些食材背後的旨味。所以我們會把這些食材放進滾水中汆燙一下，用鹽巴、料酒、拍過的蔥薑處理，或是丟掉肉和家禽流出來的血水。至於牛肉、羊肉、鱔魚、內臟類那些異味特別重的食物，我們就會大手筆地加酒和調味料，並在最後的成品加入芫荽裝飾。這樣的技巧在中國已經有好幾千年的歷史：西元前十六世紀的廚師伊尹就曾提出警告，某些食材會有腥、膻、臊味，但也表示經過適當的處理過後，這些食材依舊可以變得非常美味。

但是這些基本技巧在中國各地方菜系裡都很常見，「調味」才是四川廚師的特色關鍵技巧，也是學習起來最有意思的部分。對外人來說，不管是中國人或外國人，都容易陷入四川菜就只是「麻辣」的刻板印象，但這是非常粗糙的過度簡化。真正讓四川料理與眾不同的，就是調味的藝術。四川廚師樂於組合各種基本味道，創造出令人目眩神迷的「複合味」。一場精心安排的四川餐宴，會以你所能想像的各種方式讓你的胃口大開：它會先明快地使用辣油喚醒你的味蕾，用帶刺痛感的花椒刺激你的舌頭和嘴唇，用帶辣的甜味輕撫你的胃口，再用炒過的乾辣椒電擊你，最後用甜酸味緩和一下之後，再用滋補的湯品讓你緩和下來。這是一場刺激的雲霄飛車之旅。英國文學名家約翰生曾說：「如果有人厭倦了倫敦，那他一定也對生命感到厭倦了。」而四川廚房端出來的眾多各式各樣的複合味，足以讓人把這句話改編成：「如果有人厭倦了四川料理，那他一定也對生命感到厭倦了。」

身為受訓中的廚師，我的同學和我都學習了一套包含二十三種「正統」複合味的標準做法，大概就相當於學習「正統」法國料理醬汁的組成一樣。這套標準不在於確切的分量或是用料，而是要培養對每一種複合味特色的感覺，了解這種味道的平衡、強度、濃度。舉例來說，「魚香肉絲」這道奇妙的菜名裡的「魚香味」，其實就是傳統四川魚肉料理所用的調味（「魚香」的食譜裡沒有真正的「魚」）。

「魚香」的基本味道是泡辣椒的圓潤辣味，有時候來自辣椒本身，有時候則是結合了著名的郫縣豆瓣醬裡的發酵蠶豆的風味，但一定都會搭配薑、蒜、蔥的強烈氣味。另外還會帶著甜味和酸味。這是一種經典的複合味，會讓人自然品嘗到多層次的滋味，也是你所能想像的味道中最難以抗拒的組合。一旦你以廚師的身分了解了「魚香味」背後的組成機制，你就能把它運用在各種的食材上：冷盤雞肉、豬肉絲（最有名的魚香料理）、茄子（我一直都很喜愛這道菜）、炸雞或是海鮮。

相對於魚香的，就是出了名嚇人的「麻辣味」，結合了辣椒的辣和花椒讓人舌頭發麻的特色。如果你不習慣這個味道，可能真的會被嚇到，但是這並不表示它是猛烈地給予你的舌頭重擊的味道，而比較像是**打開**你的胃口，喚醒你品嘗菜餚裡的其他味道。辣椒和花椒還有其他的排列組合，例如「糊辣味」。這是把兩種香料放進油裡炒香，直到辣椒變色，但還沒焦苦的程度，是一種超乎想像的味道。再加一點的甜味和酸味，這就變成了「宮保味」，也就是著名的「宮保雞丁」裡那特別香的甜、酸、麻、辣味。此外還有其他組合。

四川料理對調味的重視讓這種菜系非常健全並充滿自信。四川菜並不會過度依賴當地特殊的食材，不像東部的菜色著重鮮美的水菜、河鮮。沒有大閘蟹你就不可能做出蟹粉豆腐，但是不管用**任何**

**東西**你都能做出「魚香」或是「麻辣」料理。也許這就是為什麼四川人和中國其他地方的人相比，心胸都來得比較開闊：他們不用擔心和外界的接觸會讓他們喪失自我認同。只要把外面的世界淋上魚香醬汁就會變成四川口味了。

當我們把菜拿給呂老師評鑑時，他會跟我們說這道菜的甜味與酸味是否平衡，是不是達到了「鍋巴肉片」需要的「荔枝味」，還是我們做得太甜，把味道變成了一般常見的「糖醋味」；他會告訴我們是不是成功混合了芝麻醬、醬油、糖、醋、辣椒和花椒，創造出確實的、和諧的「怪味醬」淋在冷盤雞肉上。如果某一種調味料超出比例，味道就會不和諧。所以我們就像是化學家一樣，用瓷湯匙均勻攪拌碗裡的調味料，湯匙與碗的內側敲擊出清脆的聲響，讓原料充分混合後再試吃，試著找出最完美的公式。

身為課堂上的異鄉人，我發現自己學習的不只是烹飪的理論與實作，也吸收了某些中國人想像味道的方式。在潮溼的冬天，我知道自己應該要吃比平常更熱的食物，所以我會在早餐的餃子裡多加一湯匙的辣油；我也發現酸味可以讓我在夏天的悶熱中提振精神；我學會說在愛情裡嫉妒的人是「吃醋」，當然我也了解「吃苦」是對於生存的悲傷與艱難最好的形容。學習中國的烹飪語言，就某部分而言也是學習生活的語言。隨著我愈來愈深入烹飪研究，我也發現我不只是在做菜；就某方面來說，我也是在用中國人的方式思考。

我記得我們用一模一樣的食譜，但做出來的成品完全天差地遠的時候。以「魚香肉絲」這道菜來說，油的顏色就從清澈到深橘紅色都有；蔥薑蒜三位一體的香味有人做得太淡、太生，也有些人炒得好到讓人不由得為之讚嘆；肉絲有軟得像奶油冰淇淋一樣，也有炒得有點縮水了，咬起來有點累的。凝視著在呂老師前面的工作檯上成排的菜餚，我問他：「為什麼這些菜看起來都這麼不一樣？」

「火候。」他這麼回答，並對我的一頭霧水報以微笑。

火候指的就是控制烹調熱度的程度與時間。在刀工與調味之外，中國烹飪藝術的第三根支柱就是火候，而這恐怕也是最難以掌握的部分。火候的學問不是這麼容易教的，需要透過經驗、嘗試與犯錯來學習、理解。因此很合理的，火候也被用來形容例如書法等其他藝術的技術與敏銳度成就。道家傳統上也用這個字來形容煉長生不老丹藥的行為。

我們在烹飪學校裡學到火的各種類型，包括「旺火」帶來的集中熱度和耀眼光亮，「武火」的強盛與活力（「武」這個字也用在「武術」），「文火」的溫和搖曳（「文」同時也有「文化」和「文學」的意思），還有「微火」的淺藍光亮和微弱的火焰。我們不用溫度計，但是我們必須熟悉油溫的「四川刻度」，總共是一到八「成」。

不過火候最終還是和對熱油與熱水特性的敏感度，以及它們對食材的反應有關。在九〇年代中期，很多四川廚師連瓦斯爐都沒有，更別說是量油溫的溫度計了。他們都在炭爐前工作，在極高的溫度下，面對兩千年來都沒有什麼重大設計改變的炭爐，他們也不可能把火調大或調小。因此一切都要靠他們的眼力和鼻子，像是軍事雷達一樣捕捉鍋爐的小世界裡任何一丁點的改變。

所以我和我的同學必須學會辨識油什麼時候是夠熱的，足以帶出魚香肉絲裡辣豆瓣醬的深紅色，但又不至於熱到燒焦了醬料；或是熱到可以讓芡汁在肉絲上形成天鵝絨般的光澤，但又不至於讓肉絲太乾太老。大蒜要炒香才能散發濃郁的味道，但也不能炒太久，不然味道就苦了。我們只要一看到糖漿冒出了「魚眼」，就要把鍋拿離火焰。火候是「色香味形」的關鍵，也是中國廚房裡所有重要事物的關鍵。

火候的美妙，以及它和調味之間的關係，可以再次用傳奇廚師伊尹在西元前十六世紀時，對帝王解釋烹飪藝術的一段話來說明：

五味三材，九沸九變，火為之紀。時疾時徐，滅腥去臊除羶，必以其胜，無失其理。調和之事，必以甘酸苦辛鹹。先後多少，其齊甚微，皆有自起。鼎中之變，精妙微纖，口弗能言，志弗能喻。若射御之微，陰陽之化，四時之數。

伊尹對烹飪的說明，記載在西元前第三世紀商人呂不韋編著的《呂氏春秋》的〈本味篇〉裡。這可能是世界上現存最古老的美食專文。不過更令人震驚的是，裡面的很多內容和二十一世紀的中國廚房依舊息息相關。

在我就讀烹飪學校的幾個月裡，我在成都的生活是一套美味的例行公事。我很早就從在大學附近的工人住宅起床，騎腳踏車穿越整座城，路上買碗稀飯或紅油水餃當早餐吃。熟識的店老闆和小販都會在我經過時跟我打招呼，有些人還會說：「廚師，你好！」（因為他們到現在已經習慣我會拿東西起來聞或嘗，還會一直問烹飪有關的問題。）到了學校裡，我穿上我的廚師服，綁起頭髮，解開菜刀外的包裝，開始我在廚房裡開開心心的一天。

傍晚的時候我會騎腳踏車回大學附近，這趟我就會騎得慢一些，好好品嘗後街的歡樂。我常常會因為偶發的對話而分心，在外頭待到很晚才回家。有時候我會到留學生樓去。我還有幾個朋友住在那邊，我們會去外頭一起吃晚餐或是在「老地方」喝一杯。那是一間新潮的酒吧，開在大學外面老舊的木造房子裡。我在成都的第二年，我們已經不喝那些淡如水的啤酒或「長城葡萄酒」了，酒吧的老闆弄到了一批進口的烈酒，所以我們連雞尾酒都喝得到。

現在我已經很享受讓自己沉浸於這種旅居國外的生活。我在成都的第一年，我曾經盡可能地想要過得像四川人一樣，但是現在我每一天都活得很中國：我的耳朵聽見的都是四川話，還要聽懂二十五種「炒」的說法。因此在這種愈來愈常見的、西化的喝酒聊天的地方，和其他外國學生閒談，喝點琴湯尼，對我來說就是再放鬆不過的事了。

有時候我會找朋友來家裡聚餐，邀請「竹子屋酒店」的熟客大衛和帕夏來試吃我最新的食譜，或是和義大利人一起做馬鈴薯麵疙瘩。我住的公寓不是特別舒服，冬天不擋風又潮溼，夏天又熱蚊子又多；洗好的衣服在陽台曬幾個小時，就會因為污染的空氣落塵而變灰；我的床墊和棉被從來沒有完全乾燥過；竹製的家具中住著奇怪的生物，我晚上都聽得見牠們喀吱喀吱吃東西的聲音。但是在中國住超過一年以後，我已經太過著迷於這個國家，所以這些小麻煩一點都不會讓我感到困擾。

一周六天的烹飪學校對我來說還不夠。我有空的時候就會去找我沒去過的餐廳或是小吃店，拜託他們讓我在他們的廚房裡學習。有時候我必須要先證明我的毅力給他們看，他們才願意答應我。

「所以你是學徒啊？」樂山的西壩豆腐酒樓的老闆這麼說，這裡是成都附近的一座城市，以大佛像聞名。「那你做道菜給我們看看。」

於是我捲起袖子，借了他們的廚師服和菜刀，在廚房裡東翻西找做麻婆豆腐用的食材，然後開始動手做菜。二十個年輕廚師圍著我，個個都放下了手邊的工作，看得目瞪口呆。當他們看見我能做出一道非常正統的麻婆豆腐後，老闆馬上同意我可以在廚房裡待到我高興為止。

在四川很有名的「龍抄手」小吃店，那裡的經理透過他的眼鏡盯著我，同意讓我在這裡當特別的學生。「你很幸運，」他說，「我有個女兒在加拿大念書，所以我能夠體諒你想了解另一種文化的渴望。」我在中國遇到的好多人，都有這種典型的、發自內心的善意。經理把店裡的麵點主廚范世賢找來，要他允許我在廚房裡自由行動。

結果范師傅是我所遇到的最好相處的一位廚師，他也是成都街頭小吃的知識寶庫。我在餐廳裡待了好幾天。我不只是在就讀烹飪學校時去，連後來幾年回成都時，我都還是會到那間餐廳去。我在那裡學會了「白案」的藝術，「白案」是四川人對麵點製作的稱呼（炒菜這一支的烹飪則稱為「紅案」）。我和負責包「龍抄手」的那些喋喋不休的人坐在一起好幾個小時，他們很多人都已經在這裡做了幾十年，包了成千上萬顆的抄手。我學會怎麼包湯圓的黑芝麻餡，怎麼做「雞冠蒸餃」。我在學做包子這種小小的、冒著熱氣、上頭還有小螺旋的點心時，還把那裡弄得亂七八糟的，但大家好像都不在意。他們只是帶著寬容的笑意，看著我製造的糾纏在一起的麵團和絞肉。范師傅告訴我的故事讓我哈哈大笑，他教我怎麼用米碾的粉和糖漬蓮子做成精緻的「蒸蒸糕」，還教我做其他少見的老式點心。「龍抄手」店裡的員工都打趣地叫我「范師傅的『洋徒弟』。」

從那時起，我的廚房筆記本上開始出現點點斑漬，濺上了料理油和麵糊的痕跡。隨意寫在頁面上的是中英夾雜的文字。通常寫英文比較容易，但當我要精準記下某種稀有蔬菜的名字，或是記下那些無法翻譯的無數料理用語之一時，我就必須要用中文。筆記本上還有素描和插圖，用來提醒我怎麼包某種新的點心，怎麼裝飾菜餚，或是怎麼切泡軟的魷魚。有些頁面中間會夾著某種壓扁了的草藥或是花、餐廳名片、道觀的門票或火車票。

有時候你會看到我的筆記本被人家拿去，可能是一個老太太在上面寫下她記得自己小時候吃的美食，或是一位廚師寫下來某種稀有食材的名字，或是在麵店認識的熟人要告訴我他最喜歡的餐廳位置。（這些工作總是通力合作，不是我一個人做得到的。）有些筆記本可以用一兩個月，有的可能在我進行短期密集訓練時，幾天就寫滿了我密密麻麻的筆記。而且內容也不全是食物。我在中國的時候，這些筆記本就是我的生活，上頭有火車時刻表、採買清單、我的焦慮和靈感、夢想與回憶；我在上面記述了我從火車車窗看出去的景色，或是風吹過竹林的沙沙聲。

最重要的是，我的筆記本裡有滿滿的食譜。每天我都站在炒鍋或是麵點檯前觀察，快速地用中文和英文寫筆記，就看當下寫哪種語言最快。我目測分量的能力愈來愈強。不管是一湯匙、一碗、一個手掌，我都知道自己的量是多少了。

當時的成都也以一種超現實的速度在改變。這個禮拜我去上課時，還騎過了一整區的木造房屋；到了下個禮拜那裡只剩下一片廢墟，上頭立著的告示板描述未來這裡將成為什麼理想的公寓住宅。狹窄的十字路口突然搖身一變，成了巨大的幹道交會路口。熟悉的地標轉眼就消失。一切都像作夢一樣。在這個夢裡，過去我熟悉的地點雖然身分確實沒有改變，但卻陌生得讓我怎麼都認不出來。還好，我從父親那裡繼承了非常可靠的內建全球衛星定位系統，所以就算我在**實體上**認不出來我在哪裡，我永遠都知道自己往哪個方向走。

在我剛認識成都的時候，這裡只有兩座高樓，分別是「岷山飯店」和「人民百貨」，而且就連這兩棟樓也不算太高。但現在新大樓像雨後春筍般一棟棟冒出來。常常我坐在樹蔭搖曳的巷弄中安靜的茶館裡，邊喝茶邊嗑瓜子，就要迷失在玩牌與談天的閒適氣氛當中時，抬起頭卻看見一棟超大的摩天大廈逼近木造的屋頂。「那是哪來的？」我自問。在一心朝未來發展的強烈野心下，一座全新的城市偷偷摸摸地逼近，在我眼前崛起。

我最喜歡的一條街是太平上街。這條沿著錦江南岸的街，一天一天被帶著大錘的拆除大隊蠶食殆盡。首先，中國字「拆」會先用粉筆寫在門牆上，就像是得了絕症時出現的徵兆；接著茶館和小賣店紛紛關門，老房子被拆得只剩下骨架，最後只留下地面上一堆堆的木條。家家戶戶開始搬到近郊的公寓住宅區。在這條街上最後一間房子快倒下的時候，我偷了這條街的路牌當作紀念（現在掛在我倫敦的公寓裡）。

一方面來說，這些破壞工作就是場悲劇。而且對我來說如同一場切身的悲劇，因為我愛上的這個地方竟如此迅速地消失了。我的烹飪研究一開始是想要記錄一座活生生的城市；但現在我很清楚，就很多方面來說，我寫的其實是給老成都的墓誌銘。這對成都人也像是一場悲劇，雖然他們還沒有發現這一點。這裡一開始是多麼迷人又獨特的一座城市，現在卻被一座許多方面都與中國其他地方別無二致的城市所取代了——多麼可惜啊。

但另一方面來說，九〇年代的中國還是有某種活力與樂觀主義的。毛澤東時代末期的功利主義、無性別意識、一致性、單調的**無趣**已經隨風而逝，整個國家都動員了起來，十二億人口一致的目標就是要往前進。在英國，每間被拆毀的老舊房舍都讓我們感到心痛不已，但在四川，他們可以完全放手把整座城市夷為平地！你必須要敬佩在這背後堅定的自信，他們確信未來會比過去還要好。

雖然我騎著腳踏車經過這些荒如廢墟的街道時還是會心痛，但我同時也會因為這種活躍的樂觀主義而打起精神。我自己也在變化，我的生活在轉型。我重新發現了自己的創造力，建立了美妙的友誼，就像蛇一般脫皮蛻變。

## 淺嘗四川的「複合味」

### 家常味

家常料理典型的溫馨口味。家常味偏鹹香，帶點辣。常用的調味料包括辣豆瓣醬、鹽巴、醬油；有時也會加一點泡紅辣椒、豆豉、甜麵醬。**範例菜餚：回鍋肉。**

### 魚香味

又一種負有盛名的四川發明：「魚香味」。以傳統魚類料理的調味料為基礎，結合了鹹、甜、酸、辣，還有蔥薑蒜的濃郁香氣。其中的核心調味料是泡紅辣椒。**範例菜餚：魚香肉絲、魚香茄子。**

### 怪味

這種味道是靠和諧地混合鹹、甜、麻、辣、酸、旨味與香味所達成的。其中沒有一個味道能搶過其他的味道。**範例菜餚：怪味雞絲。**

### 麻辣味

四川菜的香麻刺激是來自於辣椒和花椒的強力組合。麻辣的程度會依照各地區而有很大的差別。**範例菜餚：麻婆豆腐、毛肚火鍋。**

## 紅油味

這種味道描述了像紅寶石般的辣油、醬油、糖的美味組合，有時候可能會加一點麻油增添香氣。使用在冷盤。**範例菜餚：紅油雞塊。**

## 蒜泥味

由蒜末、辣油、芝麻油，搭配一種特別的醬油形成的美妙組合。醬油用紅糖和香料熬煮到濃稠狀，香味更濃。使用在冷盤。**範例菜餚：蒜泥白肉。**

## 糊辣味

從炒鍋裡炒乾辣椒所衍生出來的。把乾辣椒炒到恰好變色時，加入其他的食材，在香氣四溢的紅油鍋裡翻炒。花椒一般會和辣椒一起使用。**範例菜餚：熗黃瓜。**

## 第七章

# 飢腸轆轆的死者

我從來沒想過，身為中國廚師學校裡第一個，也是唯一一個西方學生，會是一件困難或者奇怪的事。這和我當初決定到中國一樣，是衝動下做的決定。我只想更了解四川料理，根本沒考慮到課堂上用的都是四川話，也沒想到和一票不見得會接受我的粗魯男孩子一起上課會是障礙。

當然囉，我在牛津已經很習慣跟外國人同住在一個屋簷下，每天都要克服文化差異。就算我下樓吃早餐時看到一個西西里工程師或是土耳其瓷器大亨在跟我爸媽喝咖啡，我也不會覺得驚訝。我們家到不列顛群島和歐洲各地度假旅行，從來也沒有詳細的規畫。我爸負責安排路線，專挑地圖上看起來最蜿蜒的道路走，因為那些地方的風景可能是最美的。我們幾乎都不知道晚上會住在哪裡，常常很自然地在路邊搭起帳棚過夜。

在中國，我的旅程也是同樣的開放式路線。我只會有想去某個地方的念頭，然後我就去了，什麼食宿交通都沒在管的。這可能也是九〇年代中期在中國旅遊的唯一方式，因為要是你真的停下來思考那些危險的道路、搖晃又不舒服的巴士、公安找你麻煩、到每個地方都得跋涉好幾個小時的路程，那你根本就不可能走出去冒險了。

這種心態其實適用於在中國的整體生活。這個國家依舊受日漸衰微的國營體制所掌握，所有國營機構與餐廳裡的重要決策，還是由食古不化的官僚所負責。中國的服務態度在外國背包客之間已經是出了名的惡劣，而且不管你問什麼問題，回答永遠是令人沮喪、千篇一律的：「沒有」。如果你守規矩，想要透過官方管道安排活動，不管是上烹飪課或是去非開放地區參觀，你在每個步驟都會百般受挫。每件事都不可能，整個體制就像是設計來跟你說「不」的。但就另一方面來說，中國絕對是無政府主義的：什麼事都可能，你只要臨時起意就可以。

於是我在中國臉皮開始厚了起來，我只要上前開口就好，心裡覺得一切最後總會如我所願。（我的義大利朋友法藍謝絲卡都叫我「公主」。）而往往「不」這個發語詞都會變成「好」。要讓事情如你所願，既花功夫也花時間，但我那時候就是時間多，而且年輕有活力，所以根本不成問題。

在四川烹飪學校就讀、和我同學的男性沙文主義對抗、在專業中國烹飪的術語中掙扎，都只是我習以為常的奇特冒險的另一種面貌，就像我生活裡再正常不過了的一部分。那時候根本不需要什麼特別的勇氣或是決心，我只是埋頭往前衝。就某方面來說，和我的朋友劉復興一家人在中國北方偏遠村子裡過中國年的那次，對我才是真的很有挑戰性。

劉復興和我是在四川大學分組會話練習時認識的。我的外國學生朋友大多都是由老師介紹無趣的語言搭檔給他們，接著他們會進行一些關於文化差異不著邊際的對話，最後決定放棄這個會話實驗。但是劉復興不一樣。他是一對文盲農民夫婦的長子，來自中國最貧窮的地區。他靠著自己的頭腦，成功地在四川大學有了一席之地。我認識他的時候，他已經開始攻讀碩士學位，奠定他將來的學術生涯發展。（對我來說，他一直都像是中國共產主義創造的社會階級流動的活廣告。）他是個非常棒的同伴：有自己的個性，風趣幽默，點子不斷。我們聊起來就一發不可收拾，中英文夾雜地談歷史、文化、政治、哲學、道德、宗教。我大多數的中文技巧都是拜他所賜，而他講起自己的英文能力時，對我也有同樣的恭維。

劉復興是文化大革命寶寶，出生於一九七一年。他小時候和父母，後來還有弟弟妹妹，一起住在只有一個房間的鄉下房子裡；房子是泥磚直接蓋在泥土上的，屋裡沒有鋪地板。他父母耕種的土地既乾又貧瘠，而北方的冬天又很嚴寒。他的小學也是間泥巴蓋的簡陋屋子。當生活困苦時，除了政府因饑荒送來賑災的曬乾的甘薯片之外，就沒有別的東西吃了。但是劉復興很聰明又很努力，他在泥巴小屋裡刻苦用功，學寫中文字、學算數。他爸媽知道好的教育是他脫離農民辛苦工作的唯一機會，因此送他到鄰鎮的中學念書，寄宿在親戚家。六年後，十八歲的劉復興通過了全國大學入學考試，進入中國名列前茅的四川大學就讀。

儘管我對中國已經愈來愈熟悉，但我第一次到劉復興長大的村子去的時候，還是受到了很大的文化衝擊。當他邀請我去和他的家人一起過中國新年，我馬上就接受了這個提議。我換了好幾趟的火車和長程巴士才到達他家。這座村子位在甘肅省西北方的偏遠地區，距離內蒙古和中國版圖北方的邊界不遠。那時正值隆冬，冷得像是要結冰一樣。亮白色的冬陽掛在一片慘白的大地上方，荒涼得令人害怕。這裡沒有任何景致或是顏色。單調、蒼白、灰濛濛的山峰向北方隆起；灰白、滿布塵埃的田地一片荒蕪。屋子就直接蓋在我們所站立的這片貧瘠的土地上。就連在冬天掉光樹葉的白楊樹，在這裡也都被塵埃所覆蓋。這裡的天空幾乎見不到藍色，看起來就跟地面沒有什麼兩樣。淒涼，是這片單色調的虛無給我的感覺。

劉復興的父母已經不住在泥磚屋裡了，不過他們依舊目不識丁。幾年前他們自己用松木、白楊木，以及磚頭和泥土蓋了一間傳統的房子，裡面有五個房間，還有一個開口向著前院的穀倉。院子的周圍有圍牆，牆外有個小果園，還有一間驢住的棚子。挑高的主廳很明亮，梁柱外露。廳的一側是炕，這個高起的平台是中國北方農村住家裡的社交中心。炕的下面會悶燒動物的糞便讓炕保持溫暖。我們白天的時候就坐在炕上，在燒柴的爐子上煮茶；爐子的錫煙囪歪歪斜斜地向上通到屋頂上的洞。晚上我和劉復興的母親和妹妹一起睡在這個炕上，各自用被子裹著身體。男人，也就是劉復興和他父親還有弟弟，就睡在院子另一頭的房裡的炕上。

雖然他的父母才四十多歲，但看起來卻比這年紀更老。農事的辛勞讓他們帶著蒼老的風霜。他們經歷過紛紛擾擾：土地改革、饑荒、文化大革命。（劉復興的父親帶著不好意思的微笑，回想自己在那些年裡從事的愚昧政治活動。例如跳向毛主席宣示忠誠的「忠字舞」：沿著地上寫好的「忠」字跳舞。）因為他們不識字，說話的口音又很重，所以很難出去旅行。他們去過離村子最遠的地方是省城蘭州，而且以大多數鄰居的標準來說，這已經是了不起的冒險了。

那時正好是農閒季節，所以村裡的男子成天都在聊天、喝甜甜的紅茶、嗑瓜子。因為我是大家有生以來第一個到村子裡的外國人，所以被當成了貴賓。每個人都想見我，村裡的知識份子為我寫了一首詩，婦女還送了我好幾對繡工精細的棉質鞋墊。

村子裡沒人有相機，所以我脖子上掛著舊奧林帕斯單眼相機來到村子裡的消息，就像野火燎原般傳了出去。村民的善良和熱情招待讓我非常感動，於是我答應了幫所有人都照相。

在一個鄰居的院子裡，老太太坐在木頭椅子上，成了我相片裡的中心位置。接著她的長孫站在她右肩後方，次孫站在左肩後方。最小的孫子是個淘氣的五歲小孩，被爸媽安排坐在祖母的膝上，但還是不安分的扭動著。接著一片寂靜，這是嚴肅的一刻，我按下了快門。

我一開始拍照的時候還滿輕鬆的，但我很快發現我記錄的是這個村子在歷史上的一刻，這個村子的社會階級和關係緊密的家庭單元。老太太的這些孫子在中國傳統中分別是老大、老二、老三；她也有幾個孫女，但是因為她們是女性，所以並不算入家族譜系。當她們的兄弟在擺姿勢照相時，她們只能縮在院子的邊緣。她們被排除在照片之外，一如她們被排除在家族體系之外。

祖母坐在照片的中間，像是帝王一般。掛在正門布簾後方的則是她已故丈夫的黑白照片，家族神龕的中心，恆常提醒這個家族長輩在社會上的主導地位。老太太的兒子和孫子進房間的時候，都要對著照片磕頭，逢年過節還要上香、燒紙錢給祖先。等到老太太過世，她的照片也會掛在那裡。

劉復興陪著我走過一家又一家，一個院子又一個院子，幫大家拍正式的家族照片：一個女子和她父母挑選的未婚夫；男娃娃穿著開襠褲，驕傲地展示出他的小雞雞；老人家為了我的拍攝正襟危坐，因為這也許是他們最後的照片。這些照片裡最嚴肅的一張會被選上，讓家族神龕增光，接受後代的祭拜。老一輩的人喜歡拍黑白照，也許覺得這比較有祖先的樣子。

有些人我沒有拍到：有個男人在他的妻子過世，又失去公家的鐵飯碗工作後就瘋了。他縮在路邊，搖搖晃晃地迷失在他的妄想中。還有一個私生子，他的媽媽因為不容於這個社會而逃到了都市裡。當然，那些女娃娃我也沒有拍到。

身為一個女性訪客，我覺得自己的身分很尷尬。所有的家務都由劉復興的母親和妹妹打理。當我和其他男人懶散地在炕上抽菸聊天，她們會負責把我們弄在地上的菸灰和瓜子殼掃掉；她們在廚房裡捏麵團做饅頭，把麵粉加水揉成麵團，再切成麵條，或是拉成麻花；她們還負責劈柴，替炕下面的爐子添燃料。吃飯時間她們會先服侍我們，然後才在廚房裡吃她們的飯，之後還洗所有的碗。我極力地想要幫忙，但卻被頑強地拒絕了。所以我只好讓步，帶著罪惡感接受我被當成偉大男性的古怪地位。

我們吃的飯都很儉樸單調，不是像四川菜那樣豐富的美食風景，而是像北方的氣候一樣荒瘠的冬日景色。這裡除了麥、豬肉、辣椒、大蒜之外，就沒什麼食材了，米飯是偶爾才能吃的奢侈東西。桌上的主食有時候是小米，這是在中國食用已久的穀類，都市人覺得小米是農家吃的粗食，但是在這裡，連這個都很稀有。我在四川大學的老師曾用不屑的口吻對我說：「在北方他們只有麵吃。」我們圍坐在主廳方形的木桌旁吸麵條或是嚼白饅頭，用大蒜末或是泡在油裡的辣椒讓味道重一點。早餐、午餐、晚餐都沒什麼差別。我們幾乎沒吃肉，唯一的新鮮食材是家裡種的蔥、芹菜、大蒜和蘋果。

你一定要去過劉復興他們村子那樣的地方，才會知道單一「中國菜」的觀念是很脆弱的。首先，中國分成兩半，北方和南方，吃麥的和吃米的。甘肅的居民屬於前者，他們的省分屬於從東岸的北京往西，延伸到中亞再過去的廣大麵食區域的一部分。中國北方某些麵類和義大利麵類的相似程度令人驚異：西安的「貓耳朵」和義大利的「耳朵麵」不論形狀和做法都一模一樣。義大利人的解釋是，十三世紀晚期的馬可波羅把各種義大利麵隨著他的旅程帶進了中國，而中國人傾向認為麵食是**他們**給世界的禮物。中國考古學家在二〇〇五年聲稱他們已經讓這項爭議塵埃落定，因為他們在黃河沿岸挖掘出的遺址裡，發現了一碗有四千年歷史的小米做的麵條。不過很多專家都相信，麵類食物的起源有兩種可能：可能是不同地區各自的發明，或者源頭在更西邊的地方——波斯。

在新年即將到來的日子裡，我看著劉復興的家人為過年作準備。劉復興負責寫春聯。他用毛筆沾墨，在兩條紅色的紙上寫下討吉利的對聯。春聯會貼在家家戶戶的門上（有時候家裡有個識字的兒子也滿好用的）。養肥的豬已經宰殺，用鹽水處理過，不過他的父親又抓了一隻小公雞到外面，用菜刀料理了牠，任由血水流進滿是塵埃的土地。村子裡主要的那條大街上，當地的小伙子都在練習打鼓，小孩也用木桿和多采多姿的色紙做成漂亮的燈籠。女孩子穿著亮麗的衣裳，有鮮紅色、桃紅色，也有紅中帶粉的，像是要挑釁這片慘白的單調景色一般。

長輩在中國之所以受到尊敬，部分原因是他們即將成為祖先。在他們死後，（他們希望）後人會把他們的照片放在家裡主廳的神桌上，用牲禮祭祀他們的靈魂。在劉復興的村子裡，一些比較有歷史的大家庭到現在還有族譜，已逝長輩的畫像會放在家族樹狀圖上，一代傳承一代。族譜的捲軸依傳統會掛在神龕上。也許文化大革命期間，毛澤東的照片取代了這些捲軸與畫像，但現在他們又躡手躡腳地回來了，就放在毛澤東的照片旁邊。組成中國家庭的不只是活人，還有好幾代的死者。

在中國，分享食物能將活著的家人繫在一起，這在世界各地都一樣。但是在這裡，分享食物也是一種連結墳墓裡外的儀式。在除夕夜，劉復興的全家族，從祖父母到最小的孩子，都在果園裡邀請他們的祖先來一起吃飯。他們跪在地上，燒紙錢和焚香，重複磕頭，把穀物釀的烈酒倒在地上祭祀。叔伯輩點燃畫破空氣的鞭炮。接著大家走進長子的家裡，也就是劉復興的伯伯家。男子都要在家裡的祖先牌位前磕頭，而女性已經在神桌上張羅好獻給死者的年夜飯：小碟子裝的肉和蔬菜，一碗麵條和筷子，一杯杯的茶和酒。

對外國人來說很奇怪的是，中國的靈界和世俗非常地相似。中國的神祇在天庭也握有官僚體系的權勢，祂們會考慮凡人對祂們的請求，也會接受禮物或賄賂，就跟地上的這些共產黨官員沒有兩樣（也和之前的朝廷官員一樣）。死者就和活人一樣需要物質的東西：衣服、金錢，現在連手機也要了。在葬禮上，死者的親戚會焚燒紙紮的這些物品，藉由向天飄散的裊裊雲煙把東西送給死者。專賣紙紮祭品的店裡有車子、洗衣機、手錶、手機，全部都是用紙板和色紙做的。

過去有錢人家的墳墓都具備良好的生活機能，足以讓死者在脫離墳墓的地方生活。最有名的就是偉大、殘暴、統一中國的帝王秦始皇的墳墓了，那裡有一整座的兵馬俑軍隊在保護他。不過我個人最喜愛的中國墓地，是位在湖南省會長沙附近的馬王堆。這裡在西元前二世紀時埋葬了一位侯爵和他的妻兒。墓穴在一九七〇年代出土，東西保存的狀態良好得讓人難以置信。這個貴族家庭的陪葬品裡有數十個木頭雕像，是服侍他們的僕役和為他們提供娛樂的樂師；另外還有木製的棋盤模型、梳妝盒、樂器、華服，以及繪製在絲帛上、發展成熟的醫藥和哲學手稿。墳墓裡也有很多食物，因為最重要的是死者需要吃東西。

這位貴族妻子的陪葬品裡有一整套的最後晚餐，是真正的食物，全部擺設在一個彩繪的漆盤上。上面有五道讓她食指大動的熟食，還有幾串烤肉、一碗穀類、幾杯湯和酒，以及一雙筷子。彩繪的漆製酒杯上刻了「君幸酒」的字樣，另外還有許多華麗的食器。墳墓裡也儲藏了生的食材：各種穀類、家畜與家禽的肉、水果、蛋、小米餅，還有桂皮、花椒等中藥材。記載陪葬物品的遣策竹簡裡也記錄了各種調味料，例如餳（同糖）、鹽、醢（醋）、豉、醬、蜜；此外還記載了各種菜餚以及十種不同的調理方法，包括如何做羹、炙、濯（在菜湯裡煮肉）、熬、蒸、炮、臘。

在中國這個帝國裡，各地的人民都很重視滿足死者的口腹之欲這件事。在塔克拉馬干沙漠邊緣的吐魯番，考古學家在阿斯塔娜古墓群挖掘出的唐代墳墓裡發現了餃子：雖然已經有點乾燥易碎，但是整體來說和一千兩百年後的今天，當地人午餐會吃的餃子長得一模一樣。二十世紀初期，同樣從這一區回來的歐洲探險家斯坦因，不只帶走了價值連城的敦煌手稿，還有阿斯塔娜古墓裡的一些「果醬塔」和其他麵點，這些東西現在都保存在大英博物館的庫房裡。明代山西人的陪葬品裡有迷你版的陶瓷桌子，上面放著用陶土做成的食物：豬頭、全雞和全魚、柿子、桃子、石榴。

當代中國人對剛過世的親人供奉食物，就像要強調死者與生者的密切關係。他們也許會把一些熟食放在小盤子裡擺在墓前，自製的臘肉、綠色的豆子和米飯等，不論這家人吃什麼，祖先前面都有一份。這樣一來，死者就像和全家一起吃飯。放在過世較久的祖先牌位前祭拜的食物，就比較抽象一點，可能會有一整個燻豬頭，或是沒有剝皮的柚子等，不是立刻能吃的東西。在中國，對屍體最惡劣的行為是分屍，因為鬼魂要用腳走路，用眼睛看，肚子也要填飽才行。

在大年初一那天，劉復興和我繼續進行累人的巡迴拜訪，到村子裡每戶人家拜年，從清晨走到黃昏。跟平常比起來，大家請我們吃的東西已經相當奢侈，但每一家都差不多。我們嗑瓜子、核桃，吃柿餅、花生、橘子，還有玻璃紙包裝的糖果。另外還有主菜：豬肝切片和豬耳朵凍、滷豬排、肉絲炒芹菜或蔥、切得很漂亮的豬肉蛋捲片、珍珠丸子，還有整條的河魚（這也是新年必備的菜，因為「有魚」音同「有餘」）。主食則是甘薯做的粉條、麵條和小饅頭，搭配鹹菜、辣椒和大蒜吃。每張餐桌上都有九個碗，擺成正方形的樣子。

只要家裡的長輩進房間，不管我們去的是哪一家，劉復興和其他男子，不論年齡大小，都會馬上站到地上，接著對家裡的牌位磕頭。趴在地上這麼多次，讓劉復興的膝蓋都髒了。我們碰到一個留鬍子的老爺爺，他在毛裝外披著一件又大又粗獷的羊皮，手裡拿著一根木頭枴杖。他告訴劉復興，他發現了一種仙丹：「這是用炕下面的木炭做的。可以治療很多疾病，連愛滋病都能治。」他把一團用紙包著的炭交給劉復興：「既然你是大學裡的研究生，也許你可以研究一下它的科學性質？」劉復興後來跟我說：「這跟我的主修一點關係都沒有，我念的是歐洲中世紀歷史。」但是在這個尊重長輩的地方，他很認真地聽老爺爺說話，跟著每個聽見的字嚴肅地點頭。

我在這段時間裡幾乎見了村子裡的每個人：有以前地主的後代，雖然他們的財產在五〇年代的土地改革後大幅縮水，但是因為小巴士的生意成功，慢慢又讓他們恢復相對優渥的家境。我們曾和當地的共產黨書記相談甚歡，還陪過一位纏小腳、穿著迷你黑色棉鞋的老太太蹣跚而行（國民黨政府在一九一一年禁止纏足，但這習俗在這種偏僻的地方還是維持了一段時間）。

我們也拜訪了一個有六個女兒和一個男寶寶的家庭。有這麼多小孩當然是違法的，但是他們有個親戚在政府做事，特別幫他們家的媽媽偽造了不孕症文件。因為有這麼多張嘴嗷嗷待哺，所以這對父母一貧如洗，甚至必須把第五個女兒送給人領養。但他們需要一個兒子，迫切地需要。在傳統的中國體制中，女兒會嫁到別的村子裡，所以對父母養老和以後祭祀祖先來說是沒有用的。（劉復興跟我說：「我弟弟和我必須在父母老了之後扶養他們，畢竟我妹妹最後並不真的屬於我們家。」）現在，在生了這些不幸的女孩後，他們終於有了小帝王。胖嘟嘟的他，漂漂亮亮地戴著綴有流蘇的絲質瓜皮帽。這家人鬆了一口氣的心情不言而喻。

也許他們去過村裡唯一允許女人進去的廟裡，乞求當地的神明賜給他們兒子。在這個奇妙的神龕旁邊是裝飾著華美風景浮雕的牆，上面除了有綠色的山丘和洞穴外，還有很多泥灰做的彩色男娃娃像，擺出各種姿勢，穿著彩色開襠褲展示用泥土做成的小雞雞。劉復興和我去那裡的時候，帶我們參觀的廟公說：「女人會把這些泥娃娃的小雞雞折斷，然後吃掉。接著我會給她們一條紅線綁在脖子上。很有用喔。」

初三的晚餐是超大的豬肉餃子。我們根據當地習俗，把餃子沾醬油和醋吃。夜晚降臨時，熱鬧的鼓聲吸引我們到街上。我們瞥見了新年隊伍的尾巴，蜿蜒走上附近的山丘。這是最近才復興的傳統，因為這種「封建」習俗在毛澤東時期是被禁止的。我們跑步跟上隊伍。鑼鼓鐃鈸震天作響，讓空氣都震動了起來。自家做的紙燈籠都穿上了棍子，拿起來才方便。燈籠裡頭都點上了蠟燭；在搖曳的燭光下，熱鬧的人影、俐落的舞獅，營造出原始又瘋狂的氣氛。

隊伍來到在山頂的村子主廟外時，遊行到了高潮。打開的廟門裡外燈火通明，炸鞭炮閃耀著火光，像相機的閃光燈般照亮了人群的臉龐。每個人都在燒香和燒紙錢，鼓聲愈來愈大、愈來愈強。男孩點燃四處亂竄的炮仗，咻咻地飛往小孩聚集的地方；有一個炮就在我耳邊爆炸，差點讓我聾了。

接著鼓聲慢了下來，一個年輕的女孩站了出來。她是村子裡的美人，穿著顏色鮮豔的紙做成的儀式用「船」，上面有玫瑰花樣裝飾。接著一個「老人」帶著壓扁的草帽和用馬毛做成的假鬍子出來（他其實是村裡的小伙子），帶著「船」一起慢慢跳舞，引來哄堂大笑。然後提著燈籠的男孩也加入了，拿著他們手上色彩繽紛的火光，在裊裊香煙中繞圈子。大家刻意地叫囂、歡呼。我們包裹著笨重的衣物抵禦嚴寒。

過了一會兒，隊伍離開寺廟，到村裡的每一家拜訪。他們湧入家家戶戶的院子，帶進來光亮和色彩。鞭炮聲畫破空氣趕走惡鬼。家裡的人會在牌位前燒東西給祖先，給這些舞者和鼓手一些水果或堅果做為酬謝。一名生病的婦女跪在地上讓舞獅在她旁邊跳舞，還有人拿點火的冥紙畫過她的頭上。一個燈籠著火後在火光裡迅速消逝。頭頂上的新月在一片閃耀的星空裡畫出一道銀光。

日復一日，我像是名人一樣在村子到處拜訪。我是一個活生生的外國人，和當地人在破舊的黑白電視裡看見的人一樣。（「我剛剛和個洋鬼子說話了！」一位老先生跟我見過面後，偷偷這麼跟劉復興說。）我有義務要吃很多的麵條、餃子、豬耳朵凍。我和大家的寒暄次數多到我的喉嚨都說啞了。

有一天晚上，我們裹著羊皮擠上一台牽引機的拖車，要去附近比較富有的村子，看他們出了名盛大的新年慶祝活動。年輕人穿著絲質的袍子，化著大濃妝表演精緻的舞蹈，還有野台戲可以看。因為受夠了成為注目的焦點，所以我戴著深色的眼鏡，還用羊毛圍巾把我的頭包住。但是那天晚上到了最後，我和劉復興還有他叔叔爬回拖車後，我就除去了我的偽裝。突然間，一群人出現在我們的周圍，切切實實地一路追著我們到城外。有人在拖車後大吼：「拜託！我們住在鄉下！我們從來沒見過外國人！請帶她回來！」

快離開村子之前，我們受邀參加一場婚禮。在婚禮上，一個高大、豐滿的年輕女性，即將和一位她幾乎不認識的纖細年輕男人走入媒妁之言的婚姻。我們看著他們點起婚禮用的香，鞠躬拜過神明、父母、祖先後，最後彼此交拜。

典禮結束後，我陷入了我只能說根本就是記者會的情況。我被邀請坐在側間的炕上，參加婚禮的賓客都擠進來看我。有人想從院子裡擠進來，從門周圍探頭進來，或是從窗戶窺探。香菸的煙霧讓空氣變得朦朧。

有人自發性地擔任這場典禮的主持人，邀請觀眾對我發問：「英國怎麼能在有女王的情況下又是民主國家？」有人這麼問。「你覺得直髮還是捲髮**比較好**？」另外一個人這樣提問。當我告訴一個男人邱吉爾已經死了，他的眼睛瞪得老大，憂傷且難以置信。我覺得自己的責任重大。對他們大多數人來說，這是他們第一次有機會問一個外國人任何問題。在他們的眼中，顯然我不只是伊莉莎白女王陛下的外交特使，而是代表了整個歐洲、美國，還有任何不是中國的地方。所以我都是深思過後才說出答案，而且盡可能不要嘲笑一些比較荒謬的問題。

在這場令人筋疲力盡的問答時間過後，我得到的獎勵是得以在婚宴中坐上主桌的位置。這場婚宴的豐富菜色包括雞肉配薑、慢火燉煮的豬腹肉、番茄炒蛋、蔥炒肉片、薯片配蜂蜜醬，還有整條的炸魚。對隆冬時節的甘肅鄉下來說，這些是很了不起的菜色。新郎新娘走了一圈，拿著很烈的白酒向每個人敬酒。每張桌子上都有琺瑯盤裝的香菸，男人都拚命抽菸，還把多的香菸想盡辦法往身上收，有些人放進夾克口袋，還有人夾在耳朵後面。

那天到了最後，我已經因為這冷到不行的天氣而感冒了。和劉復興走回家的時候，我哭了起來。我受不了，我生病了，而且我很累。我已經用盡了所有耐心，我受夠當一個外交官外國人了，受夠每次我隨便說了什麼，都有人對我的話猛點頭，彷彿我說的是什麼孔子的至理名言似的。身為一個在西方個人主義當中長大，習慣重視「個人空間」的人，我迫切需要隱私。晚上我都得和家中那些女人，有時還有其他女性訪客一起睡在炕上；早上那些訪客會著迷地看著我把熱水倒進盥洗盆，梳洗、穿衣、脫衣；甚至我到果園旁特定的一塊地「方便」時，都還是在這一家的驢子溫和的監視下行動。

劉復興因為我在哭而氣壞了，他說：「你會被人家看到！他們會以為我們家的人對你不好！我們在村子裡會丟臉的。」我對他如此無視於我的感受也覺得非常生氣。這是我們唯一一次的嚴重衝突。

可能我也感覺到傳統的重擔壓在自己的肩膀上。在村子裡待了兩個禮拜後，我已經陷入了這裡的父權觀點。在這種世界觀裡，我這種人是不存在的。雖然我才二十多歲，但在當地的標準裡我已經是老婆子了。我碰到唯一一個和我差不多年紀的未婚女性是洪霞，她過幾個月就要嫁給一個她幾乎不認識的男人，他住的村子比這裡更貧困。她很害怕這場婚禮，但她也知道要是再等下去，她就不可能找到老公了，這個老派的村子裡也會開始傳出閒言閒語，揣測她是不是有什麼難言之隱才會保持獨身。

另外那些餓鬼的事也很讓我惶惶不安。在中國，最悲慘的莫過於沒有子孫在你死後祭拜你。那些沒有小孩、遭到忽視、沒有人餵食的靈魂會變得邪惡。他們會在世間遊蕩，想辦法作怪，因為飢餓而心懷怨毒。在俗稱「鬼月」的陰曆七月，地獄的大門會敞開，死者的靈魂傾巢而出。這是不祥的月份，不論是要搬家或是結婚都不適宜。這時候大家會重新準備供品祭祀祖先，獻上晚餐，焚燒給祖先未來一年可能會需要的紙紮物品。但是他們也沒忘記那些遊蕩的餓鬼，要把米飯投入祭祀的火焰中才能安撫他們。

中國人對年輕女性的問候，通常都是先問她結婚了沒，然後就是問她幾歲。如果第一個問題的答案是「沒有」，然後第二題的答案是二十三歲以上（以在這樣的村子為例），那麼對方的反應就是倒抽一口氣，臉上出現不可置信的表情。日復一日，在這個偏遠的村落裡，我一直被提醒：除非我趕快結婚生子，否則我活著都是白費。這些餓鬼是盤旋不去的背景，威脅著我。我自問：我最後也會成為其中之一嗎？徘徊在牛津的街頭，渴求食物供養，希望我的甥姪輩會記得給我東西吃？

也許正是因為這一切，讓我在中國新年過後回到四川時，覺得特別地高興。在劉復興的村子裡的那段時間非常美妙，我也永遠不會忘記我遇見的這些人對我的溫暖與大方，但我絕對不想住在那裡。成都的女性活力充沛，這裡氣候溫和、食物美味，我在這裡覺得自在許多。假期結束時，劉復興和我一起回去。我們搭乘從蘭州出發的長途慢車，蜿蜒地翻山越嶺，沿路一邊無止境地高談闊論，一邊用馬克杯喝綠茶。

我在四川烹飪高等專科學校的課程快結束時，開始認真考慮寫一本四川料理書。我知道如果我想這麼做，我就一定要回到英國，至少要回去一陣子。所以等到我的烹飪課結束，我就向我的老師還有廚師同學道別，也不知道何時才能再見到他們。我打包了自己的物品，寄好幾箱的東西回家。那時覺得這些東西都重要得不得了，但最後在英國根本都毫無用處，像是解放軍的布鞋、竹藝品等等。然後，我忍痛離開了成都。

但是我在四川烹飪學校課程的結束，卻是往後主導我生活的計畫的開端。回到倫敦後，我花了一年在倫敦大學亞非學院攻讀漢學的碩士學位，畢業論文的題目就是四川菜。我的第一本四川料理書寫作企畫書，被六間出版社拒絕。課程結束後，我在英國國家廣播公司（BBC）找到了一份製作廣播節目的工作。住在倫敦的我會煮我最愛的四川菜給很多英國朋友吃，他們的反應常常都是驚喜萬分。沒有人吃過這種中國菜，又辣又刺激。我不敢相信在倫敦這麼多元的城市裡，居然沒有一間正統的四川菜餐廳，也幾乎完全沒有任何英文的四川菜食譜。

一年以後，我想要給這本書最後一次機會。所以我寫了一個更棒的企畫，而且很開心地得到了一份出版合約。接下來的三年裡，我為了繼續研究而在成都待了好幾個月。每當我走下飛機或是火車，呼吸到四川潮溼的空氣，聞到辣椒和花椒的氣味，再度聽見四川話那種慵懶的語調時，我就有回到家一樣的愉快感覺。

這段時間裡，我認識了愈來愈多的四川廚師和飲食作家，也受到了料理界的歡迎。大家開始邀請我去一些宴席，都是我在拿獎學金念書還有接受廚師訓練時只聽說過的場合。我參加過一場食物歷史研討會，在每個場次之間我們幾乎根本沒時間交論文，就要趕著去下一個超棒的餐廳了。

劉復興和我當然還是會在茶館裡聊一整個下午或晚上，但是他對烹飪從來沒有我那樣的熱情。劉復興在食物方面一直都是個清教徒，畢竟他在嚴酷的北方長大，吃的是甘薯、饅頭和麵條。他對於中國南方飲食的混亂頗有微詞：「他們吃太多奇怪的東西了，這樣很噁心，我真的覺得他們應該要有點分寸。」我們的友誼最有趣的一點就是，透過我，他在這些年裡也受邀參加了無數場在成都高級餐廳舉辦的酒席，在美食之旅中擔任外國記者的翻譯員，和城裡一些頂尖廚師及烹飪老師的關係也很好。「只要給我一碗麵，我也會很開心的。」他帶著謙虛的笑臉這麼說，坐下享用另一頓豐盛的饗宴。

## 甘肅過年水餃

麵粉和水揉成的圓形餃子皮 六十至八十片

**餡料：**

青蘿蔔或白蘿蔔 三〇〇公克
豬絞肉 二五〇公克
蛋 一顆
鹽巴和胡椒

**搭配醬料：**

醬油
陳醋
辣油
大蒜末

一、蘿蔔削皮後切細絲。用滾水汆燙蘿蔔絲後把水瀝乾，放涼到可用手處理的溫度，接著儘量把水分擠乾。

二、把蘿蔔絲和絞肉、蛋混合，加入鹽巴和胡椒調味。

三、把水餃皮在手上攤平，放滿滿一茶匙的餡料在皮中央。把餃子皮一側蓋過肉，捏出一到兩個褶，然後用力壓，做成一個小小的半月型餃子。你可以捏出一連串褶子封住餃子口。餃子口一定要壓緊，這樣餡料才不會漏出來。把餃子一個個分開放在灑了麵粉的盤子或是工作檯上。

四、把醬油、醋、辣油和大蒜末分別放在不同的容器裡後放上餐桌。給每位客人一個沾醬碟子，鼓勵他們用這些調味料製作自己的沾醬。

五、將一大鍋水用大火加熱到沸騰，迅速攪動滾水後放入餃子。攪拌一次，以免餃子黏在鍋底，水滾時倒入約一個咖啡杯分量的冷水。第二次水滾時，再倒進一個咖啡杯分量的冷水。等到水滾第三次時，餃子的皮會變得光滑，包餡的位置會皺起來，這時肉應該就熟了。把一顆餃子切半，確認熟度。用漏杓撈出餃子，把水瀝乾後熱騰騰地上桌。沾醬料食用。

六、新年快樂！

分量：六到八人。

## 第八章

# 彈牙的膠質口感

周六晚上我在成都市區的一間餐廳裡，感覺就像我從未離開過這裡。火鍋在桌子的正中央微微沸騰，熱氣從高湯上浮著的一片辣椒海中冉冉升起。我們的臉都紅通通的，我的老朋友周鈺和陶萍一如往常，就算我說的笑話不怎麼有趣，他們還是會捧場地哄然大笑。整間餐廳裡生氣勃勃，社交互動頻繁，這就是中國人說的「熱鬧」，像市場一樣又熱又嘈雜。從我第一次住在成都到現在已經大約五年了，現在我又回來了，這次我會住三個月，繼續進行我的四川食譜寫作。我回到了我破爛的工人住宅；一直以來，我和幾個歐洲學生朋友持續支付微薄的租金，輪流住在這個地方。我毫不費力地就恢復了我的例行公事：在各家餐廳的廚房裡研究，在茶館裡讀烹飪書，和朋友在外頭吃飯。所以既然我父親已經是第二次來成都了，而且這次還帶著我母親，我當然就像四川人一樣，邀請他們上館子吃火鍋囉。

在周鈺和陶萍的鼓勵下，我自己在點菜單上勾選點菜。不一會兒，服務生就在我們的火鍋旁堆滿了我挑的生食材。我點了兔耳朵、鵝腸、黃辣丁（整條帶骨的小魚）、毛肚、黃喉兒（牛喉管）、午餐肉片、各種的菇類、空心菜。我向我父母解釋怎麼把生食材放進高湯裡煮，再蘸著調味料吃，接著我們就開始大快朵頤。我是個勤勞的主人，而且會確保我父母有很多特別的東西可以吃。

直到我注意到我父親吃那彈性十足的鵝腸時的掙扎，我才發現有點不太對勁。他坐在我對面，臉上掛著禮貌的表情，辛苦地咬著鵝腸。雖然餐廳裡很吵，但我很清楚他嘴巴裡是怎麼回事。我可以用我的「心耳」聽見他的牙齒磨咬著橡膠般鵝腸的吱吱聲，用盡力氣想咬斷它。對他而言，吃這東西只有不愉快可以形容。我想他一定像五年前的我一樣無法理解，吃這種沒味道的內臟、像是舊腳踏車內胎般的東西到底有什麼意義。他一定希望他可怕的女兒剛剛點的，是真的可以吃的東西。

牛肚、兔耳朵、黃喉兒的情況也一樣，兔腰子和帶骨的小魚也沒有好到哪裡去。偷瞄了一眼我母親後，我的心又更沉了，因為我很確定她也不喜歡這些食物。不過她也一樣很優雅地嚼著。為了我可憐的父母，我不是至少該點些牛腓力或是雞肉片才是嗎？是什麼誘使我強迫他們吃這樣的一餐？答案令人痛苦地清楚：不管是鵝腸還是所有橡膠類的四川內臟珍饈，對我來說都已經稀鬆平常了。其實不只是「平常」而已。吃這頓飯的時候，我像其他很多人一樣，點鵝腸只是因為我很想吃它。而且我剛剛還跟周鈺（他幾乎算是鵝腸專家）說這個鵝腸有多麼好吃、脆口。我的老天哪。

在中國學做菜沒什麼問題，但對一個歐洲人來說，同樣重要的是學怎麼「吃」。你不能輕輕鬆鬆地走進中國餐廳裡，像是去巴黎的米其林星級餐廳那樣對菜餚評分。如果你這樣做，就會覺得有些菜還滿難以接受的。中國的美食觀和歐洲不同，這裡對菜餚有很不一樣的欣賞標準。我覺得我花了好幾年的時間才完全了解這一點。一開始，雖然我吃東西的時候都滿心歡喜，但我真心喜愛的，還是那些或多或少能引起我自身經驗共鳴的中國食物。舉例來說，雖然我對於自己很早就愛上四川菜的辛辣滿引以為傲的，而且我甚至還喜歡當地稀飯配花生和辣醃菜的早餐，但這種食物對於媽媽常做印度料理，還在食物上塗滿摩洛哥式辣醬的人來說，根本不算是什麼挑戰。

然而就某方面來說，在成都的前兩年，我吃東西的模式還是很像歐洲人，因為我還是無法接受「所有的」中國美食。晚上我有禮貌地嚼著鵝腸，和雞爪奮鬥，但我不能說我真的很喜歡吃這些食物。橡膠般的口感、骨頭，還有脆脆的軟骨，對我來說都是享受食物的障礙，而不是珍饈美味。我其實是用屈服而不是享受的態度，迎接嘴裡的帶爪鰲腿或是碗裡的牛肚。我當然會吃，但那是出於回應我朋友的好意，或是對自己的挑戰；我絕對不會自己從菜單上點這些東西。對我來說，「什麼都吃」相當於公開宣示我和很多在中國生活的西方人不一樣，我放棄我嘴裡的通商口岸，轉而向美食的內地冒險。但是在我的胃袋深處，我依舊是個觀察者，是參與偏遠部落儀式的人類學家，只想學習而不想歸屬。

最主要的癥結在於口感。口感是西方人要學習欣賞中國食物的最後一道防線。跨過這條線，你就真的進入了中國美食領域。但跨過這條線卻是一場瘋狂的旅程，會讓你直接面對你最惡劣的偏見、童年的恐懼，也許還有佛洛伊德派的偏執症狀。這過程會讓你覺得不舒服、困窘，有時還會讓你的同胞以幾乎毫不掩飾的嫌惡態度對你。好好思考一下英文裡用來形容中國美食家稱頌的口感的那些字：軟骨的（gristly）、滑溜的（slithery）、黏滑的（slimy）、脆口的（crunchy）、濃膠質的（gloopy）。對西方人來說，這些字眼會讓他們覺得不舒服，聯想到身體的分泌物、用過的手帕、屠宰場、壓扁的兩棲類、橡膠靴裡溼答答的腳，或是摘萵苣時一碰到蛞蝓馬上縮手的驚嚇感。

對一個典型的英國人來說，第一次看中國人吃雞爪類的東西，可能會是一個令他們作嘔的經驗。看著那位老太太坐在公園的長凳上，從紙袋裡拿出滷雞爪，雞爪看起來根本就像人手一樣：有細瘦的腕部、多骨的指節，不過它有鱗狀的皮緊貼著骨，還有長長尖尖的指甲。老太太把腳爪端放進嘴裡，接著開始啃。她的牙齒就像是齧齒類動物一樣，撕咬下雞皮。她咬過關節處的軟骨時，發出了有點帶水的嘎吱聲。你可以看到她一邊咬，下顎也一邊動，啃咬的聲音也更明顯了。過了一會兒，她俐落地吐出小骨頭和腳指甲，上面都乾乾淨淨的。

我父親會根據他所謂的「麻煩指數」將食物分類。只要我母親煮了吃起來很麻煩的食物，例如鵪鶉或是鯡魚，他就會跟我母親抱怨這種食物的「麻煩指數」太高，然後就會惹惱我母親。雖然不是每個人都會對鵪鶉再三挑剔，不過大部分的西方人都只有在東西特別美味的時候，才會願意用手抓食物來吃。任何腦袋清楚的人當然都會同意龍蝦是值得用手抓的美食；可是如果是帶殼的蝦子呢？那就見仁見智了。

除了在超市和連鎖速食店大受歡迎的豬肋排和雞翅膀這些有點麻煩、又不好處理的少數食物以外，大部分的英國人和美國人都比較喜歡吃雞胸肉和里肌肉片，因為這種肉可以用刀叉美美地切片。像中國人那樣揮舞著幾乎全是骨頭的家禽類脖子，只為了吃幾口少得可憐的細嫩脖子肉，或是辛苦啃完一堆又小、又多殼的瓜子，對他們而言簡直是浪費時間和精力的瘋狂行為。

對食物有特別愛好的西方人，對於動手抓食物的門檻又比大部分人更高。你也許會看到他們在倫敦斯密司菲的聖約翰餐廳裡，用湯匙挖牛骨裡美味的骨髓吃，將生蠔去殼當晚餐，或是吸小龍蝦的腦。願意處理比較複雜的食材已經成為一種榮譽獎章，顯示你抗拒那些像嬰兒食品的速食文化，不願意接受那種幼稚又愚蠢的飲食方式，拒絕單調的味道和軟爛的口感。這些人可以毫無困難地接受中國菜，可能也會和中國人同樣地享受設法取出、分離食物的過程。然而根據我的經驗，要開始欣賞口感**本身**，還是需要投入中國飲食好幾年的時間才做得到。而如果你想要成為中國菜的美食家，這就是必要的條件，因為很多頂級的中國美食，當然還有日常中國菜，本質上都是因為它們的口感才能帶給人豐富的愉快感受。

以海參為例，西方人也叫它「海鏟」（bêche de mer）或「海中的小黃瓜」（sea cucumber）。這種身上長滿疣，看起來像蛞蝓的生物，終其一生都在海底游走，吸食腐壞的有機物質。海參一受到驚嚇或是被激怒，就會從肛門噴出黏稠的絲狀物纏住可能的掠食者，或是把自己可再生的消化器官碎片當成飛彈，射出來擊退敵人。乾海參在中國飲宴文化中，位居無奇不有的乾貨萬神殿頂端。生的海參是深灰色的，又乾又硬，看起來實在很像變成化石的糞便。烹煮海參前的準備很花功夫，你得先在鐵鍋裡用鹽把它烘到膨脹、起皺褶，或是用瓦斯的爐火直接把它烤到焦黑。然後把海參放到熱水裡，泡軟到可以刮洗乾淨的程度後，剖開腹部取出它的內臟。這麼大費周章之後，你得到的是什麼呢？一個質感既像軟骨又像橡膠，長得像蛞蝓的東西，而且還有讓人聞到就快昏倒的腥味。因此你必須用高湯煨煮它，加一點蔥去腥。如果你是很厲害的廚師，那你最後就會得到一個質感既像軟骨又像橡膠，長得像蛞蝓的東西，而且一點味道都沒有！

當然，等到你真的要把海參端上桌的時候，你還要加一些奢華的調味料。我在北京吃過一道傳說中的北方名菜：「蔥燒海參」。這道菜用的是刺參，在歐洲人眼中，這比普通的平滑海參更難以引起食欲，每一條刺參價值約兩百元人民幣，是足以讓一家四口吃一頓豐富晚餐的金額。在你盤子裡一片濃稠的深色醬汁上，躺著一條閃耀著光澤的刺參，外形毫無疑問地就像一條陰莖，上面還布滿了一排排小巧可愛的突刺。搭配的醬汁當然很美味，可是海參本身只有口感可言，在咀嚼時的橡膠嘎吱感還出乎意料地脆口。

中國廚師和美食家常常會講到「口感」。某些口感是特別受到讚揚的，例如「脆」，形容的是新鮮爽口的蔬菜、燙豬腰、鵝腸的特色，煮得好的海參當然也有這種口感。「脆」的口感是食物一開始先抵抗牙齒，最後卻還是讓步的過程。乾淨俐落，讓食用者有爽快的愉悅感，和「酥」是不一樣的。「酥」是乾燥、易碎，會崩解的脆，像炸鴨皮或荔茸芋餃那樣的口感。有些食物，比如烤乳豬的皮，就會用「酥脆」來形容，因為它同時具備了這兩種口感。

如果你想要表達花枝丸像彈簧般的口感，那你可以說它的「彈性」很好，這個詞也能用來形容海參的彈牙口感。（台灣人會把這種口感稱為「Q」，**非常**有彈性的食物甚至會被形容是「QQ」的。這是直接借用羅馬字母的罕見例子。）「嫩」形容的是煮得恰到好處的魚或肉的口感，另外也能形容嫩豆苗的鮮美柔軟。「滑」指的是上漿過油的雞片那種順口的滑溜口感。形容口感的另外一個很有意思的字是「爽」，會讓人聯想到嘴裡清新、明亮、滑順、冰涼的感受，有人會用這個字來形容一種用醋和辣油浸泡的涼粉口感。形容口感的字通常會模糊了對味道與質地感受的邊界，例如「麻」是形容嘴唇吃到花椒時感到刺刺、發麻的感覺；「味厚」則是入口後繚繞不去的多層次味道以及餘味。

雖然英文有美妙的表達力，還有讓人驚奇的多樣性，但卻很難用這種語言來形容燉煮海參的吸引力到底在哪裡。就算你怎麼挖空心思，英文對此的形容不是會讓英語使用者發笑，就是會反胃。中國美食家能夠分辨海參彈牙的橡膠狀口感，乾魷魚泡發後帶有黏性、有點糊的凝膠口感，以及發過的豬蹄筋帶有咬勁的膠質口感。可是在英文裡，這些形容聽起來就跟狗食沒兩樣。

有些西方評論家認為是饑荒使得中國人會從意想不到的地方找尋美味。這些人讓我們以為，可憐的中國人都是餓昏了才會喜歡吃鴨舌頭、昆蟲等等垃圾！但是你只要看看中國美食家是怎麼品嘗鴨舌頭或是蟲草（他們會在高級餐廳裡為它花大錢），你就知道這種解釋真是可笑至極。

對食物的講究似乎是中國文化流傳已久的特色之一。在兩千五百年前，孔子就很在意搭配肉類的醬料是否正確。之後沒多久，詩人屈原也描述了許多食物，他希望能藉由這些食物的美味，招回死者的魂魄：

（摘自屈原，〈招魂〉）

魂兮歸來，何遠為些？
室家遂宗，食多方些。
……
大苦鹹酸，辛甘行些。
肥牛之腱，臑若芳些。
和酸若苦，陳吳羹些。
濡鱉炮羔，有柘漿些。
鵠酸臇鳧，煎鴻鶬些。

露雞臛蠵，厲而不爽些。
粔籹蜜餌，有餦餭些。
瑤漿蜜勺，實羽觴些。

數個世紀以來，文人寫了許多詩文讚頌飲食的愉悅，例如晉朝的束皙提筆寫下了《餅賦》，唐朝的杜甫也特別寫詩讚嘆四川的河魚。這些著名的饕客並不是特例，在傳統士族身上，品嘗食物的熱忱是一種值得尊敬，甚至是令人渴望的特質。他可以像欣賞音律、繪畫、詩作或書法一樣，對美食發揮他的鑑賞能力。

中國人一般來說都對自己成熟且重視美感的烹飪文化感到自豪，而這也無疑是中國文明舉世無雙的榮光之一。然而這樣的驕傲卻可能帶著某種羞赧，因為大家在心裡隱約懷疑，中國的這種美食主義和耽於飲食的普遍傾向，也許是造成這個國家和現代西方相較之下，比較「落後」的部分原因。在二十世紀初期，中國知識份子對於傳統文化這種沾沾自喜的自滿態度感到憤怒，因而推動了第一次對抗帝國制度的革命。之後的文化大革命更是激烈地要「除四舊」：舊思想、舊文化、舊風俗、舊習慣。就連到了今天，中國人有時候都會語帶輕蔑地說，就算他們的老祖宗**發明**了火藥，他們也不過把這拿來做成爆竹；想到把火藥拿來用在大砲上的還是歐洲人，然後把大砲對著不起疑心的中國人的鼻子。同樣的，在我離開半坡博物館的計程車上，司機也對我感嘆：雖然中國人在石器時代就發現了蒸汽在烹飪上的力量，但發明蒸汽引擎這件事還是留給了英國人。

如果中國人能耐心地坐著，仔細觀察生物就心滿意足，而不是把牠們吃掉，那他們在生物學上會不會有更進步的發展？如果他們不是那麼全神貫注於鍋子裡的化學反應，是不是就會多幾個頂尖的中國化學家？也許正是英國人慘澹的飲食、冰冷的陣雨和倔強的個性，讓他們得以建立遍及全球的大帝國。如果中國人沒那麼忙著吃東西，也許他們會比較早開始工業化，然後在西方殖民他們之前，先到西方地區殖民。

暫且把這樣的焦慮擺在一旁，中國人還是和祖先一樣樂於品嘗食物，發展精緻飲食。身為歐洲人或美洲人，你可以用兩種不同的方式看待中國美食家吃鴨舌頭的軟骨、帶膠質的肉這種行為。如果你想要的話，你可以用歐洲人高高在上的態度，可憐他居然從這種反常的、低賤的食物中得到樂趣：「可憐的中國佬！摸遍了農村的地面想找點東西吃，只因為他連一塊肥美的牛排都吃不到！」或者你可以帶著羨慕的心情偷看他：「他真的吃得很開心！想想看，要是我也能學會怎麼**享受**這些難得的食物，生活會變得多有趣啊……」

相信我，「口感」會讓美食享受增加另一個面向。中國人知道這一點，並且發揮到了極致。也許該被可憐的是我們這些西方人，因為這方面失敗的是我們。

我的四川烹飪書出版後，我在中國的生活有了戲劇化的改變。我烹飪學校的老師，還有我在專業領域裡的那些導師對我的信心得到了證實：多年來他們出於單純的善意，持續鼓勵我進行我的工作，現在我真的能夠報答他們了。記者把我的書當成描寫四川菜特色的範例；遠從美國或韓國來的遊客蜂擁到成都，把我的書當成旅遊指南。我也得以更頻繁地回到中國，為國際出版社進行研究與寫文章。最棒的是，我發現有本事的四川廚師開始在我面前大排長龍，等著展示他們的能力給我看。

傍晚，在成都僅存的幾條老街中的其中一條裡，我坐在餐廳裡進行我的「研究」，也就是再吃一頓豪華的酒席。主廚喻波坐在我的對面，用一種從容又帶著興奮的表情看著我，這是等著看對方大吃一驚的表情。我不敢相信自己的好運。我在四川烹飪高等專科學校當學生的時候，參加真正的中式宴席是我的**夢想**。我曾經讀過有四十道菜的奢華豪宴，也知道我的生活周遭的確會有這些場合，我甚至能從風中嗅到這些宴席的蹤跡——但是他們離我這種外國學生的社交圈實在太遠了。可是現在，身為一個有著作的食物作家，我幾乎每天晚上都有宴席的邀約，但都不比在喻波餐廳的餐宴來得好。

喻波是我最喜愛的烹飪天才。四十好幾的他講話既粗魯，長相也很奇怪，但他在他的廚房裡卻能展現奇蹟。他出身富裕的工人家庭，這是毛澤東時代的上層階級。他在青少年時期的一次重大考試落榜，因此被迫到一間工廠的餐廳工作了五年，那是一段極為辛苦的過程。後來他想辦法在「蜀風園」弄到了一份兼差的工作，這是一間當時成都的高級餐廳，而他在那裡憑藉著努力與毅力，最後終於被拔擢到廚師的階層。接著他贏得了全國烹飪競賽的金牌和銀牌，開了自己的餐廳，現在是成都烹飪界的**怪傑**。模仿他的人非常多。

喻波的特殊風格結合了傳統與激進。一方面他致力於復興中國在文化大革命的蹂躪下所失去的奢豪宴飲，他的餐廳充滿革命前的中國風情。當時的官吏會讓私人廚子住在院子裡的偏屋，這間餐廳也由六個私人包廂組成，裡面擺設中式的家具和瓷器，最多能接待七十位賓客。這裡沒有菜單，但有可預定的酒席。在開席之前，你可以先在院子裡的木頭亭子裡喝點茶，聽聽籠子裡的鳥鳴，看看池塘裡悠游的金魚。

奇怪的是，雖然喻波以中國人謙虛自貶的態度形容自己是「沒文化的粗人」，他卻以自己的方式，成為我在中國認識最有文化的人之一。儘管他沒有受過很多正式教育，他仍投身於研究中國烹飪的過去。他鑽研許多烹飪書，還纏著年老的大廚，要他們把做菜的祕訣告訴他。「我覺得很可悲的是，日本人比我們還要尊重傳統中國文化。」他這麼說。

儘管他有這一股令人心痛的鄉愁，其他的廚師卻都覺得喻波是個愛打破常規的怪人。他們指責他太極端又讓人摸不著頭緒，說他的菜餚「好看但不實際」，不合商業需求。但是喻波不在意。他是為了鑑賞家而烹飪，不是為了一般大眾。

我第一次碰到喻波是在我的書出版之前，當時他在一間普通的飯店一樓承包餐飲。那個時候，他的菜就已經讓人大開眼界了。幾年後他實現了自己的理想，和他的妻子兼合夥人戴雙一起開了自己的餐廳：「喻家廚房」，一間令人嘆為觀止的餐廳。

在那個特別的晚上，他端出了極富特色的棋盤式十六方碟，每個碟子裡各放著不同的涼菜，顏色和口味都和彩虹一樣五顏六色。有把馬鈴薯切成小小幾何形狀、灑上花椒點綴的「吉慶土豆」，鵪鶉皮蛋搭配青椒末的「青椒鶉蛋」，辣的「紅油茭白」，還有精巧打結的苦瓜。這麼豐富的菜色裡居然沒有肉和魚是相當特別的，卻也是喻波刻意安排的：「誰都能用龍蝦或是鮑魚做出美味佳餚，但是我要展現用最普通的食材可以做到什麼樣的地步。」

這道讓人開心的璀璨萬花筒，不過只是這場盛宴的開端而已，菜單上還有其他二十五道菜色可以品嘗。用味道濃重的辣豆瓣醬調味的「涼粉鮑魚」，還有乾魷魚絲纏豆莢裡取出的豌豆，都裝在大淺盤裡上菜；豆漿凍上放一小片油亮兔肉這樣的菜，則是裝在個別的小食器裡上菜。長年跟著喻波的服務生領班小黃，會在送上每一道菜的時候解釋菜餚的細節。

喻波的廚房裡沒有花稍的工具，沒有離心機、脫水機、液態氮（這些都是國際上前衛烹飪愛好者最喜歡的玩具）。這裡幾乎所有的工作都是用最少的工具完成的：中式菜刀、木砧板、蒸籠、炒鍋。然而靠著才智與手藝，美妙的味道和獨特的擺盤，喻波的烹飪在很多方面都讓人想起西方極負盛名的高級料理。舉例來說，「冰粉」這道菜就是重慶街頭小吃的升級版。用冰籽（類似愛玉籽）做成像冰塊般的透明果凍，又軟又脆，放在裂紋釉的小碗裡，再放上山楂片、白葡萄乾、果仁裝飾。

當我享受著依照四川傳統方法用茶和樟木煙燻的鴨肫那橡膠般的口感時，我想到了在牛津的父母。我開始思考：在研究中國美食五年多以後，我是怎麼開始能夠以過去無法想像的方式來品嘗喻波的這些菜餚的？我對這些菜色百無禁忌：一條帶鱗的蛇肉或是辣蝸牛，對我來說都像煎蛋一樣沒什麼好大驚小怪的，我也喜愛隱藏菜單裡豬腦凍的滑嫩。可是除此之外，我發現我辛苦學到的關於喻波烹飪文化背景的知識，讓我在這間了不起的餐廳用餐時得到了另一個層次的愉悅。

在每個社會裡，領先潮流的烹飪重點都不在於口味。和任何藝術一樣，這是一種文化對話，對其所在的環境脈絡有豐富的指涉。如果不了解它所在環境的中心思想與歷史傳統，就無法完整地欣賞這些作品。以英國名廚布盧門撒爾的「肥鴨餐廳」為例，這間餐廳出名的沙丁魚吐司冰淇淋雖然好吃，但它的巧妙和創意更在於你知道冰淇淋**應該**是一道甜點，而沙丁魚吐司是一道很普通的晚餐菜色，你沒想到會在頂級餐廳裡看見這道菜。這間餐廳的生蠔搭配的是辣根、煮稠的百香果汁還有薰衣草。這道菜會讓人耳目一新，部分原因是這些食材鮮少同時出現。這些菜色讓我們原本熟悉的東西有了嶄新的呈現方式。

喻波的烹飪不只要挑逗你的味蕾，還要振奮你的心神。隨著他的宴席開展，我們品嘗到一道很有意思的新鮮冰牛蹄筋。帶有黃芥末味的酸甜醬汁在牛筋外層閃閃發亮，上面還放了生鮭魚卵，多層次的口感讓人精神一振：魚卵在嘴中爆開的感官享受，完美結合了牛蹄筋滑溜的咬勁。然而這也是一道巧妙顛覆中國烹飪傳統的菜色。牛蹄筋通常是乾貨，需要發過後再用濃重的調味方式燉煮；生鮭魚卵則是受到日本影響而使用在中菜裡的新食材。你必須知道這些才能真正了解喻波的手法，這些菜餚讓人激賞的原因不只在於味道和質地，還有創新的感受。

無可避免的，這些細微之處很難讓一般外國觀光客明白。也許這就是為什麼西方很少給予中國菜應得的肯定。一位會說英文的廚師，例如在上海「黃浦會」的梁子庚，也許就能向西方人解釋他的菜餚背後的邏輯，幫助他們進一步了解中國高級料理的複雜度。但是語言隔閡與文化障礙，使得其他像喻波這樣的廚師無法做到這一點。

喻波也以創新手法烹調傳統的四川家常菜，讓它們成為宴席菜色。他用常見的回鍋肉的調味來料理小龍蝦；用大蒜和龍眼乾燉煮頂級的特別飼養的黑毛豬（土豬）長達二十四小時，煮到肉都要化掉了以後再和迷你版的鍋魁一起上桌（這讓我想起布盧門撒爾的迷你版蘭開郡燉鍋）。用中國美食評論的話來說，這道豬肉「肥而不膩」。喻波另一道經典小菜也從來沒讓我的期待落空過：毛筆酥。在白底藍紋的瓷罐裡，裝滿了看起來像是毛筆的東西。竹筆桿末端的刷毛，其實是用一片薄薄的油酥皮包牛絞肉餡，外側再摺出細如髮絲的褶痕。吃的時候，要拿它沾沾放在硯台裡的醬汁，將「筆刷」的部分放進嘴裡，竹筆桿則留在盤裡。

頂級中國菜的藝術性，那種對於色、香、味，以及口感的微妙掌握，至今仍讓我瞠目結舌，敬佩不已，就像是以單一主題與其他素材交織的賦格曲一般。試著想像一場以鴨為主題的宴席：有翅膀、帶蹼的爪、肝、肫、腸、舌頭、心、頭、皮、肉，每個部位都會依照它的特色來烹調！結合了對心智的刺激以及原始、性感的感官愉悅！那些玩弄冷熱的遊戲啊！當你投身研究中國美食文化，特別是了解口感之後，你將會大開眼界。

亞德里亞應該是唯一一位給予中國美食應得的肯定的西方名廚。這位北西班牙「伊爾布利餐廳」的天才廚師告訴《金融時報》（*Financial Times*）的著名飲食專欄作家藍德，他認為在過去半個世紀裡，烹飪界最重要的政治人物就是毛澤東：「每個人都想知道現在哪個國家的食物最好，有人說是西班牙，有人說是法國、義大利或加州。但是這些地方之所以能競爭第一名的位置，全是因為毛澤東讓中國廚師下鄉、下工廠工作，摧毀了中國菜過去的卓越成就。如果不是他這麼做的話，所有其他國家和廚師，包括我自己，到現在就只能追著中國這條巨龍的背影跑了。」

如果你很幸運能夠在伊爾布利餐廳用餐，你會發現亞德里亞的烹飪探索，在很多方面都走在中國菜的路上，他有**脆**的海帶，**滑爽**的在嘴裡爆漿的果凍「橄欖」，**酥**的芝麻海帶薄餅。他將形式與口感無窮地玩弄於股掌之間。就像厲害的中國廚師一樣，他用單一的食材創作出賦格曲，發揮創意嘗試南瓜、椰子、百香果的各種可能性。在伊爾布利的用餐經驗就像是欣賞味道、口感、溫度三者攜手共舞；在這裡用餐，要打開你所有的感官，就跟參加一場高級的中式宴席一樣。

也許毛澤東已經盡其所能地摧毀中國高級料理，但是流傳已久的習慣是難以拔除的。自文化大革命結束以來，中國美食已經開始恢復了一些過去的活力。隨著像喻波這樣的廚師開始重新探索、重新創造他們的烹飪傳統，也許我們以後還是只能追著中國巨龍的背影了。

至於我，我真的不記得有哪個福至心靈的片刻，讓我頓悟了食物純粹口感的美妙。但到了我已經可以不經思索，強迫我可憐的父母體驗吃鵝腸火鍋的反胃經驗的時候，我想必已經離開頓悟的那一刻好一段時日了。當我要判斷什麼會令他們反胃、什麼不會的時候，我的英國價值觀早就煙消雲散。我不只跨過邊界，進入了中國的美食領域，我還幾乎根本想不起來那條邊界到底在哪裡。現在我可以用比較數瓶波爾多上等紅酒的香味那種細緻的方式，來比較我品嘗軟骨的各次經驗。

但就算我不是在某一刻，突然搖身一變成為喜愛橡膠口感的人，一路走來還是有好幾次有跡可循的經驗。有一次在香港，我到一座鮑魚養殖場進行市場研究。乾鮑魚當然也是中國宴席上貴重的食材之一，和魚翅、海參並列。在這種人人趨之若鶩的貝類當中，尤以日本祕傳乾燥法製作的品質最好。一顆大的頂級日本鮑魚在時髦的香港餐廳裡，要價可以超過五百英鎊。

我的調查自然地讓我來到了穩坐「鮑魚之王」寶座的阿一門前。這位香港廚師在東南亞地區已是鮑魚名人（「鮑魚名人」這種頭銜對中國人來說一點都不奇怪）；他在國際間也有幾分名氣，這點可由他大量的國際獎項獎牌、獎座獲得證明，其中還包括法國國會在一九九七年頒給他的「最高榮譽獎」。一個時髦的食物作家帶我來到阿一位於銅鑼灣的「富臨酒家」，他是我一位導師的老友，姑且稱他「紳士饕客」吧。

紳士饕客穿著三件式西裝，拿著一根手杖，說起話來機智又一針見血；雖然他是中國人，但卻有著老派英國人的高昂語調。他實在太像二十世紀初期的優雅紳士，讓我幾乎覺得在他的腳上，我應該能看到當時男性的標準行頭：遮蓋腳踝和鞋面的鞋罩。

我們坐在桌子旁，鮑魚王為我們端上了一顆用他的祕傳高湯長時間煲出來的鮑魚，顏色很深，帶著蠟的質感，外形就像蠔或蚌一樣地情色。

他說：「我沒有讓他們加醬汁，這也不是成品。我要你只吃鮑魚本身，這樣你才能品嘗到它的原汁原味。」

我摒住氣，拿起筷子，把它舉到我的唇邊……

鮑魚的肉質很軟，同時卻很結實，順口又有嚼勁，稍微帶著彈性；每一口咬到最後，都會出現微妙的黏性，但一點都不會讓人覺得不舒服。我第一次住在中國的時候，吃這種食物的經驗絲毫沒有激起我的熱情。那只是又一次碰上令人費解的中國珍饈。我客氣地含糊稱讚了一下，心裡偷偷懷疑怎麼會有人花這麼多錢吃這種難咬、橡膠一般的東西。但是現在，我第一次了解到鮑魚確實的、感官上的吸引力；我體會到在每一口有咬勁又纖細的口感當中，令人難以言喻的愉悅。這樣的喜悅讓我覺得頭昏眼花。

紳士饕客越過桌子，傾身給了我一個意有所指的笑容：「我們這桌都是成人了，所以請原諒我就直說了。這種感官享受的美妙實在太難以形容。我個人認為，唯一真的能相提並論的，（說到這裡他降低了音量，聲音小得像是耳語）就是輕咬你情人變硬的乳頭的感覺。只有技巧高明的情人才能充分體會。」

滿臉通紅的我，又咬了一口。

# 喻家廚房的晚餐菜單

## 冷盤

十六素方碟
五香牛肉
樟茶鴨肫
蛋黃雞卷
紫菜肉卷
滷花生
鹽水毛豆

## 熱菜

鄉村泡水果
功夫湯
如意上上簽
涼粉鮑魚
芙蓉蒸兔米
甜豆魷魚絲

**小點**

第九章

# 病從口入

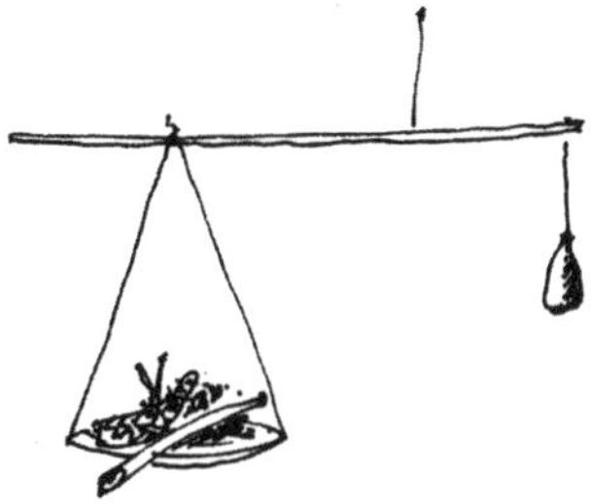

《中國日報》（*China Daily*）的封面故事裡，有一段話特別吸引我的目光：「在四天的檢驗與調查過後，世界衛生組織小組發現，除了當地的醫療工作人員之外，廣東大部分嚴重急性呼吸道症候群（SARS，中國當地稱為「非典」）的病患，都是該省餐廳與食品產業的員工。」糟糕了！

當時是二〇〇三年二月，我為了我的第二本書剛抵達中國，就要開始這本湖南省食譜集的研究工作，卻發現我身處一場重大健康恐慌的風暴當中。大批離鄉背井的民工都嚇壞了，紛紛逃離廣東省爆發傳染病的中心，其中很多人回到了湖南，也就是我接下來四個月計畫要待的地方。當然，我大部分的時間都會跟廚師相處，但現在他們卻被指明是這種傳染病的人類帶原者。

現在回頭想起來，我做出寫那本書的決定根本太天真了。我在中國旅行的多年間，從來沒有去過湖南，我在那裡也不認識任何人。此外，我對湖南菜（也就是湘菜）根本一無所知。我想過要做點初步研究，但這個念頭因為幾乎完全找不到中文或英文的正統湘菜專書而受挫。就某方面來說，這正是重點所在：我想要寫針對尚未受到探索的烹飪領域的書，並且自己重新了解這種料理。其他吸引我的原因還有：我知道湘菜和川菜一樣著重辛辣味，在北京和上海的餐廳裡都很受歡迎，而且大家都告訴我這種菜很好吃。還有一件很有意思的事：毛主席是湖南人，他一輩子都很喜歡吃湘菜。我想寫一本穿插中國革命史與食譜的想法已經醞釀了幾年，而湖南讓我覺得是最適合進行這件事的地方。

但我一邊看這篇新聞報導，一邊開始覺得我可能犯了一個大錯。我回想那天早上我去的那個餐廳廚房：那個擁擠、被油煙燻黑的地方，無力的抽風機風扇根本無法對抗炒熱的辣椒冒出的陣陣濃煙，大家都被嗆得邊咳邊流淚。三不五時就會有小廚師提著剛從附近的家禽市場買回來的新鮮宰殺的雞隻上樓。市場裡的鳥禽和其他生物一起被關在狹窄的籠子裡，空氣裡都是飛散的羽毛。那裡根本是傳染疾病的完美溫床。這個研究計畫真的好嗎？我不禁懷疑。

接下來的幾周裡，我不斷地想到這個問題。當我搭乘擁擠的小巴士，周圍都是咳嗽、打噴嚏的乘客時，我會這麼想；當我受新認識的當地餐館老闆邀請，參加完在湖南省會長沙附近的時髦餐廳的宴席過後，我也這麼想。我們坐在仿清代裝飾的涼亭裡，外頭下著傾盆大雨。女性是宴席上的主角，她們恣意談笑，妙語如珠；男人只靜靜地喝茶，或是拿著整杯濃烈、使人麻痺的烈酒乾杯。這頓飯接近尾聲時，女服務生端來用陶甕裝著的湯品，裡面有幾塊排骨肉，漂著幾片薑。「果子狸！」主人驕傲地這麼宣布。幾天後，果子狸就被指明可能是SARS傳染病的源頭。

多虧了後見之明，而且知道當時雷聲大雨點小的SARS，在幾個月後就銷聲匿跡，所以很多人可能都記不得當時的情況有多可怕了。不過的確有一段時間，好像整個中國，也許是全世界，都有生病的可能，而且會有很多、很多人死亡。最早是在香港的幾宗死因不明的病例，追本溯源後，揭發了被廣東主管機關掩飾的神祕疫病。接著這個病毒擴散到全國各地，在北京迅速爆發多起病例，病患都被隔離在臨時醫院裡。

最後，我當然決定要留下來。部分原因是我寫書的研究時間有限，如果我錯過這次機會，就不知道我什麼時候還能再回來中國這麼久。但我也抱持著某種宿命論的態度。我在中國冒險的過程中曾多次身處危險情況：我曾經搭乘破爛的卡車，顛簸地開過深不見底的峽谷邊緣；深夜裡被暴風雨困在西藏的山口；我吃過各種可疑的、不衛生的食物；幫我慶祝二十六歲生日的是一群蘭州強盜辦的古怪派對；一九九九年，我從北約轟炸南斯拉夫首都貝爾格勒的中國大使館而引發的排外暴動中驚險逃脫。以日常生活來說，我待在地板溼滑的廚房裡的日子多得數不清，時常都在閃躲拿著鋒利菜刀，匆忙奔走的廚師，還要應付裝滿滾燙的油、隨時可能翻倒的油鍋。

第一次到中國旅行的時候，我什麼都很擔心。吃飯前我都會用滾水清洗我的筷子和碗，搭巴士的時候會問司機，是不是一定得喝半瓶的白酒才能在柏油一般黑的晚上開過西藏高原？後來我了解到，如果你真的想在另一個文化裡探險，你就要丟棄自己的蛹殼。「和當地人分享食物」既是個比喻，也是實際上必須從事的行為，而經歷危險也是當中的一部分。隨著時間過去，我對潛在的危險也愈來愈不在意。

我記得一個在雲南的冬天，我在危險的虎跳峽健行後搭巴士回麗江。車上還有其他三個英國人，他們發現我們的司機快睡著了。沒錯，我看著後照鏡，他垂著眼皮，一副睜不開眼睛的樣子。這時巴士正歪歪扭扭地要通過一連串的急彎道，一側的山坡險峻陡峭。一個緊張的英國人趕忙要我去跟司機用中文說話，所以我問他感覺還好嗎。他回答自己很好，而且不會睡著。於是我聳聳肩，回到自己的位置。可是司機的眼皮還是垂著，那個英國人一點都沒辦法安心，後來乾脆直接坐到司機旁邊，並且在接下來的兩三個小時裡，一直唱傳統英國民謠給他聽，試圖讓司機保持清醒。「我們該拿酒醉的水手怎麼辦？我們該拿酒醉的水手怎麼辦……」一路唱到了下山。司機不時地瞄他，好像他是個瘋子一樣。這件事可以用來衡量我對危險已經有多麼習以為常了，因為我跟那個司機一樣，覺得那個英國人反應過度了。

但是還有另外一個理由讓我決定留在湖南：不知為何，我覺得不論在何種情況下，我都要和中國同甘共苦。這不但是專業上的，還是一種情感上的承諾。要是有什麼小麻煩延燒成大災難，我的中國朋友都無法離開這個國家，那我為什麼要逃？中國已經是我的生命的一部分，就像是進入婚姻一樣。

我第一次到湖南時，往長沙的慢車在天亮前就把我丟在令人望而生畏的蘇聯式建築車站裡。雖然我在這座城市裡沒有朋友，但我的包包裡有成都飲食圈子的人給我的一票電話號碼還有介紹信，其中包括一個朋友的朋友的電話號碼，他幫我在這裡找到了房子租。不過那時候還不到早上五點，不管打給他或是任何人都太早了。無處可去的我，只好拖著我的行李走進車站裡破爛的咖啡店，叫一杯茶。我在這裡坐了好幾個小時，直到天色微明，周圍出現走動的人影。沒過多久，我打電話給我的聯絡人，於是他騎著摩托車來接我。

在剛開始的幾天裡，我完全處於震驚的狀態。我以為湖南既然是四川的鄰近省分，應該會是個和四川很類似的地方，但事實上這裡根本就像另外一個國家。我完全無法理解當地的湖南話。在剛開始的幾周裡，除非跟我碰面的人轉換成普通話，否則我什麼都聽不懂。湖南話的音調跟四川話的柔軟旋律完全不一樣，當地的語調會有斷音的節奏，聽起來很沒耐心，像是在吵架，甚至有淡淡的挑釁語氣。路上的人不習慣看到外國人，都直接盯著我瞧，不像我在成都碰見的人那樣帶著溫暖與好奇。我以為我很了解中國，但一如往常的，我低估了這裡的幅員廣大還有多樣性。我在湖南很不情願地了解到，我必須要從頭開始學習另一個文化運作的方式。

我到長沙的時候沒有特別的計畫。我的中國菜研究和寫作方法很簡單但也很隨性：我會到某個食物有趣的地方，然後了解**所有**我能學會的相關知識。通常我會聯絡當地的廚師、飲食作家、官方烹飪協會的人。我會徹底翻遍書店和圖書館，尋找書面的資料。不過我主要還是會做我做起來最自然的事，也就是跟我碰到的每個人聊食物，帶著我的筆記本跟著他們進廚房。我的工作就像是尋寶獵人一樣，因為我從來不知道這一天會發現什麼。我可能會浪費一整天考察卻徒勞無功，或是相反地，認識某個半小時就能把五本絕版烹飪書放到我手裡的人。

在中國，和人聊食物是交朋友特別好的方法，因為每個人隨時都在聊這件事。只要我提到自己的研究領域，大家的話匣子馬上就開了。大致上來說，我對中國的深刻了解主要是透過我的食物探索，而非過去針對社會議題的研究。我為了寫四川烹飪書而做的研究從頭到尾都很愉快，然而這本湖南烹飪書的研究過程卻是完全不同的經驗，在很多方面還很辛苦。

我搬進了我租的地方，這是一棟混凝土建築分租出來的房間，是國營工作單位的一部分。長沙是湖南的省會，勢必曾經輝煌一時。根據歷史記載，這座城市有三千多年的歷史，其中兩千多年都是中國的文化中心。但是一九三八年，當地為了反抗日本侵華，採取了火燒整座城的拙劣做法。寺廟、宅院、宏偉的老餐廳都在煙霧與火焰中被燒毀。除了一小部分明代的城牆，以及西元九七六年成立的傳統學習單位「嶽麓書院」之外，幾乎沒有什麼建築留下來。嶽麓書院現在是湖南大學的中心。

就和大部分在中國的外國人一樣，我很想看到傳統的中式建築，而且偏好兩旁種了樹的小路，而非現代的幹道。但是我二〇〇三年在長沙看到的「舊」街區，只有一兩條在河邊的街，歷史大約只能追溯到二次世界大戰後。唯一比較老的遺跡是其中一條街上鋪的石板路上的一些石板（大部分後來都被移走了，因為這裡要蓋購物廣場徒步區）。城市裡的其他地方是混凝土和天橋組成的混亂網絡。而且在二〇〇三年的春天，這裡幾乎每天都下雨。

住在湖南讓我了解我在四川的經驗是多麼特殊的例子，還有身為一個外國人，住在那裡有多麼自在。我一開始住在大學裡，所以有現成的社交圈，不用多加思索就可以交朋友。而且我當時又年輕又理想化，極有意願要扯破我的人生地圖，開創全新的開始。當我到達湖南時，我年紀比較大了，比較清醒了，而且什麼都要靠自己。我不知從何著手。

四川一定也是中國最好客的省分之一。四川人自己就以悠閒和迷人聞名，他們的態度裡總是帶著一絲甜甜的體貼，就像他們的食物一樣。相較之下，湘菜的辣既直接又毫無妥協餘地，會用新鮮、乾的還有泡過的辣椒調味。辣味比起四川菜更有侵略性，結合了醋和醃漬蔬菜的強烈酸味，以及豆豉毫不掩飾的鹹味。四川辣豆瓣醬那種溫潤、帶著秋意的紅在湘菜裡只扮演了小小的角色，而且湖南人喜歡新鮮辣椒和泡辣椒那種引人注目的豔紅。

我的第一印象是，湖南人的態度就像他們的菜一樣爽快、直率。人家介紹我認識的專業烹飪人員都很友善，但他們並不太清楚要怎麼看待我或是我的工作。有少數人懷疑一個外國人怎麼會寫一本關於他們料理的書，要也應該是他們寫，這也是很理所當然的。當時湖南人自己幾乎沒有寫過任何關於湘菜文化與歷史背景的書，一個外來的人怎麼可能做得到？（我曾經在茶館和兩個當地的記者度過一個奇妙的下午，他們用普通話跟我說話，但彼此用湖南話交談。當時我已經熟悉了當地的方言，但是他們不知道。所以我聽著其中一人跟另一人解釋，我這個荒唐的計畫注定會失敗。但他對我則用普通話說了很多硬要人領情的鼓勵話語。）

儘管這裡有豐富的文化遺產和壯麗的風景名勝，但湖南在西方遊客的地圖上卻名不見經傳。除非有特別的原因，例如商務出差或是收養中國小孩，否則很少有外國人會來到湖南。大部分英國人根本沒聽過這個地方。但我很快就發現對湖南人來說，他們的省分就是宇宙的中心，無庸置疑。過去兩百年裡，這裡誕生了數量極不相稱的行動家與震撼社會的名人，從清代的將軍左宗棠（左將軍的名字在每間美國的中國餐館裡都會看到：「左宗棠雞」）到毛澤東，以及所有共產黨的傑出人物都是湖南人。最近湖南的電視也贏得了全國最進步、最有創意的稱號。

在湖南人的眼中，他們的省分是這個國家跳動的心臟，是十九世紀以來推動中國走上現代化道路的人才引擎。他們認為自己既聰明、有能力又直率：完美結合了北方的強悍和南方的溫柔，但又沒有四川人滑頭的狡詐。同樣地，他們也覺得湘菜有完美的均衡，不像東部菜甜到噁心，也不像川菜那麼讓人難受，太刺太麻，幾乎嘗不到其他味道。多年來我都聽到四川人說湘菜的熱辣有多可怕，因此從另外一邊的觀點來看這場烹飪競爭，讓我覺得非常有趣。

我在一開始的那幾個禮拜裡認識的人，有些對我好得不得了。有一位女餐廳老闆把我納入她的羽翼下，不僅讓我在她的廚房裡自由探索，還養成了不由分說把我帶上她司機開的車裡，進行一天活動的習慣；我們會參加奢華宴席，到市場採買，到足浴店享受療程。歷史悠久的「古城閣」餐廳經理也讓我在他的廚房裡學習，我在那裡也學到了好幾道我最喜歡的湘菜。但除此之外，我在湖南的日子很難熬。長沙讓我覺得非常陌生，我沒有認識任何真正投契的人。我在頭幾個禮拜認識的幾個外國老師，在SARS疫情開始擴散時，紛紛逃離了這裡。我在這裡也沒見過任何觀光客。大部分的晚上，我都跟我在成都、北京、上海的老朋友講上幾個小時的電話，但我的白天是漫長又寂寞的。我的原則是不願意為了我的工作犧牲自己的生活，因此我瀕臨放棄我整個中國料理寫作生涯的邊緣。就在這個時候，我認識了劉偉之和三三。

那又是一個灰暗、潮溼、風大的日子，我搭小巴士出城去雷鋒紀念館。我對雷鋒這個共產黨的模範軍人一直有種淡淡的感傷，「螺絲釘不鏽」一詩正是後人為了讚揚他所寫的。他於一九四〇年出生於長沙城外的貧窮家庭，很小的時候就成為孤兒。後來他加入人民解放軍，因為常做好事而出名，包括縫補同袍的襪子，幫長官泡茶等等。一九六三年，毛主席「發現」了他讚頌共產主義榮光的日記，此後便成為激勵數代小學生的固定課文，普遍流傳。還有一首歡欣鼓舞的歌是為了紀念他特別寫的：「學習雷鋒，好榜樣，忠於革命，忠於黨！」

雷鋒本人的下場卻很悲慘：他在一九六二年被一根倒塌的電線桿壓死。但他的精神活了下來。即使到了今天，儘管大眾對於雷鋒已經出現一些譏諷的言論，中國的學生偶爾還是必須參加「學習雷鋒」的活動。雷鋒不是唯一的共產黨榜樣。在九〇年代時，共產黨想辦法要復興每況愈下的大眾道德，因此推行了以另外一位英勇年輕軍人義行為本的「徐洪剛運動」，據報他在保護一位女性公車乘客時，腹部遭小偷刺傷。（官方媒體對徐氏英勇之舉的描述值得一提：「他用無袖毛衣壓住垂掛的腸子，跳出了公交車的窗戶，不顧身上的刺痛，上前追那個罪犯。」）儘管雷鋒不是社會主義天空裡唯一的一顆英勇星星，他一直都是我的最愛。

雷鋒紀念館讓我很失望。雷鋒童年住的那間泥磚砌的房子，已經被張牙舞爪的政治宣傳帳棚給吞沒了。那裡除了我，幾乎沒有任何的遊客。我想，現在長沙的孩子應該都黏在電視或電腦前，把貝克漢或是布蘭妮當作他們的偶像了吧。在接近園區入口處，雷鋒雕像的腳下，我和一位陌生人聊了起來。他看見我筆記本裡的素描時，好像對我產生了某種好感。所以他給了我他的電話號碼，告訴我如果我想找他的話，可以打電話給他。兩天後，我寂寞到走投無路，所以我打了電話。於是李銳帶我出去吃了晚餐，然後說他想介紹我認識一些朋友。

那天晚上是我在湖南截至當時為止的貧乏生活的轉捩點。李銳領我進入了友誼的綠洲，而綠洲的中心就是劉偉之和三三這對夫婦。李銳一帶我進入他們的公寓，我就覺得自己像回家般自在。我們到的時候，他們的小兒子徐璋正在地上玩。客廳裡裝飾著木板雕刻和其他的古董。他們邀請我們坐在牆上有舊掛毯裝飾的「茶室」，裡面的主人，是他們以素果焚香供奉的觀音像。劉偉之把一個水壺裡的水煮沸，開始進行泡「功夫茶」的細緻步驟。三三另外找來了一些朋友，有一位書法家、一位設計師、一位古董收藏商。我們在那裡待了大半個晚上，喝的是一流的烏龍茶，小口咬著堅果和蜜餞，談天說地。這是我在長沙第一次，真的感到快樂。

劉偉之和三三讓我認識了湖南文化的優雅。他們的朋友大多是作家、藝術家與其他「知識份子」，都對於失落的中國人文素養感懷不已。他們都很辛勤工作，熟悉科技，但也會在晚上聚在一起喝茶、練書法、聽中國古典樂。他們以自己的方式，在自己居住的混凝土叢林中發現，並創造了這些充滿美和寧靜的地方。他們會在周末進行當天來回的旅遊，尋訪佛寺、古城；他們充滿好奇心而且心胸開闊。和他們在一起，我可以坦然說出我的想法與感受。我不需要扮演外國來的外交官了。

在一個月光皎潔的夜晚，我們一起開車出城。霓虹燈和高聳的建築，在郊區塵土飛揚的道路上漸漸失去蹤跡，取而代之的是仿若蜃景的山丘和零散的農家。我們在林中的空地下車，走上荒煙漫草的小徑。周遭雖然一片漆黑，青蛙喧鬧的嘓嘓聲和蟬鳴聲卻賦予了這片黑暗生命力。山腳下有一間低矮的泥磚農舍，籠罩在樟樹和矮樹叢濃密的陰影下。隱居在這裡的畫家坐在自家院子裡的木凳上，加入了我們的行列。沒多久，一個年輕音樂家帶著用布包著的古琴來了。

我們裝了山泉水煮沸，三三負責泡茶。她用小陶壺沖泡烏龍茶葉，再把熱騰騰的茶倒進小茶杯裡。此時音樂家撥動琴弦，我們閒適地坐著品茶。流洩的美妙樂聲，挑起風和水不可思議的旋律脈動。音樂家的手優雅地撫弄琴弦。芬芳的茶香伴著月光，結合帶著奇異哀傷感的古琴節奏，讓這個夜晚有種超脫塵俗的美好。

白天我幾乎都在市場和煙霧瀰漫的餐廳廚房裡度過，為我的書做研究。但在空閒時間裡，我都會和劉偉之與三三在一起，只有睡覺的時候會回我住的地方。他們毫不猶豫地接納我進入他們的大家庭裡，還介紹我認識他們的親戚朋友，為我之後到湖南省其他地方旅行鋪路。三三和我一起去了很多趟美食之旅，其中最讓我印象深刻的是到湖南的「蠻荒西部」：湘西地區。我們在那裡攀登了佛教聖山，在清澈如水晶的河裡游泳，在苗族和土家族的村落裡買野生蜂蜜。

然而在這個黃金朋友圈以外發生的事，卻常常令人火冒三丈。例如有一次我去湖南的另一個城市拜訪一間烹飪學校，那裡的副校長很歡迎我，我們聊著彼此對食物與烹飪志同道合的喜愛，度過了一個愉快的下午和晚上。他還介紹我認識一些願意和我分享技巧和知識的廚師以及食物歷史學家。但隨著那間學校的校長結束旅行回來，氣氛陡然大變。

隔天，那位副校長緊張得邊發抖邊告訴我，所有安排的會面都取消了。那些廚師和食物史學家讓我知道，他們被警告不能跟我說話。原來是因為那個校長判斷我意圖「竊取商業機密」，因此下達命令，全面禁止大家和我有任何接觸。接下來的幾天簡直糟透了，我只能深夜偷偷在茶館裡和穿著深色外套戴帽子的男子祕會，接過烹飪史論文的影本，或是向鬼鬼祟祟四處張望的廚師請教烹飪技巧。

這當然不是我第一次被當成間諜之類的人。我的一些英國朋友一直堅信我是祕密探員。首先，我在劍橋出了名古怪又保守的學院讀書，我的導師之一還據稱是英國情報機關軍情五處（ＭＩ５）的招募人員。不管大家早期對我有什麼樣的懷疑，或多或少都隨著我決定到中國念書而得到確認。更因為我延長居留在中國偏遠又沒聽過的地區「收集食譜」，讓他們更加確定自己的猜測正確。

在中國的時候也是一樣，我被當成間諜的次數多得我都記不清楚了。我曾經在四川北部的玉米田被便衣警察跟蹤，也曾在大西部的山口軍事檢查哨被遣返。可是大多數時候，這些心存懷疑的官員顯然都是害怕我替新聞機構收集資訊，而不是擔心我要竊取紅燒肉的祕密。多年來，落到我手中的一些中國食譜的確是被列為機密文件的，因為上面印著「內部發行」的字眼出賣了它們的身分。但是湖南是我第一次真的被指控為**烹飪**間諜的地方。

在我二十多歲的時候，我愛極了這樣的說法，覺得這真是可笑至極。但當我居住在湖南的時候，我的耐心已經耗盡。「你不懂嗎？」我很想跟這個經營烹飪學校的老古板官僚說：「外面的世界幾乎沒聽過湖南或是湖南菜！我在這個難搞的國家累得要死要活，費盡千辛萬苦學習難懂的中文字，還要接受聽不懂的方言轟炸，只是為了要告訴西方人，中國烹飪是世界人類文明最偉大的寶庫之一，並不只是廉價的外帶食物還有糖醋里肌而已。你卻要指控我是**小偷**，是**間諜**！你應該要**付錢**讓我把你的食譜帶走才對！」在這種時候我就會很想放棄，然後我會打電話給在北京的朋友羅伯，向他發洩我對中國的憤怒。然後他會說：「扶霞，你不覺得寫本**托斯卡尼**食譜的時候到了嗎？」

但是不管我在那個辛苦的春天裡，對中國有多反感，我只要回到劉偉之和三三公寓裡的茶室，我的痛苦馬上就會消融在愛與笑聲中。這時我就會覺得，我這麼努力要讓世界從中國菜裡看見中國最好的一面是值得的。如果不是因為有他們，我懷疑我的《湘菜譜》根本就寫不出來。

雖然劉偉之是一位成功的設計師，有自己的事業，但他看來卻比較像一位佛教僧侶：他剃了頭，體型瘦弱，五官秀氣。他散發出一種平和、仁慈的氣質，吸引大家來到他的身邊，試圖找到些什麼。有一天下午我去找他，當時我又和一個中國官僚起了衝突，因此情緒分外低落，覺得自己傷痕累累。一如往常，劉偉之的出現就像是一種撫慰。他告訴我：「你不會想讓自己陷入這些事太深。把你的生命想成一幅素描，這個世界給了你一切，但決定畫裡有什麼的是你自己。試著選擇美好的事物，把醜陋的東西留在你的畫之外。」也許正是這樣的態度，才讓劉偉之在長沙市區裡過著這麼風雅的生活。

劉偉之的思想傾向佛教徒，個性仁慈的他不吃動物的肉。他的飲食不是一般的素食，而是嚴苛的全素。他也不吃中國佛寺忌諱的葷類蔬菜：大蒜、洋蔥、蔥等相關的辛香料。（傳統上認為，對於長時間一起打坐的僧侶來說，吃這些味道重的食物會擾亂團體。不過有些人堅持必須禁吃這些食物的原因，是因為這類辛香料會引發世俗的妄想或情感。）

素食主義在中國長久以來都和佛教連在一起，但早期佛教的戒律中並沒有明確禁止吃肉的規定。對於古印度的佛教僧侶，只要是放進化緣缽裡的東西他們都能吃，肉類也包括在內，前提是他們不認為動物是因為他們才被殺的。佛教在約兩千年前開始進入中國時，佛教僧侶也贊同印度的主流教義，接受在某些情況下是可以肉食的。直到六世紀時，梁武帝才致力於把素食列入中國佛教寺院的戒律。他本人也皈依佛教，終身吃素，並以慈悲為懷做為宣揚素食的基礎。

現在中國佛教僧侶主要吃全素，不過在家修行的佛教徒可以選擇他們要吃素養生的程度。有些人在特定的日期或是到寺院中就不吃肉，有些則是完全的素食。中國各地的佛教寺院都有素食廚房，很多比較大的寺院還有餐廳供遊客和香客用餐。這些餐廳可以舉辦驚人的酒席，用素食材烹調出不論外表、味道、口感都模仿得非常接近魚和肉的菜餚。所以你可能會吃到像是用香菇梗做的炸「牛肉」片，麵筋做成的「肋排」肉，串在硬竹筍做成的「骨頭」上，還有用豆腐皮包著調味過的馬鈴薯泥，油炸後再淋醬做成的「魚」。藉由這種烹飪把戲，寺院能夠以符合中國奢華情調的方式取悅富有的施主。但是這些大菜和僧侶的日常飲食相去甚遠；他們大多只吃簡單的穀類、豆類和蔬菜。

因為和劉偉之的友誼，我發現自己在閒暇時間大多都和素食者在一起。我們曾到長沙的佛寺去拜訪一位硬朗的八十一歲僧侶。他告訴我不吃肉對健康的好處，並信誓旦旦地跟我說狗肉是很上火的食材。即使是最虔誠的修行人，吃了狗肉都會忍不住打破守身的誓言。還有一個周末，我們前往一座在山頂的佛寺，那裡有位著名的佛教聖人在講經，而我們在那裡的午餐就只是簡單的飯和蔬菜而已。

那時候我正接近自己「無所不吃」的顛峰。湖南人幾乎和廣東人一樣無所不吃，而在我的研究過程裡，我也和他們差不多：我可以不假思索地吃下狗肉火鍋、燉青蛙、炸昆蟲。市場裡的大屠殺場景對我根本不痛不癢。

我在快要出發去湖南時，就已經了解到自己的口味已經變得多「中國人」了。我在一座肯特地區的小鎮裡散步時經過一群鵝。在我第一次去中國之前，我只會把牠們看做是鄉村風光的一景，但這一次，在我還沒意識到的時候，我已經在想像用豆瓣醬和花椒燉煮鵝肉，在瓦斯爐上煮沸冒泡的樣子了。我發現自己這樣的念頭，微微一笑。他們對中國人的說法沒錯：所有能動的，在地上跑的只有車子不吃，在天上飛的只有飛機不吃，海上漂的只有船不吃，其他所有東西都可以拿來做菜。有一次在湖南，我很丟臉地以為劉偉之的姪子帶著和我們一起去玩的一包活青蛙，是要給我們吃的午餐，結果他是要依照佛教做法放生這些青蛙。

劉偉之對我貪婪的食欲從來沒有任何責難，但他本人簡單又慈悲的飲食讓我覺得有點罪惡感。這種情緒也種下了日後在我心頭縈繞不去的懷疑的種子。

在此同時，SARS的疫情愈演愈烈。全國各地都有人生病或死去。北京的疫情尤其嚴重，而且大家都擔心上海會是下一個爆發的大城市。湖南有六人染病，一人死亡；雖然據稱他們都是在省外染病，但在湖南的生活已經變得愈來愈難過。有一天我回到住的地方，卻在大門口被警衛攔了下來。

「健康證明。」其中一人邊這麼說，邊對我伸出手。

我說：「可是我住在這裡，我住在這裡一個月了。」

「不行，恐怕你還是需要健康證明才行。這次我們讓你進去，但是你最好去醫院做檢查，不然我們就不會讓你回來這個社區了。」他說。

傻瓜都知道對一個健康的人來說，那時候最危險的地方就是醫院的呼吸道疾病門診。但是一如往常，我面臨了一個簡單的抉擇：我是要保持理性，還是要寫這本書？所以我去了呼吸道疾病門診，站在一小批打著噴嚏、發燒的人中間，想辦法不要太大力呼吸，讓戴著脆弱口罩的醫生用聽診器聽我的胸腔。他對於聽到的東西顯然很滿意，給了我一份蓋了正式印章的證明，讓我重新得到進入我居住的公寓社區的權利。

SARS的陰影籠罩了在湖南生活的各個層面。穿著白色外衣的男女會在百貨公司和旅館的入口處撲到我前面，用長得像槍一樣的工具量我的體溫。城市裡到處都貼著海報，就像文化大革命期間那樣，只是這次警告的不是「走資派」，而是提醒大家對咳嗽和發燒等症狀提高警覺。我曾在此學習多日的古城閣餐廳，和其他很多餐廳一樣都歇業了，因為大部分人都不再外出用餐。當我和劉偉之、三三到僅存的幾間還在營業的時髦餐廳吃午餐時，幫我們點菜的是戴著綠色手術用口罩的女服務生，口罩下的聲音悶悶的，讓人聽不清楚。有一天晚上，劉偉之設計公司的一個老闆客戶，在窮極無聊下帶我們去了一間豪華的鄉村俱樂部。他在那裡聘用了一位前網球國手，讓他在大燈照亮的夜間球場幫我們上課。接著我們在又大又空無一人的更衣室淋浴，然後在通風良好的咖啡廳裡喝茶：一排排空蕩蕩的桌子，幾乎占滿了我們視線所及的全部範圍。

出城旅行也變成了噩夢。我到巴士站的時候，幫我量體溫的是從頭到腳都包著白衣，彷彿在進行細菌戰爭的人。上巴士時還必須登記姓名、護照號碼、地址、電話號碼、座位號碼，萬一我或其他乘客生病了才能追蹤。有一天我和幾個朋友開車到常德，戴著口罩的檢疫人員蜂擁而上，團團圍住我們的車子，噴灑消毒劑。而且SARS明明就是在中國爆發、擴散的疾病，大家卻常常特別提防我這樣的外國人，因為他們擔心我可能是最近才從受感染的南方來的。有時候我一天會被量四五次體溫。

那是一段怪異又讓人討厭的時光，而且我覺得自己的活動範圍愈來愈小。首先我不能再到中國的其他地方旅行，接著我連湖南的其他地方都不能去。然後隨著大部分的餐廳都歇業了，我也不能繼續進行廚房裡的研究。網吧關門幾乎可說是最後一根稻草，因為這代表著我能輕易和外界溝通的管道也被切斷了。可是到了這時候，我在湖南的生活已經很安穩，我並不想離開。

這場傳染病的威脅對餐桌禮儀也造成了影響。在中國一般來說，分食的菜會放在桌子中央，你就用自己的筷子自己挾菜來吃。在文化大革命時，無產階級的粗魯某種程度上是被鼓勵的，但在那之前，比較有教養的人都會避免自己筷子的尖端碰到大家分食的菜餚。他們會用筷子的另一頭，也就是手握住的地方，把菜從大盤子上撥進自己的碗裡，然後再把筷子轉回來使用。或者他們可能會使用跟著每道菜送上的**公筷**，也沒有人會把公筷放進自己的嘴裡。

在SARS恐慌的高峰期，湖南人又開始想到公筷了。在宴席上，「公筷」會放在每道送上來的菜旁邊，這樣才能避開因為吃到別人口水而遭到感染的風險。主人會說一些冠冕堂皇的理由解釋，並請大家使用公筷，接著我們就會聊起在這種情況下，保持衛生有多麼地重要。但除了要表示自己跟得上流行之外，沒有人會認真使用公筷，因為用公筷的感覺實在太刻意了。所以過沒多久，公筷就會被冷落在盤子旁，我們也繼續照老方法自己挾菜吃。

和我認識的很多人一樣，我也因為身心失調而出現了令人憂心的「類SARS症狀」，症狀之一就是討厭的乾咳。我沒有發燒，所以我確定自己並沒有得到這種致命的肺炎，但是我也很清楚如果有人看到我在大眾場所咳嗽，我一定會被送進醫院關起來隔離，直到他們確定我沒病為止（或是直到我被其他病人真的傳染得病為止）。關於在隔離病房裡的人有很多謠言，聽說他們的手機都被沒收了。所以我隱瞞自己的症狀，儘量屏住呼吸，快步走過警衛旁，跑過中庭到我公寓的樓梯間，連爬十二層樓，打開鎖住的家門，然後撲到我的床上。只有在這裡，我才能放心地咳嗽和打噴嚏到我滿意為止。

我周遭的人對SARS的反應不是很冷淡就是緊張得要死。有些人還是會到處亂晃，在街上吐痰、咳嗽。很多保全會把規定要戴的口罩拉低，這樣他們才能露出嘴巴抽菸。但同時也有其他人關在自家的堡壘裡：拒絕接待任何訪客，喝好像能預防疾病的醋，周遭的東西也通通都用煙燻或是消毒劑清洗殺菌。但是不論個人焦慮程度的多寡，幾乎每個人都想提高自己存活的機率，因此吃喝都比過去來得小心。

「你吃什麼就是什麼」這個現象，在中國比其他地方都來得明顯。對的食物可以維持你的健康，錯的食物會讓你生病。就像他們說的：「病從口入。」中國人對感情的事常常羞於啟齒，可是他們會用食物來表達感情。在我的義大利朋友可能會用手臂環繞著我，鼓勵我說出心裡的話的時刻，我的中國朋友可能會把一碗湯放進我的手裡，堅決地跟我說：「喝湯！喝湯！」這種「藥食同源」的想法貫穿了中國所有的社交互動，是恆常不變的背景聲。我在四川大學的中文家教覺得我的精神不好時，常常會給我一些蜜餞或核桃，讓我「長長腦袋」；我在甘肅省因為身體不舒服而哭了起來，讓劉復興一家丟臉的那天，他的親戚拿出了一顆結凍的甜瓜給我，表達他們對我的關心（這顆甜瓜是他們從十月就開始放在屋簷下保存的）。有時候，這種對我的飲食毫無間斷的干擾會讓我生氣，但我後來了解到，這是一種愛的表現。

中國人會以很多不同方式用食物來治癒與平衡身心。中國民俗飲食法和古希臘、波斯、印度等地的「體液系統」有非常多的相似之處。這些文化都把食物根據其屬性分成「熱性」或「涼性」，有些還會再分成「潮溼」或「乾燥」。沒有人真的知道這些傳統究竟源自何處，但很可能在西元一千年初期，當佛教帶著許多外國的觀念思想進入中國時，它們就已經對中國造成了影響。無論如何，體液系統勢必與中國古老的「陰陽」觀產生了極大的共鳴。

在熱性—寒性的分類法中，像發燒或是起疹子這種症狀就是上火的表現，必須要用萵苣或是小黃瓜這種涼性的食物來處理；如果是其他的症狀，例如腹瀉，那就可能是身體太寒，必須用肉類和薑這類暖性的飲食處理。個人體內的能量平衡不只會受到氣候的影響，也和季節有關。這就是為什麼在湖南的隆冬，有些人會喜歡吃特別「熱」的狗肉。食物的分類同時來自根據觀察得到的經驗以及迷信。比如說狗肉，這是一種高卡路里的食物，的確可以幫助營養不足的人在冬天增加體熱；至於核桃補腦、腰果補腎的說法，就只是因為它們和這些器官的外形相似，才會有這種「以形補形」的魔力。

在中國，所謂的食材與藥材間並沒有嚴格的界線。像白蘿蔔這種普通的蔬菜就屬於涼性，可以用來治療肺部與胃部的病痛。人參則是一種昂貴且歷史悠久的滋補藥材，可能會出現在中醫師開的藥方裡，不過在鹿肉湯裡也能喝到這種藥材。食用某些食物可能是要重新找回身體的平衡，有些食物則是要加強身體某些功能。想要懷孕的女性為了滋補生殖器官，可能會煮枸杞子來吃；而要是你看到一群生意人在猛吃牛睪丸火鍋，那你很容易就能猜到他們在想什麼了。

在成都有一間很出名的餐廳叫做「同仁堂」，專賣藥膳，和同名的中藥老店系出同源。這裡的菜單會隨著季節更動，還會列出每道菜的滋補功能。例如「黃芪鹽水雞」就能「補腎壯陽」；蓮藕和胡蘿蔔做的「金銀涼瓜」則能「清熱解毒」。一般來說，完全以滋補為功能的中國菜是清淡無味的：試想一道沒加鹽巴，用全鴨和貴得嚇死人的西藏蟲草煮成的高湯，或是一道用薏仁、芡實、百合、蓮子、紅棗、枸杞子熬煮，沒加任何調味料的紫米粥。不過同仁堂是間時髦的餐廳，大家來這裡除了要恢復健康，也想要吃得開心，所以這裡每道菜都很好吃。諷刺的是，上次我在這裡吃飯的時候，我吃了太多本意是要讓我的身體恢復平衡的菜，反而讓我覺得肚子脹得快破了。

中國書店裡現在有非常多的藥膳食譜專區，提供讀者關於不同食物的特質，以及對病痛療效的資訊。這些書也許看起來既現代又光鮮，但其實它們都有著古老的源頭。遠古時代周朝記載人員編制的禮儀典籍中，就提到了一百六十二位營養學者，負責皇家每日的膳食菜單。明代的《本草綱目》則列出了很多日常食物的療效，還收錄了四十四道養生粥的食譜。在現代中國，老一輩的人通常不需要參考藥膳書籍，他們就是知道茄子和黃瓜不能一起吃，或是涼寒到危險的大閘蟹肉要用紹興酒和溫熱的薑來取得平衡。若是覺得身體不適，他們在考慮去看醫生之前，早早就會先用飲食來自我治療。正如中國的俗話說：「藥補不如食補。」

多年來，我發現自己已經深深受到中國這種用食物治療身心的方法影響。如果我臉上長了痘痘，我就會遠離像是豬肉或荔枝這類性熱的食物；我知道在炎熱的夏天要喝綠茶、吃黃瓜。這有部分是以中國人的方式，對於熟悉的情境做出的不理性反應，因為我完全不知道這些食物實際上會怎麼作用。然而這也是理性地接受一個普遍的中國觀念：我個人應該要對自己的健康負責，我不能放縱自己大吃不恰當的食物，然後希望醫生可以給我一顆藥丸搞定一切。在中國，治病要治本，而我現在也試著這麼做。我同意西方藥物在治療嚴重的急病時是必須的，但我很少為了頭痛之類的小病小痛而吃藥，而是會將這類症狀視為一種徵兆，代表我要對自己更好一點，吃健康一點的食物，還要多休息、多運動。當然，偶爾也是得喝一碗蟲草湯的。

在疫病蔓延的二〇〇三年，長沙人改變了他們的飲食，希望能增強自己對ＳＡＲＳ的抵抗力。餐廳裡的女服務生在餐前會先送上抗ＳＡＲＳ的藥草茶，民眾則在古老的白沙井前大排長龍汲取泉水裝瓶，因為他們相信這裡的水有治病功能。

有一天，長沙飲食公司的劉經理邀請我到在歷史上占有一席之地的「火宮殿」，和這間餐廳的一些元老一同吃午餐。我們那天吃的菜色包括荷葉與稻草包住的填餡全鴨、炸蘆筍與小龍蝦肉、糖油果子。我們大談這間餐廳的歷史：這裡原本是供奉火神的廟宇，全盛時期吸引了很多說書人、音樂家、賣點心的小販到這裡來，娛樂大批前來上香的信眾。這天的談話非常精采，食物也很美味，但是在宴席裡，ＳＡＲＳ依舊陰魂不散。劉經理說：「你一定要多喝點木瓜雞湯，這有助於預防肺炎。」

整個春天，這種疾病都讓我們憂心忡忡。每天晚上我都會聽ＢＢＣ全球新聞，從報導中了解這種傳染病的最新進展；我也緊張地豎起耳朵，注意長沙這裡的所有傳言。我的咳嗽愈來愈嚴重，而且睡得很不安穩。但是儘管有大批勞工從受感染的地區回到湖南，儘管這裡的人隨地吐痰，這項疾病也蔓延到了中國北部某些地方，但是從來也沒有真正侵襲到湖南。大部分的人都相信，這是因為他們吃辣椒的緣故。他們會說：「瞧瞧地圖，你在四川、湖南、貴州、雲南這些愛吃辣的地方看得到ＳＡＲＳ的蹤跡嗎？」

## 有助預防肺炎的木瓜燉雞

上等雞，最好是有機飼養的燉湯用雞　一隻（約一．五公斤）
不去皮的新鮮薑塊　二十公克
蔥　二枝
紹興酒　二茶匙
鹽巴和胡椒　調味用
熟木瓜　二顆

一、煮一鍋滾水汆燙雞肉，然後濾乾水。
二、用菜刀刀身或其他重物稍微拍薑。蔥洗過後略加修整，接著切成些許長段。
三、將雞肉放進平底深鍋或砂鍋裡，加入恰好淹過雞肉的水量（約二．五到三．五公升）。用大火煮滾，撈去浮上表面的雜質。加入薑、蔥、酒，轉小火慢燉，鍋蓋半開。燉煮到雞肉軟爛，可以簡單將骨肉分離為止。
四、在雞肉快煮好前，將木瓜去皮去籽，切塊後加入湯中。
五、依個人口味用鹽巴與胡椒調味。上菜時每位客人的碗裡都要有雞肉、木瓜，還有高湯。

第十章

# 革命不是請客吃飯

陳先生辦公室的玻璃桌上有一面隨風飄動的共產黨黨旗，放在裝飾用的錘子和鐮刀旁邊。

陳先生說：「你瞧，韶山村的風水是全中國最好的，所以才誕生了毛澤東。毛主席是湖南人心目中的帝王，是真正的天子！他是政治家、軍事家、作家、書法家、詩人、思想家。確實是個了不起的天才！」

陳先生過去在湖南北部擔任警察，但他告訴我，他因為太仰慕毛澤東了，所以決定搬到毛澤東的故鄉來。現在他是種玫瑰的創業家，他投資的玫瑰花叢，整齊地排列在通往村子的道路兩旁。

我覺得奇怪的是，這位創業家怎麼偏偏會崇拜這個在中國掃除私人企業，迫害資本家，還讓國家經濟陷入慘況至少二十年的人。他的英雄應該是鄧小平才對吧？是他促成了八〇到九〇年代的改革，讓中國經濟得以開始蓬勃發展啊。

他一點也沒有被我的質疑難倒：「啊，但是鄧小平的改革開放會成功，是因為毛澤東之前做了那些事啊。」

就我的理解，他的說法就像宣稱地震是件好事，因為可以讓人重建一座城市。但我明白跟他爭論也是徒勞，所以我只是甜甜地微笑，跟他說了晚安。

我來到韶山研究「毛家菜」——其實就是湘菜的一支，只是狡猾的韶山餐廳老闆給它安了「毛家菜」這個假名。引起我興趣的，除了有一個小菜系居然以這位共產黨領導人為名之外，當然還有中國人對他們的這位既是偉大的國家英雄，又是帶來巨大的災難與摧毀者所抱持的矛盾情感。中國二十世紀的政治動盪對於中國菜的影響，一直都是我很感興趣的主題。我希望我的湖南烹飪書不只是關於這個地區的食物，同時還能呈現這個地區的歷史與社會背景，因此韶山是我覺得必須親自走一趟的地方。結果這趟旅程讓我度過了一個超現實的周末。

從長沙搭巴士過來後，我先在毛家村裡悠閒地散步。這裡漂亮得出乎我的意料，群山環抱著綠油油的農田和果園，村子中央有專賣毛澤東紀念品的攤販和商店，包括裝在鍍金相框裡的徽章和人像，還有會播放相當於共產黨國歌的「東方紅」的打火機。這裡有很多以毛澤東特色為招牌的餐廳。過了一會兒，我在一塊小農田旁邊找到一間供應他們自己的一套「毛家菜」的安靜旅社，並和這裡的老闆娘聊了起來。在啾啾的鳥鳴聲陪伴下，我們坐在陽台上邊喝茶邊聊了一個小時，或更久；她指給我看她種的菜和果樹，回憶一九五九年她還是小孩時，被高喊著「毛主席萬歲」的群眾抬高時和毛澤東的一面之緣。過沒多久，我們就進廚房去看她做毛澤東最喜歡的一道菜：紅燒肉。

原來劉女士是韶山共產黨毛書記的妻子。在他們家客廳裡，毛書記和妻子有一尊我在民宅裡看過最大的毛主席雕像。這座放在黑色大理石座台上的半身像，比真人尺寸還大，占據了客廳裡電視機旁邊這個最重要的位置。更不尋常的是，雕像居然比電視還大。那天晚上我和他們一家人，以及借宿在樓上的共產黨玫瑰創業家一起吃晚餐，菜色除了我看著劉女士做的紅燒肉之外，還有毛澤東喜愛的其他菜餚，包括辣椒火焙魚和蘿蔔乾炒臘肉。

毛書記說：「毛主席很喜歡吃紅燒肉，當他的醫生因為這道菜肉太肥，建議他少吃一點的時候，他立刻勃然大怒。不過這道菜其實很健康，我每天都吃兩碗補腦。你也應該要吃，因為這對女性美容也很有幫助。」

毛書記不是我在韶山唯一認識姓「毛」的人。事實上，我在韶山遇到的每個人幾乎都姓毛，因為和大多數的中國村莊一樣，這裡的村民多多少少都有血緣關係。（傳統上女性會嫁到別的村子，男性會從外地帶妻子回來，生下兒子繼承家族香火。）所以韶山人對於毛澤東這位有名的同姓宗親有著如同家人般的感情，也不至於讓人感到意外。

這座村子特別會引發共產黨人的緬懷之情，讓時光倒退，回到那個消失的年代。這裡的人有時候還是會互稱「同志」，但在中國其他地方，現在只有同性戀才會用這種稱呼；對他們來說，這個稱呼帶著顛覆、虛偽的意味。

毛澤東的祖宅是泥磚砌的合院式建築，現在是開放大眾參觀的博物館，屋裡所有的細節都被村民充滿感情地完美保留下來，滿屋子的共產黨宣傳文物讓你完全無法忽視。廚房裡燒柴的灶上方掛著晒臘肉用的架子，爐火上方的掛鉤吊著燒黑的水壺，牆上的說明牌這麼寫著：「就在廚房的爐火旁，毛澤東召集了全家人，鼓勵他們投身解放中國人民。」旁邊的房間據說是「毛澤東小時候幫助他母親做家事的地方。」這些真實性有待商榷的資訊主要以學生和農民為目標觀眾，這些人成群結隊地參觀這間屋子，還在大門外照相。

當然，韶山居民都要感謝毛澤東讓這裡的觀光業如此蓬勃，所以他們為了賺錢而將他包裝為國家英雄也很合理。但其實他們不只是為了錢而已，而且韶山村民對這位讓他們的國家歷經重大浩劫的人不可動搖的熱愛，也不是獨一無二的。綜觀全湖南省，就連那些在其他方面知識淵博、思考理性的人，也都把毛澤東視為這個國家最後一位偉大領袖，是讓這個國家在歷經一個世紀的羞辱後，重新贏得尊嚴的功臣。當他們想起他的「錯誤」，也就是文化大革命時，會稍微苦笑一下，但他們還是原諒了他，畢竟人非聖賢，孰能無過？

他們甚至不怪毛澤東造成了那場可怕的災難：一九五八到一九六一年的人為饑荒。中國的歷史學家估計，這場饑荒造成至少三千萬人死亡，但大家一直告訴我：「那時氣候不佳，作物歉收。」我分不清楚他們是真的這麼相信，或者他們這麼說只是因為真相太令人傷痛，以至於他們難以坦承面對。共產黨對毛澤東的正式定論是：「百分之七十正確，百分之三十錯誤。」但湖南人的看法，就像我的一位朋友告訴我的：「比較像是百分之九十正確，百分之十錯誤。」

毛澤東的堂侄坐在我的旁邊，他也同樣姓毛。他吸了一口菸，回想他一九五九年曾和他的堂舅一起吃過一次晚餐。「他很風趣，是個反應機智的人，說話帶有韶山腔。最好玩的是，你以為像他那麼有地位的人會抽上等的香菸，但他喜歡抽的其實是『珞珈山』牌的香菸。這是湖南生產的，一包才兩毛錢。」

我們在韶山賓館吃午餐。毛先生是當地政府的官員，也是我住的旅社黨書記老闆的朋友，他同意和我聊聊毛家菜。我們坐在擺滿菜餚的桌前，滿滿一盤的紅燒肉當然沒有缺席，調味用的是八角、薑、辣椒，另外還有大蒜和辣椒炒的帶殼蝦，豆豉調味的炸魚，加了中草藥煮的肚片湯。不過毛澤東最喜歡的菜，大部分都是簡單的農家菜，像是家常豆腐、蕨菜肉絲、小炒苦瓜、南瓜羹。

各方說法都表示，毛澤東直到死前都維持湖南農民的飲食習慣。他愛吃辣上了癮，最有名的是他曾經對一位蘇俄大使說：「不吃辣椒不革命。」據說他在晚年時，曾駁斥建議他為了健康少點吃辣椒的醫生：「如果你怕碗裡的辣椒，怎麼會有膽對付你的敵人？」

毛澤東厭惡中國高級料理的軟弱風格與珍稀食材，正呼應了他對辣椒的強硬態度。我住在長沙時認識了負責在毛澤東回湖南時掌廚的大廚石蔭祥。石師傅告訴我，他第一次幫毛澤東做菜時緊張得都要癱瘓了，所以他問遍主席身邊的每個人，打聽主席喜歡什麼樣的口味，好讓他擬定適當的烹飪策略。幸運的是，毛澤東很喜歡他準備的農村料理：炒辣椒的臘肉與臘魚，豆腐和高麗菜，還有一般認為只有農夫才吃的野菜，以及鄉下人非不得已才會吃的雜糧。事實上，因為毛澤東太喜歡這些菜了，他甚至命令隨行的其他廚師都要跟石師傅學做菜。

毛澤東粗獷的口味以及他厭惡精緻食物的態度，不禁讓人懷疑這是不是促使他居高臨下摧毀菁英份子與中產階級文化的原因之一。精緻餐飲一直都是中國富豪最外顯的特色。在清朝末年，滿清高官依然會在官邸裡養自己的廚子，舉辦奢侈的酒席。湖南省會長沙就以華麗的高級餐廳聞名，最頂尖的十間餐廳被稱為這一行的「十柱」。在一九一一年推翻帝制後，國民黨的菁英份子在飲食方面也接下了帝王前人的衣缽，譚延闓就是一個例子。他是湖南的儒生，曾擔任國民黨政府的行政院長，對美食異常地執著。他會在廚房裡監督他的私人廚師曹敬臣，對枝微末節都有意見，還會鉅細靡遺地評論每道菜。這兩個人發展出的烹飪風格美味到自成一派，以譚延闓的字命名為「組庵菜」。

在此同時，中國的窮人卻在挨餓，共產黨運動也愈演愈烈。美國作家裴克曾描述在日本侵華的艱苦日子裡，他看見國民黨官員在餐廳裡大吃大喝，一家難民卻在外頭「勉強睜開眼睛，用飢餓的眼神」，沉默地盯著那些食物。對共產黨來說，食物是政治議題。毛澤東在一九二七年寫的湖南農民運動報告裡，就描述了貧困的農夫如何報復那些壓榨他們的地主，婦女和小孩闖入廟裡的宴會搜刮，新的農民組織禁止富人的娛樂活動，高級餐飲也是其中一項。韶山這裡則決定「酒席上只能出現三種動物肉類：雞、魚、豬。」

共產黨在一九四九年內戰結束後取得中國，戰敗的國民黨撤退到台灣，也帶走了他們家中的僕役，當中包括中國最頂尖的廚師。四十年來，他們認為自己扮演了保留中國美食文化的守護者角色。同一時期，在中國大陸的共產黨開始實施他們的社會主義經濟改革。一九五六年，他們將全國包括餐廳在內的私人企業都收歸國有，中國餐飲自此進入了漫長且令人悲傷的凋零期。儘管新政府的齊頭式政策目標是讓一般大眾都有飯吃，但造成的結果卻是一場大災難。一九五八年，毛澤東推動「大躍進」政策，這個大規模運動的目的是推展工業化，徹底改革農業，讓中國經濟趕上西方強權。政府將農民組織成小單位的公社，鼓勵大家在後院裝熔爐煉鋼；家裡做飯的鍋子都被丟進熔爐裡，人民也被禁止自行烹飪，只能在公社的大眾餐廳吃飯。種種瘋狂的農業政策開始在全國各地扎根。

在集體自我欺騙的氣氛下，地方官員為了贏得長官的讚賞無不卯足全力，紛紛提出離譜的作物和鋼鐵產量報告，人民也真的相信自己正活在前所未有的富足年代，於是縱情大吃大喝。到了一九五八年底到五九年初的冬天，村莊的糧倉已經空空如也。僅存的稀少糧食都被送到大都市裡，有些甚至還出口，此時農村卻在鬧饑荒。接下來的三年裡，死亡人數估計達到三千萬，這些屍體都暴露在田中，因為沒有人有力氣去埋葬他們。農民不只吃鞋皮、樹皮，在最絕望的時刻，甚至要靠吃人止飢。

「大躍進」沒有扼殺毛澤東的政治生命。接著他在一九六六年展開了「文化大革命」，目的是打擊他黨內政敵的名聲。這場對中產階級文化與中國傳統的粗暴攻擊，對中國人包括飲食在內的所有生活層面都有重大影響。出名的老餐廳被鼓勵要「為革命盡心」，提供「面向大眾，經濟實惠」的粗飽食物，而非他們著名的昂貴料理，很多還被迫改用新的、有革命精神的名字。在長沙，老牌的「合記粉館」改名為「今勝昔」。湖南北方城市岳陽的「味臾酒家」也變成了「愛群」，餐廳原本的主人也因為資本家的身分而被鬥倒。長沙過去拜火的廟宇「火宮殿」則遭到附近委員會的破壞，他們拆下這裡最重要的木頭匾額，拿去當成桌面使用。

過去三十年，中國漸漸從文化大革命中恢復。從鄧小平在八〇年代實施改革開放計畫以來，這個國家的經濟開始蓬勃發展；在基本糧食受到限制多年以後，很多中國家庭的桌上開始出現肉類。也許中國文化的某些層面，在文化大革命中受的傷害已經嚴重到難以恢復的程度，但是就很多方面來說，這個國家已經開始重新站穩腳步。跡象之一就是中國美食與高級烹飪的復甦。如同半個世紀以前，富裕的老饕現在也坐在宴席裡享用珍饈美饌，識字的男性（現在還有女性）會書寫關於食物的文章，有天分的廚師想盡辦法炫技，讓他們的客人眼花撩亂。毛澤東這個吃烤玉米、農家炒肉、野菜的飲食粗人，想必難以安穩地長眠在天安門廣場的陵墓裡。沒有證據顯示他曾因自己對中國的破壞而後悔。事實上，他對此似乎還沾沾自喜。毛澤東相信，你不能透過政治辯論和對話改變世界，暴力和鬥爭才是關鍵。他在一九二七年的湖南農民運動報告中，寫下了廣為人知的一句話：「革命不是請客吃飯。」

我住在湖南時，經常看見大躍進和文化大革命所造成的悲劇影子。我透過長沙的朋友認識了一對親切的夫婦，和他們度過了一個難忘的春節。孫為民是一位美術與書法老師，他的妻子陶林在幼稚園工作。陶林在偏僻的鄉村裡長大，從學校畢業後加入了大批移工的行列，前往南方的廣州工作。幾年後，她的眼界開了，決定搬到北方的湖南城市岳陽，並且透過當地阿姨的介紹和孫老師相親。

那年元月我們三個人一起從岳陽搭巴士和船，回到陶林長大的村子，她的父母都還住在那裡。那是個美麗的地方，有優美的湖和瀑布，陡峭的山上覆蓋了松樹和竹林。我們在農家的客廳裡坐了好幾天，玩牌聊天，倚著桌下炭盆的餘火暖腳。陶林的母親和嫂嫂也許會在廚房裡切菜準備晚餐，她的父親則慢條斯理地東摸西摸。鄰居不時地會從屋前沒有圍牆的院子走進來，抽幾根菸、喝杯茶才回去。陶林的兄弟都從廣州工作的地方回來過年，她和她的丈夫則是從比較近的岳陽回來，此時全家團聚，大家都有過節的歡喜心情。她的父母住在幾年前蓋的一間鋪著白地磚的時髦房子裡，取代了他們原本用夯土做地板，隨時可能垮掉的舊農舍。家裡的食物非常豐富，每餐都有肉、米酒，還有兒子從南方帶回來的點心可以吃。

但這種快樂的家庭氣氛底下，其實藏著中國常見的悲慘過去。陶林的母親十二歲時就在饑荒中成了孤兒，她的父母死於疲勞與營養不良。她的十一個弟妹裡，有些被送給其他家庭，有兩三個則活活地餓死。陶林的父親記得自己曾經到處尋找噁心的「代食品」，像是根本不能吃的野樹葉和樹根。他告訴我：「現在的動物過的日子比我們那時候還好。」他本人相當親切溫和，會說一點點英文，當時是當地學校的老師，因此在文化大革命時也成為了鬥爭的目標。在地方官員的鼓吹下，那些對他做盡折磨之能事的文盲，都是他的鄰居，有些還是他的親戚。他現在依舊和他們住在同樣的地方，甚至和一些人是好朋友。他已經原諒了他們所有人。

不只是這樣而已。孫老師的父親是國民黨的鄉長，所以他父母在內戰結束後也是黑名單上的一員，兩人於是被送到勞改營。他父親在鬥爭的羞辱下最後選擇自殺，他的母親因為勞動和營養不良日漸衰弱，在他十二歲時死於不治之症，留下他和他的兄弟在田間勞動，自己照顧自己。了不起的是，他後來自學繪畫，並且成功進入美術學校就讀。不知道為什麼，他並不怨天尤人，而是將過去視為不可逃避的命運，並且接受這一切。事實上，他還是我認識最開朗的幾個人之一。我和他與陶林住在岳陽的那段日子裡，他每天都會早起練書法、唱歌。

我的父母在英格蘭搖擺的六〇年代長大，他們從來沒挨過餓，因此對我這種人來說，這些悲慘的人生故事簡直難以理解。但在中國，這些故事稀鬆平常。只要你揭開表面，往下挖掘，幾乎每個過了某個年紀的人都能告訴你類似的故事。然而儘管如此，陶林的父母家中還是有一張毛澤東的海報，掛在麻將桌上方這麼顯眼的位置。一起來開心過年的陶林嫂嫂告訴我：「我們希望他能保護我們，帶給我們平靜與安全。」

等到我終於要出版《湘菜譜》的時候，出版社和我決定要用共產黨的紅色做書衣，用中國國旗的金色五星裝飾。重複出現在書頁裡的主圖樣就是毛澤東《毛語錄》的封面，還有文化大革命徽章上描繪的他的笑臉。

有幾個批評家因此對我窮追猛打。其中一位在《周日電訊報》（*Sunday Telegraph*）上寫道，這本書裡提到的毛澤東以及歷史背景讓她倒盡胃口；另外一位則懷疑，一個人要迫害多少人才能讓一道菜以他為名；一位幫《紐約時報》（*New York Times*）寫文章的記者則對我們廣泛使用毛澤東圖像表示不滿。聽起來雖然很奇怪，但是他們的批評完全出乎我的意料。

我絕對不會在壁爐架上放希特勒或是烏干達獨裁者阿敏將軍的雕像，但許多西方人眼中同樣也是暴虐獨裁者的毛澤東，卻在我倫敦公寓裡的燭台和邀請函之間微笑揮手。我知道他要為千萬人的死亡負責，我曾經親身接觸過他的政治活動所造成的後果。但同時毛澤東也以一種詭異的方式，成為我的文化與情感地圖上的一份子。我搭乘巴士和計程車時會從後照鏡裡看見他的圖片在搖晃，我很多朋友家的起居室裡也都掛著他的圖片。他已經不只是一個「人」了，而是中國二十世紀整段苦不堪言的悲劇的象徵：從共產黨早期天真地滿懷希望與不顧後果的樂觀，到文化大革命的災禍連年。他的存在讓我所知道的中國憂懼驚恐。但不管怎麼樣，我現在已經很習慣他了，我已經麻木了。

對我來說，這些批評赫然提醒了我：充分融入另一個文化是要付出代價的。這是風險很高的行為，可能會侵蝕你對自己根本的理解，強烈改變你的身分認同。我到了湖南才真正在中國失去了自己，我決定要像個中國人一樣生活，我也真的這麼做了。在那幾個月裡，中文是我的日常語言，我所有的時間都和中國人在一起。每個人都只知道我的中文名字「扶霞」，而不是英文的 Fuchsia。外面的世界漸漸消失在我的視野範圍中，我發現自己不只講起話來像劉偉之、三三，還有他們的朋友，就某些方面來說，我連**想法**都和他們類似。我一度覺得自己和我的家鄉還有成長背景已經完全脫鉤，所以我可能永遠都不會離開中國了。就在那時候，我心裡想：我真是一隻太稱職的變色龍，居然連自己的顏色都記不起來了。

## 毛氏紅燒肉

五花肉（通常會帶皮） 五〇〇公克
豬油或者植物油 二湯匙
白糖 二湯匙
料酒 一湯匙
帶皮的薑切片 二十公克
八角 一粒
乾紅辣椒 二根
桂皮或肉桂條 一小塊
生抽、鹽巴、糖 調味用
蔥段 些許

一、五花肉放進滾水，用小火煮三到四分鐘，半熟即可。從鍋中拿出來放涼到可以處理後，切成兩到三公分厚的塊狀。

二、用文火加熱油和糖，糖融化後把火轉大，把融化的糖炒到深焦糖色後，放入豬肉並倒入紹興酒。

三、加入分量恰好蓋過豬肉的水，再放入薑片、八角、辣椒、桂皮。水滾後把火轉小，燉煮至少四十五分鐘。時間快到的時候把火轉大，收乾湯汁。加入生抽、鹽巴、少許的糖調味。上桌前再放入蔥段。

## 第十一章

# 香奈兒和雞腳

當我終於離開湖南要飛回倫敦前，我和幾個英國朋友在香港待了幾天。這幾天裡，我覺得自己無所適從。我不知道該怎麼表達我的意思，也忘記怎麼做出正常英國人的舉動。羅伯是我從青少年時期就認識的朋友，他和妻子萊絲莉一起幫我脫離我的中國生活，恢復當一個英國人的輕鬆自在。

在我來來回回旅行的那幾年裡，我逐漸認為香港之於我，就像是幫助潛水過後的人適應大氣壓力的減壓室，是我在故鄉和中國間的中途之家。這從我第一次前往中國時就開始了。當時我先住在表哥薩巴斯汀位在香港島灣仔的公寓，對於即將來臨的中國之旅非常害怕，懷疑自己究竟能不能完成這段旅程。每天早上醒來，我透過窗戶看向中國大陸，害怕得直打寒顫。

香港溫柔地幫助我跨過邊界。就某些方面來說，這裡也是中國，但在某些方面來說又不是。我能在東方文華酒店的船長酒吧裡和英國朋友碰面，喝杯雞尾酒，也能在灣仔溼漉漉的市場看著活生生的魚被開腸剖肚；我可以在中環逛街欣賞光鮮亮麗的設計師精品店，也能在九龍熱鬧的後街裡逛到忘我。我記得第一次的旅程裡，我走進上環舊中國商業區的文武廟。那是個類似洞穴的空間，裡頭有紅光和金光閃閃的裝飾。搖曳的燭光照耀下，有老太太在搖籤筒求籤；鍍金的陌生雕像，燃燒的圈狀線香，讓我全身起了雞皮疙瘩。可是當時我可以搭計程車離開，回到我熟悉的世界，跟薩巴斯汀和他的女友碰面吃晚餐，用英文交談。等到我搭上進入真正中國的火車時，我的恐懼已經減少，也做好了第一次面對中國的準備。

三年後我從成都結束烹飪課程要回家時，我又到薩巴斯汀那裡小住了一段時間。當時的我再一次地處於創傷過渡時期的狀態。在過去的十八個月裡，我完全融入中國的生活，和故鄉的人幾乎沒什麼接觸，連我的家人都不例外。我完美的牛津腔英文已經消失無蹤，因為我太習慣和以英語為外語的人交談了。在四川大學的宿舍裡，我們混合了英文和中文，還有一點義大利文和法文，創造出了一套專屬於我們的交際語言。所以我已經習慣講各式各樣根本不是英文的英文片語和詞彙，連我的語法都有點像外國人。我記得我的打扮也很邋遢，腳上是解放軍的靴子，身上是便宜的中國成衣。我覺得自己像個農民，和香港光鮮的現代化完全沾不上邊。

薩巴斯汀讓我坐下，告訴我從我離開後發生的所有事：綠洲樂團、英國流行樂、國家彩券。還有這個新玩意，他說：網際網路，大家都在談這東西。它會改變我們做**所有事**的方法。新聞、車輛、西方廣告，還有香港瘋狂的生活步調，一時間全部朝我襲來，我就像是被砲彈嚇得休克的人一樣，不是真的很了解他到底在說什麼。

那一周我的心情相當沉重，離開四川讓我痛苦不已。在一個陽光普照的下午，我站在香港島大潭水庫旁的隱蔽角落，練習我在成都道觀花園裡向老師傅學的氣功，試著感受現在、即將發生的未來，還有我所拋下的過去之間的連續性。等到我終於回到在牛津的父母家，我已經做好了心理準備，就像一個長年在海上生活的人，準備好重新回到陸地上的感覺。

如果我沒有先到香港這個減壓室，連至少先去上海或北京這些減壓能力稍弱的地方都沒有，就直接前往中國這個海底深處，那麼我就會被壓得不成人形。舉例來說，我直接從倫敦飛到長沙，只在北京短暫停留轉機那次，結果就是一場災難。我覺得自己被連根拔起，困惑得害怕不已。混合了英語、中文、湖南話的語言雜燴湯，讓我的舌頭失去能力，我發現自己至少有幾天不能正常與人社交。香港給了我一個空間，讓我能鼓起勇氣進入中國，也讓我在回家的路上能整理思緒。

香港之所以能夠這樣，是因為這裡的每個人都身在邊緣，就像這個地方本身一樣。我的香港朋友了解每天都要處理各種文化是怎麼一回事，我們能在東西方之間隨意擺盪，吃東西兼容並蓄，對話時也不需要多加解釋，這真是讓人大大地鬆了一口氣。香港的多元文化和國際化是中國絕大多數的地方都還無法企及的，就連計程車司機都同時會說廣東話、中文，還有英文。

這段時間裡，有時候我會處於純英國的環境，像是倫敦光鮮亮麗的私立學校校友晚宴，這時我會覺得自己像是外國人，因為我有不一樣的觀點和旅行的奇聞軼事。而在中國，我當然還是老被當成大鼻子的野蠻人。但是自從第一次鴉片戰爭在一八四二年結束，英國政權從中國手中取得這個看起來沒什麼前途，但有天然屏障的深水港之後，香港這個島嶼便成為了一個混血兒。香港人在選擇早餐時，對可頌麵包配義式咖啡或雞腳配烏龍茶都能一視同仁；他們可能會去外面吃一點「醬油西餐」，或是在同時賣乾鮑魚和西班牙榲桲果醬（membrillo）的店裡買菜；每個人吃炸蝦點心時都會沾沙拉醬，腐皮捲裡包的是英式辣醬油（又稱「伍斯特醋」，Worcestershire sauce）。對觀光客來說，這根本是偽劣的雜種，但是在香港，這一切都順理成章。

我透過老朋友的介紹認識了冷玫瑰，因為他覺得我們會合得來。雖然一開始我們好像天差地遠，畢竟冷玫瑰是個跑遍世界做生意的精明女人，而我只是住在東倫敦鄉下地方的作家，但是我們卻有說不完的話題，因為儘管冷玫瑰的外表嬌小，長相精緻得像隻小鹿，總是打扮得完美無瑕，但她其實是個頂級老饕、餐廳偵探。

只要我計畫要去香港，我就會寄電子郵件給冷玫瑰，然後在那天結束之前我就會收到她的第一封回信。在後續的許多信裡，她每一封都會提議我們還可以去哪些餐廳和食品商店，去品嘗哪些好菜，和哪些食物名人碰面。冷玫瑰很八面玲瓏，就和很多迷人又富有的香港中國人沒兩樣。她在芝加哥由中國父母扶養長大，英文、廣東話、上海話都說得很流利，普通話也還過得去。不管在中國或是國際社會裡，不管吃的是中國菜還是西方菜，她都如魚得水。她可能這個周末要飛到巴塞隆納，在世界上最高級的餐廳「伊爾布利」吃晚餐，下一周就擠在上環狹小的樓上餐館，用手吃生螃蟹，啃潮州滷鵝配薑醋。

在家裡，你可能會發現她自己會用茶葉燻生蠔，做嫩煎鵝肝醬，或是用鹽巴和糖釀桂花。在她全球走透透的商務旅行途中，只要我們有機會在倫敦碰面，她一定會從她優雅的設計師手提包裡，拿出她特地藏好為我帶來的中國好料，可能是上海的乾苔條和扁尖筍，或是香港的特製XO醬。

我們在五年前第一次見面後沒多久，冷玫瑰就替我們共同的朋友和我，在「寧波旅港同鄉會」的餐廳安排了一場周日午餐。那是我自己絕對找不到的那種餐廳，藏身在一間辦公大樓裡，官方規定只開放給同鄉會會員使用。冷玫瑰用流利的上海話幫我們點餐，那次的餐點讓我大開眼界。有蛋黃像流動的黃金般的燻蛋，滑嫩又順口的「蛤蜊燉蛋」，和竹筍、香菇一起燒的「麵筋塞肉」，還有麻油拌豆腐乾和碎馬蘭頭葉的「香干馬蘭頭」，雪裡紅與豆瓣酥做成的絕妙蠶豆泥，以及最讓人吮指回味的生冷黃泥螺泡甜紹興酒，螺殼又薄又脆，整顆螺都能吞下去。後來的芝麻大餅和筍炒年糕更把我們的肚子都填得飽飽的。

這正是中國烹飪多樣化的證明，在我傾注心血研究十餘年後，不僅我每次到中國都還會碰到新的食材和新的菜餚，就連在日常生活裡我也常常會有新發現。即使在我最熟悉的中國城市成都，我都不時會有意外驚喜。而在香港這個我每隔幾年就會短暫停留的地方，新東西的出現更是又快又多。有冷玫瑰這樣的朋友當然幫助很大，這種人像是能聞出松露位置一般，用鼻子就能找到藏身在隱蔽小巷裡的美食珍饈。現在我想到香港，就會想到這些美食小探險，可能是在地下室的簡餐店、熱鬧的傳統市場、意想不到的地方的餐廳，或是上環或中環後巷裡的茶樓。

冷玫瑰介紹我的其中一個地方是「蓮香樓」，這間在威靈頓街的茶樓是少數保留舊式香港茶樓文化的地方。我有一天早上去吃早餐，馬上就對那裡產生了好感。在外面，一個女人才剛開始在書報攤擺放當天的報紙，但在剛過早上六點的此刻，裡面已經忙得不可開交。此起彼落的廣東話交談聲，讓餐廳裡的空氣鬧哄哄的。大部分的客人都是老人或中年工人，有些人單獨坐著，一邊專心看報紙，一邊咂嘴喝茶吃早餐；有些人則和朋友說長道短。早起的我還睡眼惺忪，才剛在玻璃桌的一端找到一個安身之處，服務生馬上如旋風般擺好我的茶杯碗筷和一壺普洱茶。很快地，女服務生就推著車子經過，邊走邊喊出各種餃類和小點的名稱。其中一人掀開堆成小塔的蒸籠蓋子，遞給我叉燒包和一小盤毛肚，另外一盤是荷葉包的糯米雞。送茶的服務生拿著茶壺跑來跑去，忙著補充喝完的茶壺和茶碗。每幾分鐘就會出現一群新客人，然後吵鬧的聊天聲就變得更大，伴隨著茶杯交碰的清脆聲響。

蓮香樓不是什麼精緻的地方，地板上的磁磚破舊，有金屬痰盂，還有掛在天花板上的電扇在你眼角呼呼地吹，牆上雜亂地掛著裱框的書法作品，紅色的塑膠板上寫著供應的點心和餃類。那天和我坐在同一桌的鄰居當中，有一位擔任辦公室清潔工的五十歲黃先生，他四年來幾乎每天都來這裡吃東西，這樣才能讓他每天早上準時起床打卡。他戳戳杯子裡那堆龍井茶葉，跟我說：「這裡茶好，水好，老闆也很聰明，不會騙我們。他知道怎麼讓大家開心。」他的朋友，八十三歲的劉先生告訴我，他五十年來都是這裡的常客：「我每天都來，有些員工也在這裡做了幾十年。這裡什麼都沒變，食物的品質也是，所以我才會一直來。」

蓮香樓在一九二〇年代開業後曾經搬過很多次家。香港在一八四〇年代開始出現這類的茶樓，但是直到一八九七年這些茶樓才興盛起來，因為那時候的英國官員廢除了中國人的宵禁。從一九二〇年代到一九四〇年代，茶樓在香港各地如雨後春筍般興起，他們在戰後的經濟起飛當中扮演了關鍵的社會功能。當時居住在擁擠住宅內的家庭，能使用的烹調設備相當有限，有些甚至沒有廚房。茶樓便宜又方便，不管是家庭聚餐、請客吃飯、商談生意都很適合。有些茶樓還因為特定行業而聞名，例如「襟江酒家」就是鐘錶珠寶商經常前往的餐廳；還有一些則是可以玩桌上遊戲或以音樂娛樂節目聞名。也因為去茶樓在香港人生活中太重要了，大家開始會用「喝茶沒」而不是傳統的「吃飽沒」來問候彼此。

在茶樓裡吃飯稱做「飲茶」，而餃類等小吃則統稱為廣東話的「點心」。「點心」是個很有意思的詞，在英文裡使用了音譯而沒有直譯，不過它帶著類似「碰到心坎裡」的意思。這個詞至少可以追溯到宋朝，根據史料，這個詞指的是通常在早餐時會吃的小點。雖然中國各地都有點心，但是香港和廣州南部的點心式樣應該是最豐富、最讓人眼花撩亂的。

蝦餃是最有名的精緻蒸餃點心，如果做得好的話就更是完美。點心師傅會用菜刀刀背把白色的澄粉麵團壓成完美的小圓片，包入稍微調味過、混合了清脆竹筍丁的全隻蝦仁餡。很快蒸熟了以後，蝦仁淡淡的粉紅色會從珍珠白的透明外皮中透出來，邊緣捏得漂亮整齊，蝦仁既脆又嫩，軟軟的外皮在嘴巴裡產生黏黏的口感。腸粉是米漿糊淋在細棉布上，蒸熟成一片薄薄、滑溜的皮，用來包炸油條、叉燒或是新鮮的蝦仁，淋上甜醬油一起吃；內餡可以自由選擇，用刀鏟翻幾下就能包好。蒸叉燒包的外皮又膨又軟，開口笑的白色麵皮露出了用甜甜鹹鹹的醬汁調味的豬肉。

吃點心當早餐或是午餐是很隨興，通常也漫無章法的事，不過還是有少少幾條屬於吃點心的規矩。如果要謝謝主人幫你倒茶，你可以輕輕用食指和中指敲敲桌面，據說這種習俗可以追溯到十八世紀晚期。過去的帝王經常微服出巡，以確實了解國土內的百姓生活；當時的乾隆皇帝在某次隱姓埋名到南方探訪民情時，和幾位隨從來到了一間茶樓。當皇帝幫大家倒茶時，所有的隨從都相當慌張，因為根據宮廷禮節，他們必須下跪謝恩，可是現在又不能洩漏皇帝的真實身分，因此他們就用兩隻手指頭輕敲桌面，象徵迷你版的磕頭動作，為這個在世界各地的廣東人社區至今依舊常見的習俗立下了基礎。

隨著房地產的價格飆漲，餐飲業界的競爭日趨激烈，香港茶樓的全盛時期也跟著畫下句點。（香港人會打趣說：「會動的就吃掉，**不會**動的就在上面蓋房子。」）這些占地廣大的茶樓被拆毀，由摩天大樓取代它們的位置，有些搬到了新的地方，但大部分都直接關門了。現在大家會蜂擁到蓮香樓，感受一下過去的時光，或到附近中環比較時髦的「陸羽茶室」。陸羽是八世紀唐朝的文人，《茶經》的作者，而陸羽茶室在一九三三年開始營業，現在還保留了木頭門板以及富麗堂皇的氛圍。這裡其實在二〇〇二年時是三人兇殺案的命案現場：當地的一位地產大亨在這裡吃早餐時，頭部遭到槍擊。每天早上，你在這裡依舊能看到女服務生把放著點心的拖盤掛在脖子上走動叫賣，這是推車出現前的服務方式。

在蓮香樓吃過早餐後，我信步走進中環的街道。市場裡有位老婦人在剝綠色的橘子皮，強烈的柑橘類香氣飄散到空氣中，附近的小麵包店裡傳出蛋塔剛出爐的濃郁香味，市場的攤販上掛著臘肉和臘腸，屠夫在木頭砧板上揮著菜刀。店頭後方庇佑生意的神龕前亮著紅色的燈。香港島的天際線可能是世界上最為超現代的，這裡的建設非常有效率，甚至會讓你以為跟一百萬人擠到南海上的一小塊地也沒什麼問題。但是在街道上，離開了那些設計師名店和高級飯店後，你還是能感覺到這裡的韌性和強烈的五官感受，以及賦予這片城市領地永恆吸引力的，與更古老的中國呼應的特質。

在潮溼悶熱的一天，冷玫瑰傳簡訊告訴我一間餐廳的地址。這間餐廳不是很好找，藏身在娛樂區的小吃店和酒吧之間。難以形容的入口處沒有任何的標示能讓人聯想到這裡可能是吃飯的地方，只有一個門牌號碼，還有通往裡頭的潮溼混凝土走道。可是地址看起來是對的，所以我走了進去，按照指示搭著又小又陰暗的電梯上到四樓。我在四樓不小心走進了一間花店，裡面有個中國女人在修剪玫瑰的葉子。「你是來找餐廳的嗎？」她問我。我點點頭，她指了指一間有鐵閘門的公寓門口，上面的招牌寫著進出口居家用品的公司名稱。看起來不值得期待，不過門牌號碼對了，所以我按了門鈴。

幾秒鐘後，內側的門打開了。鐵門後出現一個男人的臉，茫然地看著我。我懷疑地問：「這裡是賣午餐的地方嗎？」他花了一秒喀喀打開鐵門，請我進屋裡。在這間小小髒髒的屋裡，牆上的櫥櫃塞滿了文件和一箱箱的紙巾和桌布，靠近天花板的架子上堆著更多的箱子，就像是一間居家用品進出口公司該有的樣子。如果不是小小廚房裡飄出的迷人香氣還有滋滋的炒菜聲，以及三張擺好餐具的圓桌，我一定會覺得自己是在一間辦公室，不是在餐廳。

很快的，冷玫瑰和她的廣東女性朋友都到了。我們圍著桌子坐的這個房間，以前好像是一間臥室，因為旁邊有固定式的衣櫃。其他客人陸續到達後，幫我們開門的那位男子開始從廚房裡端出菜來。有滷鴨和豆皮、蚵仔煎、川椒蝦球、芥藍菜炒方魚乾，還有鹹檸檬雞湯。全部都很好吃，而且這頓午餐周遭的祕密氣氛以及冒險的感覺，讓食物變得更加美味。

這間餐廳——就算它有名字我也不會告訴你——是香港所謂的「私房菜」餐廳之一。這些非法的小規模飯館在一九九七年亞洲金融風暴後崛起，是避開稅務人員和政府官僚賺點小錢的方法，靠大家口耳相傳做起生意。有些生意好到要排隊幾個月才吃得到。

從早期它們快速增加的時候開始，政府就一直想要規範它們，很多賣私房菜的店家後來也成了合法的餐廳。但你只要認識冷玫瑰這種有門路的人，還是能找到這種奇怪的地下餐館。我們那天吃午餐的地方，就是在進口公司的辦公室裡非法營業的飯館。

為什麼像冷玫瑰這樣成熟幹練的女強人，會想在這種狹小的便宜餐館吃飯？部分原因是追逐其中所帶來的刺激感。找出這些傳說中的餐廳，占據當中的一張桌子，會讓你有在萬人之上的感覺。對於當地人來說，欺瞞政府逃稅、用低廉的價格吃一頓上等的飯菜，無疑也是一種樂趣。不過最重要的，在這些地方吃飯還有一絲微弱但吸引力無窮的可能性：也許能找到真正絕妙的正統中國地方料理。

香港是對「吃」這件事著了魔的城市。不論你到哪裡，都有人在吸麵條、吃餃子，或是在路邊的攤販買串炸麻雀。油炸的聲音和美味的香氣無所不在。我得警告你，如果你和香港的中國朋友開啟關於食物的對話，你就等於啟動了一輛難以控制的火車，車上裝載著關於食物的回憶、料理技巧，還有熱門餐廳推薦等資訊。

也因為這些熱情的真正關注焦點是在**吃**，而不是華麗的裝飾或是去什麼上流地點給人家看，所以大家在這方面一點也不勢利。他們知道你在破破的大排檔也許能找到香港最好吃的麵，在九龍的簡陋木屋裡也可能吃到色香味俱全的穆斯林油酥派。在塑膠桌面還有缺角的破舊後巷小吃店裡，看見有錢人打開天價的紅酒是常見的事。如果你走過灣仔的傳統市場，一定會看到附近停著有司機的賓士轎車，引擎沒熄火地等著他們的「太太」（香港對有錢貴婦的稱呼）去買絕對新鮮的蔬菜和海鮮，給他們家裡的泰傭或是菲傭做菜。所以如果一間好的「私房菜餐廳」做起了口碑，老闆接電話就會接到手軟。冷玫瑰也是好不容易才訂到那天一桌的位置。

這些私房菜餐廳都有自己迷人的古怪之處。我去過其中一間，它的開價根本就是香港的「伊爾布利」，而且我那一晚吃到的食物簡直就是融合各地烹飪實驗的大混戰，像是「蒸鵝肝醬佐糯米和焦糖青蘿蔔泥」。另外一間主廚的工作是生化工程師，但做菜是他的興趣，所以他晚上都在炎熱的爐子旁做牛做馬，端出現代化的上海佳餚：豆芽和新鮮黃花菜做的沙拉「金針銀芽」，用蜂蜜和醋做的「燒腩骨」等。一間最早開始營業也最有名的私房菜餐廳叫做「大平伙」，老闆是四川藝術家和他的太太，他們每周都從成都船運辣椒和花椒過來。老闆娘受過川劇的訓練，所以每天晚上在大約二十位客人用餐完畢後，她就會到餐廳裡唱戲。

我倒數第二次去香港的那趟旅行，是為了一篇關於餐廳和飲食店的報導。我的編輯要我寫出「香港飲食終極指南」。因為我對推薦內容很謹慎，但又只有五六天的時間可以運用，所以我幾乎每天從早到晚都吃個不停。首先我會吃點心、粥或麵（或兩者都吃），然後吃好幾輪午餐，下午在各個飲食店或小吃店間遊走，最後再以至少一頓的晚餐為這天畫上句點。我的探索範圍廣大，除了到半島酒店裡有好茶和極品桂香烤乳鴿的豪華「嘉麟樓」，我也到「麥奀雲吞麵世家」吃鮮蝦雲吞麵當午餐。

我在那一周裡吃了很多美食，但是最棒的是最後一餐，在「創發潮州飯店」吃的宵夜，這是在九龍城的一間潮州小吃店。潮州是廣東省東北方的地區，這裡的料理很有特色，在亞洲以外的地區很少人知道。九〇年代時，香港人有錢得沒地方花，所以用魚翅或海螺等珍貴（昂貴）食材做的潮州佳餚曾經風行一時。然而對我來說，這個地區的民間小吃卻更讓人食指大動。潮州人專精煮熟的冷盤肉類和海鮮，會搭配讓人眼花撩亂的各式沾醬。他們的美味滷鵝也是一絕。他們會用大蒜、辣椒、香菜浸泡生螃蟹和蛤蜊吃，用貝類做湯飯，做可口的蜜餞，還有讓人上癮的「橄欖菜」，這是用中國橄欖還有鹹芥菜做成的醃菜。潮州菜是我最喜歡的中國地區料理之一。

可惜我是進了創發後，才知道這裡會是我整趟美食之旅的亮點，偏偏我之前已經在九龍灣附近另一間潮州菜餐廳吃了晚餐。我本來打算在那間餐廳不要點太多東西，只要嘗嘗味道就好，但那裡的菜實在太好吃了，最後我吃了很多的糖醋伊麵、家鄉醬焗鴿、菜脯煎蛋、杬菜肉碎四季豆。我到創發時已經很飽，心裡盤算著要很快看一看就回飯店睡覺。但當我看見櫥窗上掛著的螃蟹，還有擺在其他桌上那些看起來好吃得不得了的菜時，我就知道打錯了如意算盤。我試著讓服務生了解我和我的廣東朋友其實都不餓，所以請他們給我類似必吃菜色的試吃品項。

結果我們又吃了一頓十四道菜的晚餐。這些菜當然都讓人難以抗拒。雖然創發看起來只是間髒髒的小吃店，擺著廣東式的桌椅，冰箱嗡嗡作響，塑膠地面也磨損了，牆壁上貼著用潦草中文寫的菜名紙張，但是這裡可能是香港最棒的道地潮州菜餐廳。

我們津津有味地吃下各式冷盤、沾普寧豆醬的熟魚肉、配棕色米醋的蟳、香氣四溢的冷盤肉裡包括出名的滷鵝和墨魚、大隻的琵琶蝦配梅醬、髮菜甜醬蝦餅、炸普寧豆腐、用芋頭和荸薺做成的超好吃裹肉、標準的潮州苦瓜黃豆鹹菜排骨湯。我們吃完以後，就和開動前一樣喝上幾小杯的鐵觀音當作句點。你可以想像，當我隔天到台北為另一篇文章進行美食研究時，我覺得自己隨時都會心臟病發。但那又是另一個故事了。

在那頓墮落的宵夜後，我搭計程車從夜幕低垂的九龍城貧困區回到半島酒店。我住在酒店裡有四個房間的套房，有好幾扇能俯瞰港口如畫美景的窗戶，還有私人望遠鏡與大理石按摩浴缸。一如往常，香港像是充滿對立衝突的地方；在這裡，我在中國的吸引力與想家的渴望中擺盪，我的中國自我與英國自我不斷衝突。而這個地方本身就代表了矛盾：富裕和貧窮、東方和西方、摩天大樓和街頭小販、供奉傳統財神爺的神龕和追逐財富的現代商業金融中心。不論如何，當我在按摩浴缸裡放鬆的時候，心裡覺得我度過的正是典型的香港的一天。

## 豉汁蒸鳳爪

配好茶和蒸饅頭吃的早餐。

雞腳 五〇〇公克
白糖 七十五公克
油炸用油
花椒 一茶匙
八角 一粒
桂皮 一片
帶皮的薑切片 二十克
蔥 二枝，僅取蔥白部分
鹽巴 四分之三茶匙
花生油或沙拉油 二湯匙
細蒜末 二茶匙
沖洗過的豆豉 一湯匙
蠔油 三湯匙
鹽巴 調味用

糖　調味用
少許芡粉加水混合
新鮮辣椒一根　切薄片

一、用深鍋燒滾一公升的水。
二、把雞腳尖端和指甲的部分切掉。
三、在滾水中加入七十五公克的糖，攪拌溶解後放入雞腳，水滾後再煮幾分鐘，之後將雞腳取出，放到旁邊將水分完全瀝乾。
四、將炸油加熱到攝氏兩百度，放入瀝乾後的雞腳，炸到金黃色後取出，瀝油備用。
五、深鍋裝一公升的水，放入花椒、八角、桂皮、蔥白、薑片，再放入雞腳，煮滾後再悶煮約三十分鐘，直到雞腳軟嫩後便將水倒掉，雞腳甩乾。
六、倒兩湯匙的花生油在炒鍋內加熱，加入蒜末簡單炒一下，讓香氣釋放出來。放入豆豉爆香幾秒鐘，加入蠔油後翻炒幾下，接著倒入一百毫升的水。
七、放入雞腳，水煮滾後視需要加入鹽巴和糖調味。攪拌幾分鐘，讓雞腳充分裹上醬汁，接著收乾醬汁。
八、可以馬上食用或是像飲茶點心的做法，把雞腳放進小蒸籠裡，灑上辣椒片保溫，想吃的時候再吃。

## 第十二章

# 帝王饗宴

小皇帝溥儀用稚嫩的聲音說：「傳膳！」所謂「晚餐」並沒有一個固定的時間，而是皇帝想吃飯的任何時間。「傳膳！」站在主殿上的小太監一個傳話給下一個，這道命令在太監間像是傳話遊戲的題目般，最後終於傳到專門伺候皇帝飲食的廚房：御膳房，廚師立刻開始動手備膳，沒多久，排成一列的太監就端著幾十個有金龍紋飾的紅色漆盒和用膳的桌子，小快步走進皇帝的住處。皇宮裡沒有專門用餐的房間，所以他們會在皇帝所在的任何房間擺設餐桌。桌子一共有六七張，兩張放平日菜餚，冬天時會有一張放各種湯品和有搖曳火光加熱的火鍋，一張桌子放點心，一張桌子放米膳，一張放粥品，還有一張放鹹菜。

中國皇帝用黃色的瓷碗吃飯，上面有象徵皇帝的龍紋。每道菜上都放了銀牌和銀筷子，因為這種金屬如果碰到毒物就會變色。（這其實是最後的預防措施，因為事前已經有一位太監試吃過每道菜，並且在皇帝用餐前接受仔細觀察，確認他是否出現任何不適症狀。）末代皇帝溥儀的面前只有少少三十道菜，在自己的寢宮用餐的隆裕太后則有一百道菜。皇帝是一個人用餐，但太監會在一旁監督，不管他吃了什麼，太監都會原原本本地回報給太妃，這是宗法規定的：「萬歲爺進了一碗老米膳（或者白米膳）、一個饅頭（或者一個燒餅）和一碗粥。進得香！」

現在的紫禁城只是一座博物館。一九一二年，共和的勢力推翻了中國兩千多年的帝制，年幼的五歲溥儀退位。然而在與新政府的奇特協議下，他和妻子、前任皇帝的妃子，還有大批的太監依舊在皇宮裡住了十三年，直到一九二四年他們才被軍閥馮玉祥的國民軍隊驅逐出宮。在那段時間裡，他的生活依舊比照過去的奢華與儀式，但他的權力則局限在暗紅色的圍牆內。一九四九年共產黨取得中國的統治權後，紫禁城維持一九一五年起成立的博物館型態，一些僕役也繼續住在皇宮的範圍內。不過後來因為有引發火災的風險，所以這些僕役也遷移到其他地方居住。現在紫禁城的大門會在晚間關上，所謂受城牆保護的「大內」已無人居住。

雖然我已經在中國旅行多年，但我從來沒在北方的宏偉首都北京待太多時間。每隔幾年，我可能會在要去別的地方的路程中經過那裡，於是順道和記者朋友在那裡碰面，一起去吃奇特的北京烤鴨，但我不能說自己真正了解這座城市。基於脫離湖南，並拓展我的烹飪眼界的渴望，我在世紀之交的某年聖誕節過後到北京待了幾周，打算研究中國帝王飲食。

一月的北京市中心壯麗動人，有寬廣的道路、雄偉的建築，屬於皇帝的金黃色壁磚在亮白的冬陽下閃閃發亮。紫禁城就屹立在這座城市的正中央。在受到多年忽略後，如今的紫禁城已重新粉刷與修整；雖然某些地方恢復了過去的金碧輝煌，但其他地方卻顯得斑駁，庭院裡更是殘破不堪，雜草叢生。在一個陽光燦爛的早上，我坐在通往內廷的階梯上，手上拿著末代皇帝的自傳，試著想像從御膳房升起的裊裊炊煙，排成一列的太監踏過通風良好的柱廊，還有永遠被隨從團團圍住，幾乎要窒息的小皇帝溥儀。

理論上來說，溥儀應該有幸能享用最頂級的美食。畢竟北京在帝制下做為中國的首都少說也有六百年的時間，應該是世界上最能享受美食的城市之一。孔子的故鄉，位在華北東部的山東省以奢華的「魯菜」聞名，並奠定了宮廷料理的基礎。這是一種豪氣的烹飪風格，除了有上等的高湯、濃郁的湯品，還毫不手軟地使用價格嚇死人的名貴食材。但是宮廷料理也吸收了其他地方的口味與技巧。明朝的永樂皇帝在一四〇三年遷都到北方的北京，隨之而來的大批官員也帶來了他們熟稔舊都南京烹飪技巧的廚子。清朝的乾隆皇帝特別喜歡在江南地區長住，因為那裡豪華的精緻美食讓他流連忘返。他從精緻美食的中心揚州帶了廚師回宮，讓他們的拿手菜成為宮廷菜單的一部分。

清朝的帝王是東北方來的滿人，不是漢人。他們的祖先是游牧民族，主食是麵食和羊肉，零食是他們在北方草原上騎馬奔馳時，便於攜帶的酥餅和糖漬水果，他們也和西藏人和蒙古人一樣喝奶茶。打從一六四四年征服中國起，清朝的統治階級從未真正失去蠻族的飲食口味，也確實地將烤肉和某些甜麵點列入宮廷菜單。他們在精緻的漢人飲食習慣中，引入了滿洲人的習俗：在袖子裡放筷子的口袋裡放小刀，好讓他們能用中國式的方法把大塊肉切片食用。「滿漢全席」是滿漢烹飪文化在宮廷融合的高峰，傳說中這場超乎尋常的宴席為時長達三天，據稱有超過兩百道的菜餚與點心。

各地與各民族的料理來到北京這個大熔爐，成為獻給帝王的精選飲食。來自浙江和雲南的當令進貢茶葉、揚州的薑糖、川西清溪的花椒，還有來自全國各地的乾香菇與海鮮等山珍海味。

在皇宮之外還有來自中國各地的官員，他們輪流在北京與其他地方服務，居住在宏偉的官舍裡。

這些教育程度高、嘴巴通常也挺刁的官員走遍各地，不只養成了自己的口味，還要求他們的廚子要在爐火前變出新花樣。不少融合各地口味與烹飪藝術，進而自成一家的烹飪風格因此應運而生，有些甚至出名得流傳到了現代；北京飯店專賣「譚家菜」的同名餐廳就是一個例子。

皇帝本人通常一天只吃兩餐，清晨的早餐還有大約下午一點的所謂「晚膳」，傍晚六點左右還有一次「晚點」。每餐的菜單在烹調前都要經過內務府正式批准，之後會送到宮內的檔案室留存。（有一份一七九九年嘉慶皇帝在位時的紀錄，記載了大年初一呈給太上皇的簡單早餐，上頭列出了超過四十道菜，包括燕窩湯、鴨肉、雞肉、鹿尾、豬肉、蔬菜、小饅頭、過年吃的發糕，以及「各式點心」。）除了負責準備皇帝每天豐富膳食的御膳房之外，宮裡有四處「御茶房」是為特殊的原因或需要所設立，負責提供非正式的便餐茶食；另外還有製作麵食糕點的「餑餑房」。

如果說皇帝的每日飲食已經很豐富了，那國家級的宴席就是讓人難以想像的規模。例如在嘉慶皇帝的登基大宴上，御膳房就準備了一千五百五十個火鍋。當英國政府在一七九三年首次和中國朝廷接觸時，乾隆皇帝安排了一場「奢豪的宴會」接待英國特使馬戛爾尼勳爵一行人。在宴席上，每兩位賓客共用一張小桌子，上面排滿「疊成金字塔狀的碗盤，裡頭裝著各式各樣的食物和水果。」上菜與收碗盤的僕役安靜又嚴肅的舉動，讓英國人把這場宴會和「進行宗教儀式」相提並論。

皇宮裡的大餐有時也會出現在市井小民的生活中。一八六四年，楊全仁和來自山東的前御廚共同創立的烤鴨事業就是一例。烤鴨已有好幾百年的歷史，但傳統的做法是用下方有火的密閉式燜爐來烤。楊全仁把宮廷廚房的燒烤技巧介紹給首都的人民，也就是把鴨子掛在用果樹柴燒的火上，將表皮烤出美味的脆度。他的餐廳「全聚德」成為全國連鎖事業，將現在我們所知的北京烤鴨帶給全世界。

在北京的那個一月，我給自己的任務是找到紫禁城裡的老廚房。我去了那裡好幾次。先在外廷的售票亭買票，再穿過位在高聳紅牆底下像是老鼠洞一樣的內門。前幾次我都在探索宏偉的各殿，並且迷失在無止境的通道和宏闊的廣大庭院裡。

根據我的地圖，宮內的廚房就在外廷的東方。但是當我終於找到這兩座長型的磚瓦屋頂兩層樓建築時，發現它們其實位在紫禁城裡不開放遊客參觀的禁區。過了一會兒，我還是被自己的好奇心打敗了。我假裝無視於標牌，溜進柵門裡去。警衛沒有看到我，或者只是對我視而不見。不過最後我還是進不去，因為廚房位在大門深鎖的圍牆裡。我偷偷穿過一扇開著的門，走進隔壁的建築，裡面塞滿蒸汽和奇怪的管線，是舊型中控暖氣系統的神經中樞，但這裡也沒有路能通到廚房。我一邊走，一邊愈來愈深入北京故宮不對外開放的辦公區域，接著我碰到一位員工，開始和他聊天。沒多久，我就和一位親切又博學的紫禁城專家一起坐著喝茶了。暫且稱他「李老師」吧，他的辦公室位在一座傳統庭院旁邊，裡面凌亂地堆滿書籍和期刊。

我們聊了一陣子皇帝的飲食習慣，接著他很好心地主動帶我去參觀博物館裡的各朝收藏品。我們看了商朝和周朝的儀式用青銅器，上面有象形化的瑞獸與鳥類紋飾，也看到曾經裝滿穀物後封進陵墓裡的笨重甕罐，以及蘇州的精緻白瓷，我們還走過解釋皇室婚禮大宴儀式的展間。最有意思的是，李老師告訴我，皇宮裡有些儲藏室中的物品至今基本上沒有移動過，裡面依舊滿滿的是從末代皇帝還住在宮裡的二十世紀初期，放到現在的乾燥食品以及草藥。

溥儀在一九〇八年十二月二日登基，那時候他還不滿三歲。慈禧太后從一八九八年開始掌權，十一月臨終前突然決定讓他繼任皇位。於是這個小男孩只能哭嚎著從他的家人身邊被強迫帶走，從此孤單地住在華麗的紫禁城裡。

但那不過是他奇特又多舛命運的開端。從他父親攝政開始到一九一二年退位時，溥儀統治中國的時間勉強說起來只有三年。十八歲那年，他被粗暴地趕出退位協議中允許他繼續居住的皇宮，之後不久又逃到天津的日本租界避難。一九三四年，他成為臣服於日本的東北九省「滿洲國」的傀儡皇帝——這次的合作埋下了他日後的惡運，使他在二戰結束後被貼上戰犯的標籤。停戰後，他在西伯利亞監獄待了五年。一九五〇年搭火車回到中國後，他再度遭到監禁，接受十年的勞改與思想教育。一九五九年，共產黨政府正式赦免溥儀，讓他能夠以一般市民的身分在北京度過餘生，擔任園丁的工作，後來任職中央文史館。

在自傳裡，溥儀譴責舊帝王朝廷的鋪張，聲稱民國政府讓他和他的家庭繼續「揮霍人民的血汗錢，讓我們維持過去的排場以及寄生的生活方式。」但是他的自傳是在共產黨監督下寫的，這個新政府顯然想要強調清朝以及繼任民國政府的奢侈浪費。

但是他真的有必要誇張嗎？溥儀引用他在位期間內某一個月的宮廷食物花費記載說明：當時才四歲的小皇帝，加上太后和四位妃子，光在那一個月顯然就消耗了共兩噸的肉和三百八十八隻雞鴨，其中四百公斤的豬肉和兩百四十隻的雞鴨是預定給皇帝本人食用的。宮裡平均每天大約消耗十四公斤的肉和九隻家禽，只為了給一個小娃兒吃！就算是我在中國最瘋狂、最超過的「研究」期間內，我吃的東西連這些分量的邊都沾不上。不用說，這些超乎尋常的食物預算有些是被宮裡的龐大人口給吃掉，但有些一定是浪費掉的，或是被那些惡名昭彰的太監中飽私囊。

和李老師參觀完北京故宮後，滿腦子幻想著鹿尾湯早餐的我覺得愈來愈餓，但我找不到東西吃。

從舊廚房伸出的煙囪裡沒有冒出炊煙，皇帝的廚房被木板封住，空空蕩蕩的，而且這裡連給觀光客買東西吃的小吃部都沒有。最後餓得沒力氣的我，終於在某個像小吃攤的取餐口外發現了桌椅。我放下重得要命的包包。透過暗紅色圍牆的門縫，我還能看見舊御膳房的一角。但在這個凍死人的一月下午，小吃攤唯一的熱食是用熱水瓶裡的水沖了就吃的「方便麵」。所以我坐了下來。儘管手邊有宮廷美食的清單和描述帝王生活的書，我嘴裡吃的卻是放在免洗塑膠碗裡的紅燒牛肉泡麵。

食物在中國文化裡向來具有特殊的重要性。它可以做為貨幣購買藥品、進行宗教活動與獻祭、表達愛意與親屬關係、建立商業關係、用來賄賂，甚至有時候還有諜報功能（傳說中國人在十四世紀利用月餅藏匿訊息，組織推翻蒙古統治者的反抗行動）。就像那句老生常談：「民以食為天。」

有一次我到台北的故宮博物院去，恰好看到一個很特別的展品。在玻璃展示櫃裡，純金雲紋雕飾的座台上，放著一塊像是五花肉的東西，外皮是濃豔又有光澤的咖啡色，上面分布著毛孔的顆粒；帶著層層不規則分布油脂的肉，鮮嫩多汁地從座台的一側垂下。它看起來好吃得不得了，像一塊放在陶甕裡，用醬油、米酒和糖燉煮了好幾個小時的五花肉。我垂涎欲滴，但展示櫃上的標示冷酷地提醒我，這塊「肉」實際上是一塊冰冷、堅硬的瑪瑙。

這塊備受讚譽的豬肉是在中國抗日戰火綿延的年代裡，從紫禁城裡運出來的皇室寶藏。國民黨高層把他們精選的宮內珍寶裝到卡車上，派軍隊沿途護送到遙遠的中國內地。由於周遭的戰火愈演愈烈，還有日軍的炸彈夾擊，博物館的守護者於是繞過戰鬥最激烈的地區，最後把這些貨物運過台灣海峽，送到了國民黨建立流亡政府的台灣。令人驚奇的是，據他們說，在這趟長途且動盪的旅程中，沒有一件文物受到損傷。

一塊形似豬肉的珍貴天然瑪瑙放在金座台上展示。我試著想像一塊用黃金接合的烤牛肉，鑲上鑽石、紅寶石、綠寶石、珍珠，再放在倫敦塔裡和鑲滿御用寶石的王室皇冠、頭飾一起展示。感覺荒謬極了，難以想像。只有在中國你才會看到頂級的工匠，用珍貴的材質表現一塊尋常的肉，和國家珍寶放在一起展示。這似乎隱喻了中國人對食物的嚴肅態度，同時表現出當中的風趣、輕率，以及歡樂。

食物在古代中國不只能讓人愉快，還是雕刻的主題以及政府關注的焦點之一。敬神與拜祖先的可食用祭品能維持社會與政治秩序。忽視了這個部分，勢必會導致社會的混亂。根據後代史學家的記載，西元前一千年的周朝曾經指派一半以上的公職人員，也就是兩千人，專職負責飲食事宜，其中包括相當於營養學家的「食醫」，擔任主廚的「烹人」，打獵的「獸人」，擔任屠夫的「庖人」，風乾肉類的「臘人」，抓鱉的「鱉人」，醃菜的「醢人」，以及負責冰室的「凌人」。這些人有的負責準備祭品，有的負責為天子與后妃準備食物。

象徵政治權力的「鼎」是用來烹煮祭品肉類的鍋子。鼎有「鑊鼎」與「昇鼎」之別，「鑊鼎」是煮豬肉的大鼎，同時也是一種禮制；「昇鼎」則是小鼎，用來盛放大鼎中煮熟的肉類。在遠古時代的中國，不同階級的貴族可擁有的鼎的數目也有所不同。偷鼎是一種軍事行動，偷走鼎就是奪走了這個人的貴族權威。儀式用的鼎是有幾何圖形紋飾的青銅器，是儀式活動的中心。這些特殊的烹飪鍋具至今依舊是中國文化中最強大的象徵之一，一九九六年盛大開幕的上海博物館就使用了鼎的造型。

賢者通常將治國之道比喻為替燉物調味。你要在不同的味道間取得平衡，要知道醃漬肉類需加多少醋，酸梅子要加多少鹽巴，才能達到完美的和諧。在兩千多年前成書的《左傳》中，政治家晏子就曾經以廚師調味與主人品嘗的過程，來比喻君臣間的關係：「宰夫和之，齊之以味，濟其不及，以泄其過。君子食之，以平其心。君臣亦然。」

還有其他人也使用烹飪術語來提出嚴肅的意見。道家哲學家《道德經》的作者老子也曾提醒，治理國家就和烹調小魚一樣需要小心謹慎：「治大國若烹小鮮。」生活在西元前五世紀的孔子，在飲食方面就如同在他生活其他層面一樣講究：「食不厭精，膾不厭細。食饐而餲，魚餒而肉敗，不食……失飪，不食。不時，不食。割不正，不食。不得其醬，不食。」在中國，了解適當的飲食之道，一直都是了解生存之道的隱喻。

天授君權的皇帝最主要的責任，就是確保他的臣民能吃飽。乾旱、作物歉收與饑荒都是上天對他不滿的徵兆，表示他將不再受到上天的寵愛。所以皇帝每年春天會在神農廟犁三塊耕地，每年冬至祭天前則會禁食三天，這是當年度最慎重莊嚴的宗教儀式。獻祭用的犢牛、羊、豬、鹿會在北京東南方的天壇上當場宰殺，接著皇帝會登上宏偉的石築祭壇，用酒和食物祭天，並在冰冷的大理石地板上用力磕頭。

儘管泡麵是帝制結束後的紫禁城裡最好的食物，但我聽說北京有一間專賣宮廷御膳的餐廳。有一天晚上，我說服了人也在北京的四川朋友洵陪我去那裡吃飯。

當我們穿過雄偉的紅色大門，越過石頭拱橋進入北海公園時，一陣微風吹過了樹梢。黑漆漆的湖面上漾著漣漪，岸邊亮著紅色的燈籠。我們走過彎彎曲曲的柱廊，頭頂上的屋簷有紋飾華麗的椽。看著略帶波紋卻寂靜無聲的水面，這座城市紛擾的交通與常見的動亂都被拋諸腦後。從這裡看出去，天際線上的高樓大廈都神祕地消失了。

很快地，「仿膳飯莊」的壯觀大門就在眼前向我們招手。我們走過兇猛的石獅旁，踏上庭院裡燈籠照亮的冰冷石板路，進入用餐的房間。這裡在一片黃色與金色中閃閃發亮，讓人幾乎要產生幻覺。桌上鋪著垂墜的黃色桌巾，放著黃色的碗盤，後面掛著黃色的窗簾；女服務生穿著黃色的繡花袍子，手上的拖盤裡放著黃色的茶碗；金色的龍盤著金色的柱子向上攀升，在彩繪的天花板上飛舞；古式的燈籠也綴著黃色的流蘇。這一片難以招架的金黃色，喚起了人們對宮廷的印象。（溥儀說：「當我想起我的童年時，我的腦中就是一片滿滿的黃霧。」）

「仿膳飯莊」專賣中國宮廷料理，強調菜色源自豪華的滿漢全席。溥儀離開紫禁城後，從宮裡出來的四五位御廚聽取太監趙仁齋的建議，在北海公園這座湖的東北角合開了這間餐廳。餐廳經理汪濤告訴我們：「那時候沒有食譜這種東西，大部分的廚師也不識字，所以他們的技術都是用口傳給下一代的。在文化大革命大約十年的時間裡，這個地方是不開放給一般大眾的，不過依舊會接待重要的國家賓客。到了一九八九年，這裡終於再度對外開放。所以雖然原本的廚師在六〇年代時都已經過世，但我們承襲自紫禁城的薪火與傳統依舊沒有中斷。」

洵和我以精選宮廷開胃菜揭開這一餐的序幕，菜色包括小塊的「豌豆黃」，甜味優雅，帶給舌頭冰冰涼涼的感受；還有甜蕓豆泥包紅豆沙和芝麻餡的「蕓豆捲」切片，以及冷盤的肉與蔬菜。接著，我們眼前自然上演了一場浮華的精緻美食饗宴：有罐燜魚翅、駝掌片佐濃郁的光澤醬汁、甲魚殼內層的裙邊、海參、鮑魚。此外也有些宮裡偏愛的點心，例如肉末燒餅。據說慈禧太后有一天晚上夢見這道點心，隔天早上恰好就出現在她的早餐裡，讓她大為欣喜。慈禧和窩窩頭這道點心也有一段淵源，一九〇〇年，一位農民在她因義和團之亂避難西安時給了她窩窩頭吃，而她立刻愛上這種點心，所以她回到北京後還要求她的廚師把窩窩頭做成更精緻的點心。

可惜洵和我沒有三天三夜的時間享用滿漢全席，所以只能用少少十七道左右的菜餚和點心滿足自己。那個晚上到了最後，我們完全沉浸在充滿黃色的環境中，幾近迷失了自己。我們不只吃得很飽，也陶醉在這次宮廷式的用餐經驗中。但我當然知道「仿膳飯莊」的菜和北京街頭真正的飲食間的關連，就和倫敦米其林三星級的餐廳菜單與貧民區清道夫的飲食間的關係一樣。我想趁在首都的這段時間裡體驗當地食物的精髓，而中國烹飪協會的祕書告訴我，如果我真的想品嘗這裡的街頭小吃，我就應該要試試「鹵煮火燒」，可以粗略翻譯成一種放在湯裡的扁麵餅。他警告我，膽子小的人不適合吃這道小吃，但我用甜美的微笑表示他的警告是多餘的。

接下來的幾天裡，我一直都在找「鹵煮火燒」。結果在一個結霜的早晨，我在紫禁城東邊的胡同裡閒晃時，偶然發現了一個髒亂的小吃攤，外面掛著的招牌上列出了「鹵煮火燒」以及其他的當地小吃。我大步走進去，用我一如往常的堅定口吻，請他們送上自己的拿手菜。但我幾乎馬上就對這個決定感到後悔。

在經歷了豐富的美食冒險後，只有一種東西是我真的很不喜歡吃的，那就是豬和其他大型動物的內臟。我吃過肚片和腸子的次數非常多，因此我可以確定我對這些內臟沒有任何**偏見**——我吃的時候抱持著開放的心態，但我就是不喜歡。我不是討厭它們的口感，而是厭惡那種令人不愉快的味道。這類食材當中潛藏著消化汁液的惡臭味，不管用多少大蒜或是香菜都無法消除，會引發我體內一股難以解釋的強烈反胃與焦慮感。

在北京那個天寒地凍的早上，熟食店的店員興高采烈地在桌上擺出了他們最棒的菜色，內臟類的臭氣順著蒸汽往上飄散，將我完全吞沒。在我眼前排排站著的，全都是我最害怕的食物：有一團羊肚絲和芝麻醬，一坨豬肝和小腸配濃稠的黑色醬汁，一碗漂浮著羊肝、肚、心、肺、腸的混濁高湯。最嚇人的是這頓大餐的主角：鹵煮火燒。我某一本中國飲食書上對這道菜的英文解釋是「豬內臟配碎餅末」。高湯表面的油花凝結成一顆顆汗珠，底下是動物身體各部位的大雜燴：紫色的豬肺、從海綿狀的組織內插出來的白色管狀物、切片的胃和肝，還有扭曲的腸子段……。這些柔軟的管狀或腔室器官散發出令人厭惡的氣味，這是絕對正統的路邊攤，是讓勞動階級飽餐後能繼續工作的能量來源。

我覺得既暈眩又想吐。不管是什麼時候吃這些東西，對我來說都已經很糟糕了，偏偏這一頓又是**早餐**……我頓時出現我這個半四川人該有的不屑想法：「這些北方人吃的東西真有羶味，真是一群吃羊肉的畜生！」我吞下幾片腸子和肝之後，就飛也似地逃到了對面的餃子店。

當我第一次想到帝王的宴席時，我得承認自己是有點嫉妒的。想想看，不管你什麼時候肚子餓了，只要彈個指，就能命令排成一列的太監搬進七張擺滿了食物的桌子！想像一下，有御茶房的僕役會隨時端著裝滿糕點與美味小吃的盒子，捧著茶杯和裝了熱水的長嘴水壺，在你身後跟進跟出。

但是溥儀在自傳裡提到，他從來沒碰過御膳房送來的菜。那三十道菜都是預先準備好的，因為只要命令一來，食物就要馬上送到皇帝的跟前，所以這些菜都在爐子上放了好幾個小時，全都縮成一團了。根據溥儀的說法，如果這三十道正餐的油脂凝結了、湯冷了、蔬菜黃了、麵點在空氣裡放久了壞了，太監就會把這些餐點放在離他有點距離的地方。有些菜餚甚至是假的。我在北京的消息來源告訴我，木頭做的烤雞和其他模型都曾經用來讓菜色看起來更加豐富。

在這種情況下，小皇帝吃的其實是隆裕太后專用廚房裡另外做的那些食物。就和很多會自己安排飲食的太監一樣，隆裕太后知道她有比相信御膳房更好的選擇。溥儀說，御膳房的廚子都知道從他的前任皇帝光緒開始，他們做的菜已經有十年以上沒人吃了。那他們還會關心味道如何嗎？根據溥儀的說法，他命令廚師在貴妃生日時送上的餐點卻是：「華而不實，費而不惠，營而不養，淡而無味。」你可以想像這些廚子製作了這麼多年不能吃的食物後，是多麼明顯地心不在焉、敷衍了事。

豪華的國家級宴會比較好一點點。但你想想看，用超大鍋子煮的大量食物，經過各處的通道與庭院，送到遠在另一頭吹著穿堂風的大殿上，再依序擺在照著嚴格階級規定就座的國賓面前；想像一下那敬不完的酒和冗長的典禮儀式，那些食物一定早就變得又冷又難吃了。有時候，他們的確會用火鍋幫一些食物保溫，但是這些都是展示用的食物，散發著霉臭味又極盡誇張之能事，是由昂貴珍饈組成的壯觀盛宴，以炫耀中國朝廷的財富為目的。

我懷疑有沒有人真的很喜歡自己在紫禁城裡的飲食。這是一個嚴肅、讓人望而生畏的地方，尤其在冰封大地的冬天。從城外，你只能看見各宮殿的屋頂和瞭望塔，被毫無表情的城牆與寬闊、結冰的護城河團團圍住。這裡比較像是監獄而不是皇宮，禁止外人入內，也禁止裡面的人出來。當紫禁城的門在她們身後「砰」地關上時，那些後宮妃嬪的心想必都跟著沉了下去。

所有妃嬪的飲食也受到嚴格的管制，就和她們生活中的每件事一樣。她們有不同的階級分類。在清朝，皇后之下是皇貴妃，接著是兩位貴妃、四位妃子、六位嬪、八位所謂「貴人」（較低等級的妃嬪），以及不限數量的等級更低的秀女。她們只有在懷孕的時候才能真的吃好一點，因為當時有「飽暖思淫欲」的說法，所以除非懷孕，否則妃嬪吃的肉、禽類、蔬菜、穀物都會根據她們的階級限制數量。舉例來說，皇貴妃一個月能吃十二斤（大約六公斤）豬肉，十根茄子，每天可以吃一隻雞或鴨。不過在金字塔底端的女性每個月就只有六斤豬肉，六根茄子，以及少少的十隻鳥禽。（想想看，當最高等級的妃子在月底享用鮮嫩多汁的豬肉時，低等級的妃嬪只剩下蔬菜和豆莢可以吃，這是多麼壞心眼又容易引起紛爭的做法啊！）有機會能吃得好一點也是讓她們想要懷孕的理由之一。懷孕能讓低等級的妃嬪在性階級中扶搖直上。如果生下兒子，就算是秀女都可能當上太后：可怕的慈禧就是這樣的例子。

宮裡的生活充斥齷齪的陰謀，不管你是誰，就連皇帝本人都可能是受害者，溥儀之前的光緒皇帝就是一例。在一次實質的政變後，他不只遭到了慈禧太后羞辱與囚禁，之後的死因更令人起疑。慈禧的很多敵人都不得善終，不是自殺、被斬首，就是遭到監禁或流放外地。她曾經很討厭某個媳婦，於是不讓她喝水吃飯，直到她活生生餓死為止。她還讓另一個皇貴妃在井裡淹死。世人也懷疑慈禧太后曾在湯裡下毒，想害死與她敵對的另一位太后。溥儀自己也曾一度因為太害怕自己被謀害而沒辦法睡覺。他在自傳裡說，偷竊、縱火、謀殺、賭博、抽鴉片，在宮牆裡都屢見不鮮。

照理來說，皇帝應該吃遍大江南北的美食；對他來說，這個世界就是黃金殼裡的鮑魚。然而溥儀從小就沒有什麼胃口。他在三歲前就從母親身邊被帶走，寵愛他的祖母在他離開後完全崩潰。往後的七年裡，他再也沒有見過她們，他父親每兩個月也只能和他見面幾分鐘。最後他母親因為承受不住而吞鴉片自殺。他的奶媽是唯一能喚醒他內心對其他人同理心情感的人，但她也在他八歲時被驅逐出宮。在他被收養入宮後，前任皇帝的兩位貴妃正式成為他的「母親」，但這樣的關係太過於正式，所以他說自己從未感受到一絲母愛。皇帝的內心是一個冰冷堅硬的地方。缺乏感情餵養而飢餓的溥儀，之後得到了胃疾。

也許他的消化問題不只是因為缺乏愛的緣故。溥儀的飲食受到嚴格的控管，因為皇帝的健康茲事體大。溥儀記得，當母親終於能進宮見他時曾對他說：「聖上的龍體是神聖的。」之後我和李老師約在紫禁城外的小吃店碰面喝下午茶時，他也向我解釋：「那時候他們覺得發燒就是體內上火的症狀，如果食用油膩味濃的食物，症狀就會加劇。所以每次皇家的小孩生病時，他們就只能喝粥，讓身體冷卻下來。當然這樣根本不夠營養，所以很多小孩在多年之後其實都死於營養不良。」溥儀形容過自己的一次經驗：「我吃了很多栗子，結果後來的一個多月裡，太后……只讓我吃糙米粥。雖然我餓得都哭了，但沒有一個人關心我。」他說自己因為太想吃東西了，甚至搶了一小塊親王進貢給太后的冷豬肉，使他的隨從火冒三丈。

溥儀的性生活也沒比他的飲食生活成功多少。當他到了適當的年紀時，的確也娶了一妻一妾（和他之前皇帝的三千佳麗比起來，他只有少少的兩盤「菜」）。之後他又娶了另外一妻一妾，但皇帝的性生活根本就不是以享受為目的，就跟吃晚餐沒兩樣。中國人的記憶力很好，沒有人忘記過八世紀瘋狂喜愛楊貴妃的唐玄宗：當他的政權在血腥叛亂中被推翻時，他浪漫的戀情就被視為罪魁禍首。此後，皇帝的性生活都要遵守嚴格的規定，性伴侶不能在皇帝的寢宮裡過夜，以免讓龍體過於操勞。傳播流言的太監會監視皇帝與妃子的一舉一動，確保他們沒有發展出危險的情感。

不過他們不需要擔心溥儀這一點，李老師這麼說。他啜一口茉莉花茶，在店裡低聲告訴我：這位末代皇帝是性無能。他說：「我祖母的一位密友曾是他（溥儀）的妃子，她寫了很多信給我祖母，內容描述她的寂寞與悲慘生活，處處暗示皇帝不舉。這當然不能公開談論，但是這麼沒『臉』的事讓他感到很苦澀、備受折磨。他對自己的太太也都不好。」

溥儀在自傳裡承認他「性好殘酷」，並且說他一九二二年的新婚之夜就讓新皇后獨守空閨，因為他比較喜歡獨自睡覺。雖然他娶了四位女性，但他說：「她們都不是真正的妻子，只是展示用的；她們都是我的受害者。」他三四十歲住在長春接受日本保護的那段日子裡，關於他是同性戀的傳言一直揮之不去。他沒有生兒育女，就這方面來說，倒也為一九四九年起統治中國的共產黨解決了一個可能的棘手問題。中國沒有皇室後裔需要解決，因此沒有像當時的蘇聯那樣的血腥後果。

皇帝的責任是餵飽人民，但卻沒人關心他的胃口。告子曾說過：「食色性也。」但皇帝不是一般人，他是天子。對他來說，食物和性欲都是政治議題。太監看著他進食，在他的臥室外等候。整體而言，末代皇帝是個令人同情的人物。溥儀就像他遠古的前輩——以兵馬俑舉世聞名的始皇帝一樣：秦始皇被困在他富裕的墳墓中，有數不盡的奴僕，超乎人想像的財富，自帝國各地進貢而來的美食；而溥儀和他唯一的差別就是，他在還活著的時候就已經被囚禁了。

## 光緒皇帝一八八九年合巹宴（婚禮宴席）食譜

摘自光緒大婚典禮紅檔

豬烏叉
羊烏叉
子孫餑餑二品
蒸窩雙喜字八仙鴨
蒸窩雙喜字金銀鴨絲
細豬肉絲湯二品
蒸窩「龍」字拌薰雞絲
蒸窩「鳳」字金銀肘花
蒸窩「呈」字五香雞
蒸窩「祥」字金銀鴨絲
小菜二品
醬油二品
燕窩八仙湯二品
老膳米二品

## 第十三章

# 罪與椒

椒園裡的空氣有種令人難以抗拒的刺鼻味。表皮帶著疙瘩的綠色漿果正要開始轉紅，三三兩兩地掛在帶刺的樹枝上。儘管天色灰濛濛的又下著小雨，我卻興高采烈。我摘下兩顆花椒粒，放進手心摩擦，香氣很快就散發出來，讓周遭的空氣都染上了這股氣味。這樣的香氣讓人無法招架，既新鮮又強烈，帶著木質與野性的芬芳。我閉上眼睛，把花椒放進我的唇間，這股青澀的新鮮感馬上讓我的舌頭一縮，幾秒鐘後，刺痛感便朝我襲來。花椒這種無與倫比，讓人舌頭發麻的特性，一開始只是躡手躡腳地像舌頭上的小氣泡，接著漸漸讓人口水直流、屏住呼吸，愈來愈強烈的後勁可以延續二十分鐘，然後才慢慢地、一點一滴地消逝。這比我預期的還要強烈，我驚喜地笑了。多年來我都夢想著要品嘗在樹上的花椒，現在我來到了花椒產地清溪，我的嘴唇唱起了歌來。

花椒有很多種稱呼，例如蜀椒、川椒、巴椒等，是原產於中國的椒類。早在胡椒經由蜿蜒的絲路被夾帶進中國前，花椒就已經是廣為人所使用的本土香料。花椒也是香料世界裡的一粒星塵，首度與花椒的不期而遇可能會讓人驚慌失措——而這還只是保守的說法。我曾在牛津飲食文化研討會上拿了花椒給一位陌生人嘗，完全沒有提出任何警告，結果他以為我要毒死他，從此再也不和我說話。其實回想起自己在一九九二年到重慶時第一次嘗到花椒的經驗，我就應該知道自己請人家吃花椒時要小心一點才是。我在日記裡這麼寫：「這裡的菜都用一種我覺得很難吃的特別香料調味，吃起來很像茴香、檸檬草和辣椒加在一起的強烈味道，讓人難以忍受，我的嘴巴都麻了。除了喝湯和吃飯外，我吃得很少。」

現在我能帶著微笑讀這段文字，因為我知道成都比較溫和的烹飪手法反而讓我成了花椒上癮者。後來我發展出一套比較好的辦法，可以把花椒介紹給不熟悉這種香料的人。心理建設是關鍵（「你坐得舒服嗎？聽我說……」），而對方也一定要確實遵守我的指示：「把花椒殼放到你嘴巴裡，用**嘴巴前端**咬**兩到三下**，然後馬上吐出來！不要繼續嚼，別懷疑怎麼什麼都沒發生，因為接下來的效果會讓你無法招架（刺痛的味覺至少十秒鐘後才會發生）。現在乖乖坐著等！」這種較為細膩的方式，比較能讓這種狂野的新味覺感受贏得人心，我也看過我的很多朋友因而拜倒在花椒的石榴裙下。

在我為四川烹飪書進行研究的那些年裡，我從來沒真正看過花椒樹。要親眼看到花椒樹，就必須到川北或川西許多地勢高聳、乾燥的山坡地，但四川各地產的花椒，都比不上位在遙遠西南方山區的漢源縣出產的花椒；在漢源縣，沒有任何地方的花椒香氣比得上清溪鎮花椒的芬芳濃郁。而在清溪鎮，花椒的等級之分又更細了：如果你要的是頂尖的完美花椒，那只有清溪鎮外建黎鄉的牛市坡種的花椒樹果實能滿足你。這裡的花椒曾經做為貢品送進宮中，至今仍保留著「清溪貢椒」的名號。

不知道為什麼我拖了這麼久才來清溪。多年來我一直都想來這裡，但我直到二〇〇一年才第一次真的成行。我大多數的中國友人想到要陪我舟車勞頓前往湖南省的窮鄉僻壤，都會裹足不前，但我的一位老朋友穆瑪倒是躍躍欲試。所以在一個六月的早晨，我們從成都出發，辛苦搭八個小時的長途巴士前往漢源縣。

我在研究成都飲食的時候認識了穆瑪，兩人一見如故。身為學者的他經常到中國西南的偏遠地區旅行，研究並記錄即將消失的傳統手工藝與儀式。認識我之後，他也開始注意製作豆腐的地方、廚房的範圍、烘烤的地點。穆瑪粗硬的一頭黑髮從來梳不整齊，就算剛剪完髮也一樣。他說的是成都話，會教我一些當地小孩的童謠，就像四川版本的英國童謠。

菜板上
切臘肉
有肥又有瘦
你吃肥，我吃瘦
么妹啃骨頭

穆瑪對卡拉OK和時髦的餐廳不屑一顧。他出外旅行時，身上除了一把牙刷外，只有少少的行囊，住的是最簡陋的旅社。他尋找老式的茶館和餐廳、老派的印刷行、破敗的寺廟，並且會跟小販、農民和工匠聊上好幾個小時。

當我們終於抵達清溪，一群小孩隨即接近我們。我這個說要來找花椒樹的古怪訪客讓他們興奮不已，他們一邊帶我們走過巷弄，一邊歡呼大笑。村裡的房舍已經很破舊，亂糟糟的，院子裡堆滿老舊的鍋碗瓢盆，木門虛掩。屋簷下掛著被太陽曬得褪了色的玉米和乾辣椒。走出屋子聚集的住宅區就是一座花椒園，我在那裡第一次嘗到了花椒果實。

小孩告訴我們，再過一兩個月，花椒粒會全部變成深粉紅色，太陽曬乾後會裂開，露出裡面像小鳥眼睛般黑亮亮的籽。年輕人會把花椒粒從樹枝上取下，集中到當地稱為「筲箕」的竹籃裡，把這些粗糙表皮裂開的漿果放在太陽下曝曬。曬夠了以後，當地的女孩子就會坐在家門口，甩拋膝上的竹籃，讓花椒果實裡沒有味道的籽掉出來，留下帶有香氣的外殼。

古代的《詩經》裡就提過花椒這種香料，書中將它閃耀著光澤又多產的種子視為生育力的象徵。漢朝時，妃子的寢宮稱為「椒房」，因為他們會把這種香料混入泥灰中，塗抹在牆壁上，藉此祈求女性能生下兒子做為繼承人。鄉下人也會把成束的花椒當作定情信物交換。這種香料還帶有性愛的象徵意義，因為這種漿果是兩兩成對的，就像睪丸一樣。甚至到了今天，有些四川的偏遠地方還會對新郎新娘灑花椒粒，像帶有香氣的五彩紙花一般。

花椒也是一種藥材，曾見於出土的漢朝貴族陵墓馬王堆。墓中寫在絲帛上的藥方建議使用花椒治療潰瘍。古人相信花椒可以做為興奮劑與利尿劑，還能舒緩脹氣，幫助消化。花椒強烈的香氣能驅趕蛾以及其他有破壞性的昆蟲，所以傳統上會將花椒放在衣櫃和穀倉中做為驅蟲劑。攝取大量的花椒會產生嚴重的毒性，所以很多古代典籍都提到用花椒自殺的方法。

在第一次嘗到新鮮花椒的強烈味道後，穆瑪和我在娃娃兵的簇擁下離開了花椒園，走進了對面供奉孔子的文廟。這間廢棄的木造大宅院想必曾輝煌一時，現在卻連一絲光彩都不復見。一座小橋跨過院子裡裝飾用的池塘，但欄杆上石雕的頭想必都在文化大革命時被紅衛兵給毀掉了。舊時的廳堂被粗魯地打通，再隔成數間可多功能使用的房間，牆上還依稀可見革命口號。石板路上長滿青苔和雜草，建築物上的油漆已經剝落。我們發現這裡是年長者的社交中心，那天他們正好在吃大餐，所以院子裡擺了十多張的圓桌。

我一走進去，一群老先生老太太馬上蜂擁到我面前，喜孜孜地說：「羅斯小姐，你好！歡迎！」他們的舉動就像真的知道我是誰一樣。他們對我熟悉的程度，一開始讓我茫然不知所措，後來我突然明白，她們一定是把我當成羅斯女士了。英國女士羅斯多年來都在漢源鄉間進行援助貧民計畫，我從來沒見過她本人，但是我們曾經用電子郵件聯絡過一兩次。顯然已經好一陣子沒有其他英國女性來到漢源，更別說另外一個以花為名的女子了（譯注：羅斯女士英文名為Rose，「玫瑰」之意。作者的英文名Fuchsia，意為「吊鐘花」）。「我不是羅斯，我是扶霞。」我這麼解釋了一百遍。聽到我這麼說，村民似乎驚異不已，但熱情依舊。

穆瑪開始檢查這座廟宇僅存的一些遺跡：一塊刻著中文字的殘破石板，一個有盤龍裝飾的香爐。他身邊圍著一些老太太，告訴他這個地方的故事。過了一會兒，我發現廟裡的村民間混著幾個穿著卡其制服的人。他們慢慢逼近我，接著我身邊出現了一個裝作沒事人似的公安，盯著我抄寫筆記。接著他要看我的身分證，於是我從背包裡翻出護照。他仔仔細細地檢查了一番，然後給了我一個狡詐、讓人困窘的微笑。我開始覺得緊張。就我所知，沒有理由我不能到這裡來，但是這個公安一副抓到我把柄的樣子，多年來應付這種事的經驗告訴我，在這種情況下我最好放低姿態。

「你來這裡做什麼?」他問。

「我來看花椒樹。」

話一說出口,我就知道這聽起來有多荒謬了。四川以觀光景點聞名於世,例如樂山大佛、峨嵋山的雲海、九寨溝色彩鮮明的湖泊。兩百年前,清溪是連結中國、西藏、印度的「茶馬道」上繁榮的轉運中心,但現在只是個偏僻的鄉下。對於我這個不去九寨溝,反而到這個省分裡最貧窮的鄉村的外國人,這個公安會怎麼想呢?

「你來這裡做什麼?」他又問了我一次,意有所指地看了一眼我的筆記本和筆。

「這裡不是非開放地區吧?」我問。他只是瞪了我一眼,把護照還給我,繼續盯著渾身不自在的我在廟裡走來走去。他派了一個年輕的公安監視我。他不過是個青少年,瘦長的身材和制服很不搭。這個男孩根本不知道要怎麼處理他負責的這個危險外國人。我帶著他走出寺廟,回到村裡的街上。他一路都跟我保持一公尺的距離,跟著我進了天井,走上小路,再走到田裡。

我無法了解老公安有什麼樣的妄想。也許他是以薄弱的中國式國家主義在保護這裡,抗拒外國人看見中國鄉間的「落後」。(我發現自己經常和中國人解釋,外國人真的很少會用「落後」這個字,而且很多人都像我一樣喜歡探索這個國家偏遠地方未受破壞的美景以及傳統的建築。「落後」根本不是我會用來形容清溪這種地方的字眼。)也許那個公安只是恪守他接受的教育:三四十年前,每個外國人都被當成帝國主義者的間諜,意圖顛覆毛澤東的政治體系。我們探索完這座村子後,老公安堅持用他的警用吉普車載我們回到位在附近城鎮九襄的飯店,並且警告我們不要出門。

當然,他一讓我們下車,我們就離開了飯店,到城鎮的中心吃晚餐。這裡的主要街道是一條兩旁都是木造房屋的巷子，屋子的正面都有鑲框裝飾，鋪瓦的屋簷低低的。有些店已經在門口鋪上木板準備晚間休息，也有些還在營業。街上有一位女裁縫坐在桌旁，靠在自己幹活用的縫紉機上。還有一些人在做葬禮花環，或是賣香、菸和點心。我們碰巧走到雕刻華麗，有紀念性的牌坊前時，天色已經暗了下來。

我們在一間小餐館吃了飯和蔬菜，裡頭的廚師在燒炭的爐子上翻動炒鍋。當我們終於回到飯店時，那個公安正在等我們。他們沒有對我怎麼樣，但是審問了穆瑪一個小時。他們一再地問他我是來幹嘛的，他們宣稱：「這是為了保護她。」他們告訴他，之前有一個日本旅客在這裡把錢花光了，晚上住在一間農舍的「外面」，結果被謀殺了。「這是為了保護她。」那一夜我輾轉難眠，外頭青蛙的叫聲聽起來就像陰森的合唱曲。

我離開清溪前，說服了一位村民給我一棵小花椒樹，我打算把它帶回英國。這棵花椒細細長長的，下面還帶著一點土，裝在塑膠袋裡。我帶著它回到成都，很仔細地照料它，接著帶著它到北京。但在北京機場，我突然有點遲疑：英國正陷入口蹄疫風暴，所有進口的新鮮食物和農產品都會遭到摧毀。我怕自己帶著花椒樹會被抓，所以我留下了那棵樹。包裝得好好的它，孤孤單單地被放在北京機場飲食店的桌上。不僅在回英國的路上，甚至到我抵達後好幾周的時間裡，我都想著它。

在五年後的隆冬時節，穆瑪和我在農曆新年前回到了漢源。我先在上海待了幾個月研究中國東部的口味，此時我非常嚮往山嶺與開闊的野地風光，而且我一直都想再回到清溪，更深入了解我最鍾愛的這種香料。

路況一如我記憶中的糟糕。從成都到「雨城」雅安，我們搭的是舒適的現代巴士，但之後就換成鄉下巴士，在坑坑洞洞的路上顛簸而行。這裡的景色柔和，難以用言語形容。陽光隱約從濃霧中透出。我們的車辛苦爬上山路，喇叭聲一刻也不停；我們穿過一大片用松竹做圍籬，種著冬季蔬菜的綠油油陡峭梯田。從高處落下的小瀑布激起細微的水霧，流入底下散落著鵝卵石的河床。

我們愈爬愈高，顛簸的道路偎著崎嶇的山丘。即使在最高的山坡上，還是能看見幾處開墾的珍貴農地，還有棲息在竹林間的農舍。在滎經縣附近的採礦區，我們經過了一間面向大街、似乎隨時會倒塌的工坊，裡面每樣東西都覆蓋了薄薄一層的煤灰，連在裡面鍛造金屬的老者也不例外。這看起來像是從黑白電影裡擷取出的一個畫面，只是在灰濛濛的鍋碗瓢盆之間，灰色的砧板上放著一顆萵苣，鮮綠的顏色就像會發光一樣。我們坐在喇叭響不停的車上，搖搖晃晃地經過這裡。一長排的伐木卡車從我們旁邊開過，茶館外有幾個穿著軍用長大衣的老先生，戴著有耳蓋的毛皮帽子在下象棋。

我們通過漢源的前一站時，看見了霜雪覆蓋的山頭、積雪的松樹，接著我們開進了極冷的冬霧之中，如夢似幻。最後我們總算進入了漢源貧瘠的風景中。這裡在冬天寸草不生，田裡站滿了光禿禿、枝椏尖利的花椒樹大軍。我們要進入清溪的道路被各種物品堆疊起的路障阻擋，所以我們得下車，走過許多停放得亂七八糟的卡車。一輛保險公司的麵包車讓我們搭便車，當司機在滿布坑洞的道路上危險飆車時，他問我：「你是羅斯小姐嗎？」

隔天我們一早就起床到巴士站和司機講價，要搭車到建黎鄉的牛市坡，據說那裡種植了最優質的花椒。最後我們和另外一輛麵包車司機講好了價錢，司機是個開朗的人，戴著和他的臉形相呼應的圓眼鏡。在他等待讓車子滿載的最後一位乘客時，我們稍微聊了一下。他跟我說：「看你的樣子，大家會覺得你不是中國人吧。你是外國人嗎？」之後他跟穆瑪說話時，講到了「那個英國小伙子」，我不可置信地看著他，告訴他我其實是女性，而且也已經不年輕了。其他的乘客都嘲笑了他，他說：「抱歉，我的眼睛不太好。」我嘆了一口氣，因為想到他大概會跟著路上的車轍痕跡載我們上山，但我們也幫不上忙。最後我們和一對花椒農父女一起擠進這輛小車出發，他們還背著裝滿農具的籃子。

山谷裡滿是蒜苗冷色調的藍綠色。這裡家家戶戶過去都會養牛耕田，因此我們要前往的「牛市坡」就是過去附近地區居民帶牲畜來販售的地方。農夫的女兒告訴我們：「現在大家都用機器耕地，所以他們都不養牛了，因為牛隻只有偶爾會派上用場，養牠們一整年的飼料費用就相對太高了。」不過沿路還是有一些專賣牛肉的餐廳，利用當地的歷史賺錢。

牛市坡位在海拔一千七百公尺的地方，比清溪高兩百公尺。那名農夫說，這樣的地勢，配合這裡乾燥的氣候與砂質土壤，就是這裡能產出貢椒的祕訣。我們在當地的政府單位外下車，院子裡有個人在打太極拳，還有隻黑雞在啄食。用燒炭的火盆暖手的村長請我們喝茶，然後找了一位女同事帶我們四處看看。我們走在喀吱作響的雪地上，穿過種花椒樹的園子。當我們環視長了尖刺的花椒樹和山谷間被白雪覆蓋的梯田，我們的嚮導說：「這一區每年大約出產十噸的花椒，都是品質最好的，又稱作『娃娃椒』，因為每一對花椒粒底部都帶有另外一對小小的、剛長出來的『娃娃』花椒。」

回到村子裡，兩位老太太邀請我們到她們家裡。她們各自是曾祖母和祖母，負責在這家的女主人外出工作時照顧兩歲大的小孩。她們給我們一些自家種的花椒，那位祖母說：「胃痛的時候，拿十顆在手裡摩擦，然後配涼水一起吞下去。很有效的。」

我們的司機還在政府單位外等著，但我們回清溪前還有一個東西要看。在建黎鄉的高點，就在主要道路旁，豎立著一個混凝土標示牌，上面得意洋洋地寫著：「漢源鄉，花椒之鄉。」但在牌子下面比較不明顯的地方，有一個刻了字的老舊石碑，這是所謂的「免貢碑」。我們五年前來漢源的時候，這塊石碑四分五裂地散落在當地政府機構裡，但隨著這個國家歷史尊嚴的復甦，觀光業的潛力再起，這塊石碑也被修復，放到了這個顯眼的位置。

上面磨損的字跡講述了這裡的花椒農如何在清末成功保護自己，免受當地腐敗的政府官員敲詐。當時朝廷要求每年要進貢一定數量的花椒，派到清溪的官員則苛捐雜稅，把這些農民壓榨得一滴不剩，讓他們陷入絕望的貧困處境。最後這些農民再也受不了，集體向政府高官求情。於是朝廷大發慈悲廢除了這裡的貢稅，這塊石碑也就立在建黎，是政府免稅的承諾保證。

我們爬回車上，一路顛簸回到大路上，談的都是花椒。那裡的公務員，也就是我們的嚮導告訴我們，現代版的進貢就是雅安政府每年會買四十斤頂級建黎花椒，當作禮物送到共產黨在北京的領導中樞「中南海」。她揮手指向大路兩旁的小攤商：「這些店都說自己賣的是貢椒，但是這裡其實買不到真的貢椒。最好的東西都被有門路的人買走了。你看到這裡賣的大部分都是四川其他地方種的花椒，只是用了清溪的包裝。」

穆瑪和我在大路邊的一間牛肉餐廳吃午餐，滾得冒泡的火鍋上浮著一圈花椒。然後我們開回清溪。在我們五年前拜訪的孔廟外，聚集了一群穿著色彩鮮豔服裝的農民，為玉米種子的價格討價還價。馬上有人拍了一下我的肩。一個矮胖的男子要我跟他去政府單位，我馬上發現那地方就在孔廟大門對面。「其實我要去參觀孔廟。」我告訴他，但是顯然我不能拒絕他。他押著我走進那棟建築，上了幾階混凝土樓梯，走進一間又冷又煙霧瀰漫，能俯瞰種子市場的房間。他請我坐下，用保溫瓶裡倒出來的水幫我泡了綠茶。

我讓自己做好準備，以面對一如往常的冗長訊問，他的被害妄想心態和政治影射會不會把我困在這裡好幾個小時？他會不會像我在川北西藏區遇到的那個緊張公安一樣，要我寫批判自己的文章，還要蓋手印畫押？他會不會又派個年輕公安監視我？但結果這位中國共產黨清溪分部書記是個作風新派的黨員。

我向他解釋我是飲食作家兼研究者，對於花椒很感興趣時，他胖嘟嘟的大臉瞬間亮了起來。「歡迎歡迎！」他說，接著馬上走進隔壁的辦公室。當他消失沒多久後再度出現時，手上拿著一份光亮的全彩清溪貢椒紀念月曆。他很自豪地指出這份月曆的特色：有詩詞，有對清溪做為首都一千三百四十六年歷史的敘述，還有著名的「娃娃椒」的特寫照片。他指著說：「瞧瞧，你看到『娃娃』了嗎？代表這是貨真價實的。」他告訴我，他很希望能讓外面的世界知道清溪和這裡產的花椒。

我又驚又喜。在我遇過的共產黨幹部中，他是第一個了解友善地對待一位外國作家，遠比把她當成罪犯或是間諜更能讓她留下好印象的人。

我問這位書記有沒有買清溪花椒的建議：「我聽說這裡賣的都不是真的，有些商人會從其他地方進花椒，然後當成真的來賣。」他回答我：「沒問題。」接著在他的手機上按了幾下。過了幾分鐘，他的同事走進房間，這位黨書記向那人說：「聽著，你能不能幫扶小姐弄到一斤左右的清溪貢椒？一定要是好東西喔。」這名男子馬上跑出去執行任務。

半個小時後，他帶著兩個紙袋回來，上頭驕傲地印著清溪貢椒的歷史。書記抓了一袋讓我們聞，那香氣真是美妙至極。花椒粒的表皮是深粉紅色的，上面有疙瘩，裡面則是如絲般的潔白。「請指給我看『娃娃』。」我說。他拿起一對花椒仔細看，再拿起另一對，接著他生氣地大吼：「這不是真的娃娃椒！你看，有些有『娃娃』，但有些沒有。他們一定混著賣，不夠純！」他氣急敗壞，又找來那個同事：「聽著，這不好。再去一次，不要去店裡買，去問農民有沒有留著一些頂級的東西，一定會有一些。」（如果連當地官員有時候都會被假貢椒給愚弄了，難怪要找到真貨這麼難。）

終於那人帶了一袋沒品牌的塑膠袋裝的花椒回來。這些花椒粒還帶著細枝，香氣強烈得要將人淹沒，滿溢整個房間。我們檢查了這些花椒，的確每個上頭都有「娃娃」。這下子就皆大歡喜了。我說：「謝謝你。現在我可能要去孔廟走走看看了。」書記回答：「好啊。但你晚一點要不要和我們吃個飯？」他給我他的電話號碼，我們也約定了見面的時間和地點。

回到孔廟那裡，我再次和穆瑪會合。從我們上次來過之後，這座廟的主殿現在已經開放，並且做了俗麗的修復。巨大的孔子像塗上了鮮豔的顏色，詭異地在我們頭頂上向下俯瞰。外面的石柱和石香爐依舊站在它們數世紀以來的位置上。看管孔廟的長者指給我們看石柱側邊的雞毛和凝結的血塊：「學生在考試前，會到這裡殺雞獻給孔子。」

當時是臘月，是在冬天獻祭的月份。幾乎家家戶戶都養了一頭豬，準備在新年宰殺，而現在時候到了。路邊公用的爐子下燃燒著熊熊火焰，巨大的鍋子裡燒滾了水，冒出氤氳蒸汽。我們在鎮中央看見一名男子在他家的院子裡捆起一頭豬，那隻動物發出悲鳴，因恐懼而顯得暴躁。裡面則有一名屠夫拿著鋒利的柳葉刀等著。

要五個壯丁才能把這頭死命掙扎的豬拖進院子，固定在屠宰台上。牠就像個受傷的人，在台子上嘶喊、悲鳴。接著屠夫用刀深深刺進牠的喉嚨，紫紅色的血立刻洶湧噴出。這頭豬繼續尖叫、扭動身體，彷彿有好幾個世紀之久。最後牠終於死了，整個院子也被血染紅。屠夫朝牠的後腿砍了一刀，插上腳踏車打氣筒的管子，接著開始踩打氣筒，讓那頭豬膨脹起來。（他說：「這樣比較好宰。」）

壯丁把這頭巨大又軟趴趴的野獸拖到爐台上，輪流把牠的各個部位浸泡到滾水裡，另外一個人則幫底下的爐火添柴。當他們在爐台上擺布這頭豬的時候，牠既蒼白又毫無生氣的臉只能以奇怪的角度盯著前方。氽燙過的部位毛髮都被刮除得乾乾淨淨。這些人認真安靜地從事自己的工作。

一名男子用大刀切下了豬頭，接著把沒有頭的屍體掛在木架上，他們在院子裡把這頭豬切開，準備用鹽醃。一名雙手溼漉漉的女子在清理台子上一圈圈幾公尺長的腸子，一個小男孩甩著一段繩子在旁邊跑來跑去。屋子裡有其他女人在用鹽巴醃大塊的肥肉，放進半個人高的陶甕裡。幾天後，他們會用豬油煮過這些肉，放回罐子裡保存一年。

愈來愈接近晚餐時間，但穆瑪還一直忙著抄筆記。我提醒他我應該在六點前和黨書記碰面，他說：「我晚點去找你們。」所以我自己先離開了。一個小伙子讓我搭他的便車。他飛也似地騎下山，在摩托車後座的我，任由風吹過我的頭髮，凝視著眼前沐浴在陽光下、種滿花椒的山坡，以及像灑了鹽般被白雪覆蓋的山頭景色。

清溪所有的共產黨員和政府官員都到了「山莊餐廳」，圍坐在包廂裡的一張圓桌旁。黨書記熱情地歡迎我，不斷舉杯祝我健康。他喊著：「歡迎來到四川！歡迎來到漢源！更歡迎來到清溪！」

坐在我旁邊的市長有點害羞地告訴我：「其實這是清溪政府第一次接待外國訪客。」（看來連有名的羅斯都沒和他以及同僚吃過飯。）

我回答他：「謝謝你們，我很榮幸。」

這頓晚餐非常美味，端出的都是最好的四川農家菜。首先上桌的是風乾香腸切片，裡頭的花椒和辣椒帶著刺激的口感，接著是淋上辣油的美味土雞切塊、「夾沙肉」（帶肥肉的五花肉片夾紅豆沙，鋪在糯米上蒸熟後倒扣出來灑糖粉）、茶香鹹菜炒豬絞肉。淋上魚香味醬汁的肘子肉，只要輕輕一撥就骨肉分離；還有花椒油煮眉豆，以及讓我驚為天人的「天麻」燉土雞（天麻是一種昂貴的藥用塊莖）；另外是小火慢燉、營養豐富的胡蘿蔔紅燒牛肉。這些食材都是當地產的，味道好得不得了，是我幾個月以來吃過最好吃的一頓中國菜，比我在上海任何一間高檔餐廳吃的都還好，我止不住地吃。喝了酒後滿臉通紅的我實在太開心了，也跟著舉杯祝賀：「願外面的世界了解並欣賞清溪花椒！」這些官員都很高興，一同舉起了酒杯。

穆瑪來的時候，我們剛吃過飯，還在院子裡聊天。我請穆瑪幫我們拍照，因此我們都從座位上站起來，讓穆瑪用我的相機拍了一張我站在兩排官員中間的照片，我面帶微笑，後面的背景是花椒樹和山峰。一位當地的執法人員提議用他的警用吉普車載我們回飯店，黨書記則邀請我晚點到他住的飯店酒吧喝酒唱歌。

穆瑪還餓著肚子，所以我們得找個地方吃飯。可是我覺得他的行為有些奇怪，我感覺到他在生我的氣。我問他：「怎麼回事？」他沒有回答。但在我稍晚的追問之下，他承認之前和我們在一起的那些村民，知道我和當地的官員來往都不是很高興。

「他們懷疑你在做什麼，為什麼要接受地方領導的接待。你可能以為這些官員很大方，但是在那些農民眼中，他們給你的所有東西，不管是肉、酒，或是珍貴的花椒，都是用人民的錢買單的。你知道這裡的人有多窮。當你在殺豬的屠夫那裡說你要去山莊餐廳吃飯時，那家人互相交換了一個意味深長的眼神。對他們來說，你是用清溪窮農夫的血汗錢在吃喝。」

他的話語像是對我腹部的一記重擊。貪污在中國各地的確屢見不鮮，應該為民服務的官員和人民間的關係可能也會很緊繃。但我也幫自己辯護，我問：「不然我要怎麼辦？我不像你可以融入這個地方，我是外國人，我顯眼得不得了。地方黨書記要我跟他進辦公室的時候，你期望我怎麼做？他看起來真的很親切大方。除此之外，我是作家，我要了解中國社會的每一個層面，富有的和貧窮的都要。反正，在清溪的時髦餐廳吃飯，跟在成都有什麼不一樣？甚至和在倫敦吃飯有差別嗎？這些地方都有窮人。就算我拒絕跟他們去吃飯，也幾乎不可能解決貧富差距的問題。」

我的藉口裡的確有些是事實，但我心知肚明我根本迷失在那頓晚餐裡。在我喝湯時，讓蒸五花肉在我嘴裡化掉時，我根本沒有把貧窮這件事放在心上。我不由得想起了山上的「免貢碑」。一個世紀以前，清溪的花椒農贏了貢稅的那一仗，努力想在官員的勒索下保障自己的生計，一想到他們的後代至今可能面臨相同的問題，就讓人很不自在。

我們在一間小餐館停下來，讓穆瑪簡單吃了豆腐、蔬菜、米飯，他和老闆用四川話友善地談笑。我肚子裡的雞肉、豬肉、牛肉讓我覺得很不舒服。一方面我對黨書記的好意充滿感謝，我真的很喜歡他，一方面穆瑪說的話又引起了我的罪惡感；兩種情緒幾乎要將我撕裂。

隔天我們一早就起床，打包行李回到成都。我袋子裡的花椒香味染上了我所有的衣服和房間。我們在這股香氣的繚繞下走到巴士站。公雞剛啼，街上的小販開始揉麵團做早上的饅頭。往雅安的第一班破舊巴士正要啟程。「你是羅斯小姐嗎？」我向車掌買票時，他這麼問我。

## 清溪紅燒牛肉鍋

你需要放在桌上的爐子才能正統地做這道菜。

**材料：**

牛肩頸肉　一公斤
菜籽油或牛油（也可混合這兩種油）　三湯匙
四川豆瓣醬　五湯匙
薑片不去皮　二十公克
四川花椒　一湯匙
辣椒末（非必要）　一湯匙
老抽　二茶匙

**搭配食材：**

白蘿蔔　五〇〇公克
蒜苗　三根（或芹菜梗兩枝）
香菜　一把
大白菜　半顆
豆腐　二五〇到三〇〇公克

一、牛肉切成一口大小，用滾水汆燙後瀝乾。

二、中火熱油，加入豆瓣醬，炒到油變紅、散發出香味為止。放入薑片與花椒，很快炒出香氣。若選擇使用辣椒末，此時可加入拌炒。接著放進牛肉。

三、加入大量的水淹過牛肉，加入老抽，需要的話再加一點鹽巴。煮滾後轉用小火燉數小時，讓肉軟嫩。

四、白蘿蔔削皮切片，蒜苗或芹菜修整後切段，放進大金屬鍋鋪底。大白菜和豆腐都切塊，放在兩個小盤子上。

五、桌上的爐子點火，需要的話在牛肉鍋裡再加一點水（牛肉應該還是全部浸在湯汁裡）。把金屬鍋放到爐子上，將燉牛肉倒在蔬菜上，灑入香菜。

六、火鍋在桌上煮滾後，讓賓客自己夾煮熟的牛肉、蘿蔔、蒜苗吃。同時鼓勵他們把大白菜和豆腐放進火鍋裡煮。

七、另外提供白飯。

如果你沒有爐子，就省略蒜苗、芹菜、大白菜和豆腐，只要在牛肉快熟的時候，把白蘿蔔放進去一起燉到軟。把這道菜當成燉菜食用，用香菜裝飾。

分量：四到六人。

# 第十四章

# 熊掌雞骨

我開始跳脫自己熟悉的四川和湖南，探索中國其他地區的烹飪領域時，我發現自己想到了福建省。福建位在中國東南沿海地區，夾在廣東和江南地區之間。雖然在國外並不出名，但這裡曾經是中國國際貿易的最前線。在宋朝，阿拉伯商人搭乘大型帆船航行到福建的泉州、廈門等港口，用他們帶來的東印度香料與奢華的貨品，交換中國的瓷器與絲帛。歐洲人從十六世紀開始在廈門做買賣，直到十八世紀中期中國禁止對外貿易才終止。但英國在一八四二年第一次鴉片戰爭過後，以武力強迫中國再度開放條約明訂的國際通商口岸。以貨物集散中心而言，福建對於外面的世界一直都有著一股穩定的影響力，但這一點卻鮮少受到肯定。這裡是中國最重要的茶葉出產地之一（「tea」這個單字與它所有的變形，都是從廈門話衍生出來的），福建移民雖然不如廣東人那麼顯眼，但在西方中國城裡也是一股強大的經濟實力。

福建就和大多數省分一樣，有自己的特色料理，中國人稱為「閩菜」。廈門福建沿海地區以做法相當於蚵仔煎的「蠔煎」及各式海鮮珍饈著名；福建北部多山的區域則出產野生動植物，例如竹筍、香菇，以及各種生物。福建省多處也出產鐵觀音、大紅袍等頂級烏龍茶。住在湖南的日子裡，我養成了愛喝福建茶的口味，我在倫敦的中國城的新派福建餐館裡也嘗試了閩菜，但我還想知道更多。所以我安排了一趟旅行，和我現居在上海的幾位四川大學的老朋友，一起到福建北部的名勝景點武夷山遊覽，之後我再自己到福建南部旅行。

我們在熾熱的陽光下搭乘九曲溪的竹筏出發，軟材質又容易激起水花的船篙在水中撐船前進，讓我們陷入搖搖晃晃的恍惚狀態。武夷山著名的喀斯特石灰岩山峰峨然矗立在河岸兩側。我們年輕的嚮導指著凸出在水面上的一塊低矮岩石說：「我們管那塊叫『烏龜』，另外那是『大王峰』。」他另外也即興開了幾個玩笑：「那一顆石頭是『漢堡』（數片平坦的石頭堆疊在一起），那是『鐵達尼號』（一塊面向下游，外型像船首的大石頭）。」但烏雲很快地開始聚攏，雨滴啪啪地落下，一場暴雨立刻降臨。我們趕緊躲在一塊巨大、突出山壁的岩石下避雨。可是夜幕即將降臨，我們必須趕路。最後嚮導把全身都溼透了、發著抖的我們，丟在一片漆黑的河岸上。我們手腳並用地爬到馬路邊，招呼路過的車子載我們一程。

那晚我想吃英國的牧羊人派的心情，勝過想吃任何精緻的美食大餐，但那是我在福建北部的最後一晚，我覺得自己應該要吃蛇肉。餐廳老闆劉女士在後面廚房旁邊的籠子裡，關了幾條靜靜蜷曲在那裡的蛇。她丈夫把香菸捻熄，打開其中一個籠子，一條毒蛇馬上憤怒地挺起身體，嘶嘶吐舌。他馬上蓋上蓋子，等那條蛇冷靜下來後，他再慢慢地打開蓋子，然後用長夾子抓住蛇的脖子。那條蛇痛苦地甩動、扭曲身體，直到他用剪刀剪斷牠的頭才停止。他已經準備好兩小杯的烈白酒，把蛇血倒入其中一杯，然後再把挖出來的膽囊刺破，讓綠色的膽汁流進另一杯酒。

「馬上喝掉。」他告訴我。所以我把嘴唇放到杯緣上，輪流喝掉這兩杯像紅綠燈的調酒：第一杯裡有鮮紅色的血在打轉，第二杯又苦又令人精神一振。烈酒燒灼了我的喉嚨，還讓我流出眼淚，而且看到杯子裡漩渦狀的生血讓我覺得有點想吐。我看著劉女士的先生輕輕鬆鬆地剝掉蛇皮，好像那只是一件絲質內衣，取出蛇的內臟後，將蛇切塊，丟入一鍋滾水裡，再加一把枸杞子。

劉女士的餐廳可以俯瞰茶園，眺望崎嶇的山景。這裡白天的景觀相當壯麗，夜晚外面是一片黑暗，餐廳也很靜謐。這裡大片的觀景窗都沒裝玻璃，所以你吃飯的時候會聽見昆蟲響亮的嗡嗡鳴叫，讓你覺得自己也融入了這片景色。劉女士的絕活是用當地的食材做菜，而很多食材都是野生的。她的冰箱裡堆滿珍奇的菇類，有像手指的「龍抓菇」、「金喇叭菇」、灰色的「千手菇」，還有當地人因為「大王峰」而跟著將之命名為「大王菇」的大型菇類切片。亮粉紅色花瓣的野花、竹筍和某種爪狀外觀的球莖類一起放在食材櫃上。另外還有一個冰箱是專門放肉類的，裡面有一般的豬肉，但這並不是大家來劉女士餐廳的目的。她的餐廳常客都是衝著野味來的：鹿類的野麂子、野兔、野雞、野甲魚、蛇……

這裡的廚房很簡單、乾淨，鋪了白色的磁磚，有一座水槽和幾個瓦斯爐，烹飪的手法也很直接，但因為食材非常新鮮，品質又好，所以菜餚的味道好得不得了。蛇湯讓人耳目一新，肉質軟嫩，多骨結又多刺的脊椎切塊也很鮮美。我們也吃了麂肉片，也就是鹿肉，搭配新鮮的紅辣椒和洋蔥，讓人品嘗到濃厚的野味。另外還有野生的菇類、用胡蘿蔔與辣椒紅燒的野雞、兔肉炒甜椒與薑蒜，以及一種叫做「人參菜」的野菜。劉女士的蛋用完了，所以我們點蛋炒飯的時候，她就派兒子走進那一片充滿各種生物聲音的黑暗中，到有養雞的人家去買蛋。

身為一個很久之前就決定要什麼都吃的外國人，我應該覺得自己來對了地方，但是我內心浮現一個道德上的兩難，愈來愈難忽視：我現在已經知道有些麂類是瀕臨絕種的，我怎麼知道桌上這一盤是不是其中一種？如果要深究，劉女士冰箱裡的其他食材也有類似的情況。我希望剛剛被我喝掉血和膽汁的蛇不是野生的「五步蛇」（福建人對百步蛇的稱呼，因為被咬了以後走五步就會死），但我不是蛇類專家，而劉女士的店就是專賣珍禽異獸。

當她給我看冰箱裡的一隻死甲魚時，她假裝自言自語地說了一句「保護動物」。她的籠子裡有一條五步蛇，泡著中藥材的烈酒罐裡蜷曲著一條醉死的眼鏡蛇。我問她：「賣這些東西不是很危險嗎？你不怕被抄檢嗎？」

她帶著難以察覺的笑意，叨叨地說：「喔，他們偶爾來檢查，但是我們通常都知道他們什麼時候會來。」有一次，她當場被抓到冰箱裡有滿滿的保育類野生動物，檢查人員要罰她五萬元，但是她用花言巧語說服他們留下來吃晚餐，最後只需要付五千元的罰金就好。她繼續說：「總之，地方官員自己也吃保育類動物。他們當然不會在大都市漂亮的餐廳裡公開吃，但會到我們這種安靜、不受注意的地方吃，這樣沒關係的。而且保育類動物也有分級，宰殺一級國家級保育類動物的罰則非常嚴厲，例如熊貓。」她比了一個砍頭的手勢，接著說：「二級的話，會有六個月的徒刑。但是三級保育類動物在市場都能公開買賣，你晚餐吃的麂就是其中之一。」（強烈的罪惡感襲來。）

「可以肯定的是，你在任何人的冰箱裡都找不到熊掌，那太危險了。但如果你真的有決心，什麼都吃得到。比如要是有個富有的客人要吃熊掌，他們通常沒幾天就能接到通知，告訴他有貨了。他可能要先付大概一千元的訂金，吃完後再付一千。餐廳都會找中間商弄到這種東西，這樣他們才不用隨時有庫存。」

「什麼人會花兩千元吃一個熊掌？」我問劉女士。

「你知道的嘛，就是那些有錢的公司老闆和官員。」她回答。

隔天我那些朋友就回上海了，我自己一個人搭摩托車的便車，離開美麗的荒野山谷，往地勢較高處前進。我和駕駛經過了整齊的梯田和茶園、竹林與收割後的水田，田裡還有幾隻水牛在遊蕩。然後我們把摩托車留在山腳下，沿著石階往上爬到一間位置高聳的佛寺，就蓋在崎嶇的懸崖岩壁邊。

和多數的中國農民一樣，我的駕駛是一本活的《本草綱目》，說起鄉間各種可食用、可入藥的植物如數家珍，他會停下來拔兩片葉子，告訴我：「這種香草可以泡在水裡治療中暑。」夏末時他當起採菇工人，供應各種菇類給當地的餐廳，他說價格最高的，是會把高湯染成粉紅色的「紅菇」。

「那野味呢？蛇和熊？」我問他。

他笑著說：「現在已經沒剩多少了！要是你抓得到蛇，而且沒人看到你的話，的確可以賣好價錢。但是在這你可找不到熊，至少在野外不行。路的那頭倒是有一座農場，專門養熊取膽汁。」

幾個小時後，我們的小摩托車悠哉地騎回路上，眼前出現一個陡峭的車道，帶我們進入了一間現代混凝土樓房的院子。這裡就是我的駕駛說的那個地方。我們下車後，他帶我通過一間漂亮而設備齊全的大廳，裡面放著好幾箱、好多罐用蛇和熊做成的藥品，接著我們走進一個長型的房間，裡面的玻璃箱裡關著許多蛇。幾個參觀的訪客透過玻璃盯著這些蛇看。我的駕駛指著蛇皮上的花紋告訴我：

「這就是五步蛇。」

在中庭關著三隻大黑熊的房間上方，蓋了一間觀賞室，黑熊則在這間深度不小的房裡晃蕩。園方歡迎遊客購買整條的小黃瓜和饅頭餵熊，牠們會用後腳站立，想辦法抓到食物。這裡不是一般會歡迎外國人的那種地方，養熊取膽汁在國外是個敏感的話題。醫療用膽汁有時候是直接從活體動物的膽囊中抽取出來的，而動物權激進主義者認為這是種惡習。我有一點期待自己被擋在門外，或是被管東管西的經理趕出去。但是沒有人制止我，看到我的員工都帶著害羞和驚訝的表情。這個地方就是有錢人吃的熊掌來源嗎？我這麼懷疑。

中國人向來對珍禽異獸的料理充滿興趣。熊掌在戰國時期是宮廷珍饈，之後都只有帝王才有資格享用這道菜。一份漢代典籍提到了早期的「紅燒熊掌」，用了芍藥和發酵的醬料烹煮。在大約兩千年前，儒家的孟子就在一篇關於人性本善的論述中，利用熊掌做為比喻。

魚，我所欲也；熊掌，亦我所欲也。二者不可得兼，舍魚而取熊掌者也。生，亦我所欲也；義，亦我所欲也。二者不可得兼，舍生而取義者也。

熊掌只是古代的珍饈之一，其他珍饈還包括貓頭鷹、豺和豹胎；魚翅與燕窩（褐雨燕用唾液做的鳥巢晒乾後，做成湯品食用）這些比較現代的珍饈則後來居上，在高級料理中取得較高的地位。燕窩做為食材的記載，最早出現在元代的典籍中，魚翅是從明代開始廣泛為人所食用。這兩種食材都是清代宮廷內不可或缺的奢華料理。

雖然豹胎好像已經不流行了，但很多稀有珍奇的食材都還是中國富豪與特權階級的盤中飧，或者說直到不久之前都還是。我收藏了一本八〇年代中期出版，關於國家宴會菜餚的食譜，收錄了國家領導人與外國達官顯要吃的各色名菜，其中除了魚翅、燕窩、鮑魚之外，還有一張毛茸茸的熊掌放在鑲花邊的桌布上的照片，旁邊的盤子上裝著另一隻煮好的紅燒熊掌，背景則是精細的蔬果雕刻。

有一本收錄傳說中滿漢全席菜單的食譜讓看的人眼珠都要掉出來了，連我都不例外。裡面不只告訴讀者如何料理諸如羊腱子、魚唇、駝峰、鹿鞭、熊掌，以及青蛙卵巢脂肪的雪蛤等著名的珍奇菜餚，甚至還有一道料理「猩唇」的食譜，而且這本書還是在二〇〇二年出版的！還好這份食譜指示讀者用鹿唇取代真正的猩唇，而且為了表示該書跟得上日益升高的環保意識，書中也建議讀者可以把帶皮的羊肉壓扁成熊掌形狀，代替真正的熊掌。（真正的熊掌食譜下方有一條附注，提醒讀者熊掌是國家二級保育動物，沒有官方允許不能上桌。）

理論上，這些珍稀料理的吸引力在於它們的養生特質與豐富的口感。舉例來說，魚翅的蛋白質很豐富，含有一些礦物質，據說有助於預防動脈硬化；魚翅在嘴裡條狀的絲滑感與凝膠般的口感也備受讚譽。燕窩吃起來滑溜又脆口，含有多種礦物質與甘胺酸，是中藥裡重要的滋陰藥材之一。雪蛤是一團半透明的雪白滑溜物質。而熊掌、駝峰等其他宮廷料理食材（想必猩唇也是）都在長時間的慢火熬煮下，形成滑順，入口即化的豐富膠質浪潮。

然而不管這些食材的營養價值有多麼值得讚揚，又用多少優美的詞藻形容它們的口感，最終你還是得承認這些料理的吸引力，其實在於它們具有能用來炫耀財富的性質。畢竟簡單的豬腳或是海帶就含有同樣的膠質，營養也一樣豐富。就像一位美食雜誌編輯曾對我說過的：「大家吃魚翅這類的珍饈只是因為它稀有昂貴，而且是以前皇帝吃的東西！」

過去那個時代，熊在福建山中自由自在生活，東海裡有多得數不清的海參，湖泊河流裡還有甲魚悠游，一般人會認為傳統中國老饕喜愛這類食物的欲望沒什麼大問題，因為只有頂級的富豪與有門路的人才吃得起這些食物，而且那時光是吃肉就是一種特權了。但是隨著中國在二十世紀晚期到二十一世紀初期開始經濟起飛，珍禽異獸的市場就多了一類的顧客，因為嚮往富裕生活的中產階級也開始想分一杯羹。

飲食是中國社交關係的核心，用昂貴的料理招待朋友和生意伙伴，不只表現你對他們的尊重以及帶來交際的歡樂，也讓這些人建立起也許能延續數十年的「關係」。在宴席上招待排翅，你的客人就知道你是「有料」的。請一位有影響力的官員吃排翅，運氣好的話，他就會覺得受到了款待，未來在你需要的時候會記得幫你一把。互相宴請頂級料理已經是一種行之有年的微妙賄賂體系。

在九〇年代，廣東南部經濟特區的創業家是在中國開始推動經濟改革後，最先崛起的富裕階級，他們復興了舊時代的擺闊習慣，在珍禽異獸與進口白蘭地上一擲千金。後來中國其他地方數量急起直追的成功商人也仿效廣東商人的做法，突然間中國各地的**暴發戶**都開始點魚翅湯，就像英國的足球選手狂點高價的水晶香檳一樣，只是為了炫耀他們的財富。

中國菁英份子貪婪的胃口現在不只威脅到國內的野生動物，還成為了國際性的議題。舉例來說，中國人過去幾乎吃光了國內的淡水類甲魚，現在餐廳裡供應的大多是人工養殖的，可是一般依舊認為野生甲魚的味道與營養價值都比較充足。多年來，中國不斷自東南亞國家進口野生甲魚，直到把那些國家裡的野生甲魚也吃光了為止。現在中國變成從北美洲地區進口甲魚。穿山甲也是同樣的情況。海參也差不多：海參因為商業濫捕，剩餘的數量已經不敷市場需求，現在要遠從南美洲的加拉巴哥群島捕捉進口。

中國市場對魚翅無底洞般的需求，對鯊魚所造成的威脅，是最受到世界矚目的問題。部分原因在於取魚翅的做法（據說漁夫會把昂貴的鯊魚鰭從鯊魚身上活生生地割掉，再把魚丟回海中，任由牠流血不止、迷失方向）。魚翅是廣東人婚宴裡**禮貌上必須有**的菜色；全世界一半以上的魚翅交易都在香港進行，這裡有專賣魚翅的商店。然而惡名昭彰的魚翅走私卻只是冰山一角，是露出水面的鯊魚鰭而已，中國人是世界上對瀕臨絕種的動物最貪得無厭的消費者，來自世界各角落的野生動物都進了中國人的火鍋與燉煮中藥裡。

身為想從中國人的眼光看事情的英國女性，我對這個議題的感受很複雜。一方面來說，當西方人大肆抨擊中國人吃瀕臨絕種動物（尤其是魚翅）時，我會覺得相當憤慨，因為西方人老饕自己的做法也沒多高尚。我的同胞也很開心地享受各種野生海魚，置現代捕魚艦隊對海洋生態的蹂躪於不顧。他們吃東南亞養殖場產出的蝦子等其他海鮮，這些養殖場不僅破壞紅樹林沼澤地，也會污染水源；生產紅白肉類的養殖場也很髒亂殘酷，對環境有害。這都只是食物層面而已，講到使全球氣候失去平衡的二氧化碳排放量，還有整體對天然資源的消耗，以每人為單位來看，美國依舊是世界上惡行最嚴重的罪犯，緊跟在後的是歐洲人（雖然中國也已經迎頭趕上）。對西方人來說，譴責吃魚翅這件事絲毫不費吹灰之力，反正他們自己不想吃。但是難道我們自己會為了環境，放棄吃壽司、鮪魚三明治和便宜的漢堡？

如果一個西方人面對中國人喜愛魚翅的態度，是把這當成世界上最嚴重的環境問題，那無疑是一種令人厭惡的偽善。但另一方面來說，我個人是否真的願意支持吃鯊魚等瀕臨絕種動物的任何部位？當然不要。在英國，我儘量避免購買蝦子和養殖肉類，我也很少煮魚，因為我知道大部分魚類都是以非永續性的方式捕捉而來。雖然我非常喜愛昂貴的藍鰭鮪魚的美味，我卻不能假裝不知道這種絕妙的魚類隨時都會絕種，所以我在日本壽司餐廳裡都不吃這種魚。在中國也是一樣。隨著我對環境議題的知識日益增加，魚翅和其他瀕臨絕種動物的料理，在我嘴裡的味道也愈來愈不堪。此外我也知道自己有點像是引薦中華料理到西方的某種代表性角色，我若公開宣布我吃魚翅，勢必會引發爭議。我在演講或示範烹飪時，常會被問到我對魚翅的看法，如果我承認我吃魚翅，那就會破壞我自己一直想說服西方人了解中國烹飪文化榮光的努力。可是我又不想說謊，我不想假裝自己是什麼聖人，或是一個在食用瀕臨絕種動物議題上擺出道德高姿態的西方人。我相信這是不分國籍的所有人都必須面對的問題。也許拒絕吃魚翅是一個好的開端，能開啟這相當必要的對話。因此，我已經不吃魚翅了。

中國政府偶爾的確有打擊非法交易保育類動物的動作。二〇〇三年的ＳＡＲＳ危機讓他們必須迫切採取行動，因為據信這種傳染病是從野生果子狸（傳統的補品）傳到一般大眾身上。但是要改變吃珍禽異獸的根深蒂固傳統很困難，名義上負責通報打擊行動的官員，通常就是喜歡偷偷喝蛇湯、吃燉甲魚的人。至於農民，假設你是一年只賺兩千元的福建農民，小孩的學費、父母的醫藥費讓你左支右絀，當你在樹叢裡看到一條無辜的五步蛇蜷曲在那裡，你會怎麼做？

二〇〇七年五月，廣東省沿海發現一艘破損的木船漂來。這艘船介於幽靈船瑪莉號與陰森版的諾亞方舟之間，船上堆滿了裝著受苦的野生動物的木箱，這些動物在熱帶豔陽下因為缺水而奄奄一息，總共有三十一隻穿山甲，四十四隻稜皮龜，將近兩千七百二十隻的蜥蜴，一千一百三十隻的巴西龜，還有報紙包著的二十一隻熊掌。這些都是稀有或瀕臨絕種的動物，本來正在從東南亞的叢林前往廣東南部的餐桌的路上。這艘船引擎上可辨識的標籤被除去，而且失去了動力。當地新聞報導沒有解釋為什麼船員會丟下這些高價貨品。

這些總計十三噸重的動物都送到廣東野生動物保護中心照顧，當地媒體引述一位中心員工的話：「我們已經收到一些動物，要等政府指示我們怎麼處理牠們。」考慮到廣東官員對稀有動物的胃口，這些珍饈在市場上的高價，還有在中國無處不在的貪污習性，你只能希望這些動物能繼續留在保護中心裡，而不是被吃掉。

那天晚上在劉女士的餐廳裡吃過晚餐後，我舒適地坐著喝茶，聽著外頭青蛙和昆蟲在絲絨般夜色裡的鳴叫聲。排除我出於道德而對菜單上某些料理的懷疑，這裡正是我在中國鄉間尋找的地方：一個家庭經營的餐廳，賣的都是本地、當令的食材新鮮現做的料理，這裡的廚房簡單但是一塵不染，接待客人的溫暖也發自內心。但儘管這裡地處鄉間，簡單樸實，它之所以能夠存在，當然都是靠像我這種觀光客的貢獻。當地人居住的合院雖然雅致但是破舊，他們靠種植與加工烏龍茶維生，根本吃不起這裡的菜。光是蛇湯就要三百多元，是這個窮鄉僻壤一個農夫一年收入的七分之一。但現在「鄉下」菜在中國的市場愈來愈大。

我第一次聽到「農家樂」這個詞，是我結束四川烹飪學校課程一年多後，第一次回到成都時。那時我的老朋友周鈺和陶萍請我出去吃飯，他們就像當地飲食習慣的指標。陶萍大喊：「我們來頓農家樂吧！」我完全不懂她在說什麼。（「農家樂」在這裡應該指的是「可以享受農家樂趣的地方」。）

結果「農家樂」是一種模仿鄉下飲食的餐廳，是迎合成都中產階級有如瑪麗皇后般不識民間疾苦趨勢的產物。我們擠進周鈺的小休旅車，開到離城市幾公里外的地方，直到看到一座竹編的大門，上面還有彩色的旗幟裝飾。我們開進去，把車停在混凝土農舍旁的竹棚下。有好幾組人圍坐在棚子下的竹桌旁，嗑瓜子，打麻將。有些人則準備要開飯了。

這裡的東西都刻意仿造農村，放瓜子的是上頭有印花的缺角瓷盤，就像一般農家用的那樣，牆上還掛著蓑衣和斗笠。我們可以在門邊的池塘自己抓魚當晚餐，也能自己挑選煮火鍋的活兔子。

對有點年紀的都市人來說，關於鄉下的回憶通常帶著苦澀。在早期文化大革命的動盪後，瘋狂批鬥中國傳統和所謂「走資派」的那些青少年紅衛兵，集體隱居到鄉下「向農民學習」。對年輕的紅衛兵來說，這是為過去他們享有的激奮的自由贖罪：他們曾經能不花一毛錢在中國各地旅行，散布革命思想，在天安門廣場像是參加搖滾演唱會般歇斯底里地對毛澤東揮舞《毛語錄》。

很多紅衛兵都被送到偏遠地區，過了好多年悲慘的貧窮生活。我有一個朋友和幾個女性朋友一起住在山裡廢棄的倉庫，靠著耕種滿布石頭的土地，有一頓沒一頓的收成過活。他們睡在玉米稈做的床上，沒有水也沒有電，從來沒吃飽。這位朋友三年後回到成都，但其他嫁給鄉下人的不幸女孩，**再也不能**回家，餘生都被囚禁在困苦與貧乏的生活中。

對於周鈺和陶萍這些年輕人來說，他們不曾被迫過著和農民一樣的苦日子。而剛剛獲得行動能力的他們，開始開私家車或休旅車到處跑，把鄉下當成他們的遊樂場，當成逃離都市生活污染和喧囂的避難所。在全國各地興起的「農家樂」風潮其實是專為他們設計的，有些是很明確的農村主題餐廳，有的則像觀光農場，讓你可以住上幾天，試著自己動手挖地、磨豆腐、採水果。那些習慣都市人冷酷、輕蔑眼光的真正農民從來沒有如此被美化，他們對這樣的轉折一定感到很驚訝：村落愈「落後」，環境愈原始，對都市人的吸引力就愈大！此外，都市人還願意花大錢吃這些真正的農民只有快餓死時才會吃的山蕨野菜！

有些「農家樂」的店家還供應拙劣版本的農村飲食。有一天晚上在福建北部，在我們發現劉女士的美食殿堂之前，我和那些上海朋友要計程車司機幫我們找一間賣地方菜的餐廳，我們想像能在福建進行托斯卡尼地區那種農村旅遊，探訪竹林裡靜謐的農舍——當然我們早該知道這不可能。司機聽見我們這麼說，臉馬上亮了起來：「好，我知道一個地方很有鄉下味，你們一定會喜歡。」

結果我們的車子停在你能想像得到最做作、最商業化版本的「簡約農村」。「到了！」我們的司機驕傲地說，指著星羅棋布的道路以及用木頭和竹子蓋的用餐包廂。我的心一沉，但時間已經晚了，我們也餓了，一位女服務生穿著印花布做的農婦外衣，帶我們進入用餐包廂。經過其他包廂時，我透過打開的門往裡瞥，每一間無不是貪婪狂吃，杯盤狼藉。圓桌上堆滿了碗盤、陶甕，小瓦斯爐上放著迷你鍋，裡面剩下的菜都慘不忍睹，沒有一道被吃完。桌面鋪的薄塑膠巾上散布著殘羹碎骨：雞骨頭、魚鰭、蝦殼，還有濺出的一灘灘白酒、烈酒、啤酒。桌旁圍著一圈漲紅而狼狽的臉，酒意惺忪，東倒西歪。

這間餐廳為了要延伸這裡是農家的幻象，還要我們在廚房前頭放了大水箱與冰箱的地方點菜，水箱裡有各種魚類和鰻魚，冰箱裡塞滿「野菜」，蜂蛹在剩下的蜂窩裡蠕動。但這些只是以工業化的規模設計的農村景色。

我本來希望在福建南部可以找到比較真實的樸實農村。我來到了廈門，在鼓浪嶼這個小島住了幾個晚上，這座島就在海岸邊，過去是對外通商口岸居民的住所，現在依舊保留眾多的殖民式建築，也是中國有最多鋼琴的地方——國際性歷史所留下的遺產之一。不過我的目標不是福建沿海地區，這裡的人會用生長在沙灘裡的「星蟲」做「土筍凍」沾甜辣醬吃，或是吃包豬絞肉餡的鯊魚丸，以及各色各樣美味的海鮮點心。不過我的目標是客家人居住的福建廣東交界處。客家人的名字簡單來說，表示他們是移居到他處的家庭，是在漢族間遷徙的一群人。數世紀以前，他們從北方的家園在不同的階段紛紛移居到南方，躲避戰亂。清代早期，很多客家人在廣東和福建山區落地生根，因為比較肥沃的低窪土地已經被其他居民占領。客家人以醃菜和夠分量的農家菜聞名，而福建西南方有一個地方是我好幾年來都想去的，那裡的客家氏族依舊居住在傳統的土樓裡。

那個下午，我搭巴士離開廈門，在夜晚剛剛降臨的時候抵達客家村。從最近的城鎮開到這裡的路，又漫長又蜿蜒，山路上滿布山崩後的碎石土堆。我的司機幾乎一言不發，但每次只要他接起手機，就像怕自己的聲音會被無邊的黑暗吸走般，會拚了命地大吼。等到我們終於停車，我下車時還聽見溪水流過石頭的潺潺聲。我們沿著河流旁的路往上走，走進長條型陽台上的一扇門，接著他帶我穿過一扇小門，走進一面大牆裡。

林氏兄弟坐在他們的院子的一側喝鐵觀音茶，他們邀請我們一起喝。林家大哥用熱水瓶往小陶茶壺倒水，讓茶葉泡個幾分鐘，再把金黃綠色的茶水倒進茶盅裡，接著分別往四個小茶杯裡倒茶。

「喝點茶。」他說，於是我照做了。

林氏兄弟是建造這棟土樓的富有菸草商人的曾曾孫，他們至今仍然居住的這棟土樓非常壯觀，有像童話故事般的豪華庭院和鋪了灰瓦的屋頂，以山稜為框，可俯瞰溪流。現在當然大部分的穿堂都已經空無一人，棄置不用，宗祠前也不再香煙裊裊。不過近年來，這個地區成為觀光客與外國設計師的參觀景點，獨特的建築風格吸引了大家，林家也把這棟豪宅的一側改裝成客房。這是個簡單的地方，連抽水馬桶都是最早期的設計。但我卻覺得自己沒有去過任何比這裡更有魔力的地方。

林家大宅位在自成一國的土樓中央。十多個世紀以來，直到一九六〇年代為止，遷徙到這裡的客家人都會蓋這種有防禦力的宅院，保護自己的大家庭不受敵對部族或強盜山賊的攻擊。這樣的建築很多都是圓形的房子，隱約讓人想起倫敦的莎士比亞環形劇場。他們高聳的外牆低處沒有窗戶，只有一扇易於抵禦敵人的門；在裡面，層疊式的長廊圍著院子一圈圈往上蓋，每條長廊都有一個開口，能進入好幾間房間組成的環形。房子的最底層是廚房、水井、雞舍、祖先牌位。一樓是穀倉，上面是臥房與起居室。有些土樓很小，有些則住了幾十個家庭。其他類似的宗族建築通常圍著正方形或長方形的院子蓋，林家的土樓就是這樣。在戰亂衝突發生時，客家人只要守住門口，就能靠土樓裡的新鮮飲水、雞蛋、儲存的糧食、茶和醃製食品撐上好幾個月。

我在抵達的隔天很早就起床了。在院子裡吃過早餐後，我到村子裡散步。那時候正是收成的季節，河岸邊有老太太在剝柿子皮，放在竹簍上風乾。新鮮的柿子是果肉飽滿的橘色，但風乾幾天後，柿子會變黑，甜味變得如太妃糖般濃郁。

我接下來的幾天都在探索這些大家族住的房子，先是用走的，接著搭摩托車到鄰近山谷的土樓參觀。有些土樓已經重新裝潢粉刷，開始經營新的觀光生意，但大部分都受人忽略。就像大部分的中國鄉村一樣，土樓地區的社會在經濟改革的影響下，已經變成空殼。幾乎所有年輕人都搬到都市工作，留下的只有老人和小孩。過去回響著炒鍋嘶嘶聲的院子已經荒蕪，在棄置不用的農具和地面四散的廚具間，只有雞隻來來回回地啄食。

空盪盪的土樓裡，一位身形乾癟的老太太坐在木椅上，這裡雜草叢生，隨處可見雜物垃圾。她佝僂著身子，搖動裝滿黃豆的竹篩，讓乾黃豆和薄薄的豆莢分離。她用道地的客家話喃喃地說：老了，不能學普通話了。她不會說，也聽不懂。在另外一間土樓裡，兩位穿著藍色毛裝的老先生帶我參觀。他們重新建設了宗祠，把祖先的木雕像從文化大革命時藏著的洞裡找出來。他們的衣裳破舊，熱切地看著我，希望我給他們小費。傍晚的時候，我遇見了一個髒兮兮的小男孩，手上拿著飯碗和筷子，邊走邊吃一碗沒有肉也沒有任何佐料的麵條當晚餐。

待在村裡的最後一晚，我在林家院子裡和另外兩位客人一起吃晚餐，一位是歐亞混血的攝影師，另一位是他英籍華裔的女友，兩人都從香港來。我們從印刷的客家菜單上挑選了幾道菜，這份菜單是林家幫外國觀光客準備的。他們端出了全鴨煮的茶樹菇湯、香菇炒雞肉、炒蜜瓜，和當地的野菜「血菜」。這些家禽的美味讓人難以置信，真正放養的肉類通常都是這麼好吃。接著我們吃到最有名的客家菜：「梅菜扣肉」，菜餚多得根本不可能吃完。林家大哥給我們一罐客家人用糯米自己釀的酒，像蘋果酒一般溫熱又讓人暈眩。我們在院子裡流連不去，帶著微醺的醉意，直到蠟燭燒盡為止。

隔天我得趕早班車回廈門。在院子裡等載我去巴士站的車時，我看見當地的屠夫在幹活兒。一個瘦小的男子用竹扁擔挑著兩個竹簍，喊著：「賣肉！賣肉！賣肉！」他停在門口，我瞥見他的籃子裡頭根本沒有什麼，只有幾塊瘦豬肉和幾根骨頭。他在隔壁土樓的門口和兩個老先生講價，其中一位穿著破舊的毛裝，雖然瘦弱但依舊帶有威嚴。價錢談定後，他們手上拿著沒包裝的商品走回家——那是一小塊骨頭，一端的關節處掛著幾片碎肉。

我回想福建北部那拙劣誇張的「農家樂」餐廳，還有我們前一天晚上吃的簡單又豐富的「農村」菜——我們幾乎碰都沒碰的豐盛雞鴨、梅菜扣肉——我的心臟就像卡在喉嚨一樣。那個人沿著河岸邊的石頭路往下走，隨即消失在我的視線內；要載我去搭巴士的林家弟弟也騎著摩托車到了。

## 扒熊掌

參考北京中國旅遊與觀光出版社和香港大道出版社於一九八六年出版的《中國帝王料理》食譜所改寫。請注意此版本不曾經過試吃，收錄在此僅以提供範例為目的！

新鮮熊掌　一隻
老母雞　一隻
豬肉　一公斤
火腿　二五〇公克
泡軟的大香菇切絲　一〇〇公克
發過的筍乾　一〇〇公克
頂級清高湯　四公升
薑末和蔥白末　各一〇〇公克
紹興酒　一〇〇毫升
老抽
雞油　一湯匙
鹽巴和白胡椒　調味用
太白粉加水和勻

一、把熊掌直接放在火上燎毛，小心不要把皮燒壞。熊掌放入滾水中泡一個小時後剝去毛皮。

二、燒滾一鍋的水，放入熊掌之後讓水大滾四十分鐘，取出熊掌，在水龍頭下充分沖洗。

三、把熊掌和老母雞、豬肉、火腿、薑和蔥白各七十五公克，以及七十五毫升的紹興酒放入耐熱鍋中。頂級高湯重新加熱後倒入鍋中，淹過熊掌等食材。鍋子加蓋後放進蒸籠。高溫蒸到湯滾，接著轉到中火，再蒸兩到三小時讓熊掌軟嫩。

四、把熊掌從鍋裡拿出來放涼，趁溫熱的時候除去骨頭。

五、在熊掌上交叉畫開切口，切口間隔約一．七公分，要切得深但不要切斷。把熊掌放在深盤裡，在每個切口裡放一片竹筍和香菇。灑上剩下的薑末、蔥末、紹興酒，倒入剛剛使用後過濾的高湯一五〇公克。再用大火蒸十五分鐘。

六、熊掌好了以後，把薑末和蔥末拿掉，倒掉煮出來的水分，熊掌在淺盤中擺好準備上桌。

七、重新加熱煮過的高湯二〇〇毫升，倒入老抽讓色澤呈現濃郁的焦糖色，加鹽巴和胡椒調味。加一點太白粉芡汁讓醬汁變稠，淋到熊掌上。滴上雞油後便可食用，可用蔬果雕刻做盤飾。

## 第十五章

# 大閘蟹有詐

蒸螃蟹帶著夕陽的火紅橙色趴在我面前的桌上，蟹螯上細密的毛像長了苔，蟹腳還鑲了一圈尖尖的黃毛。它看起來就像隨時會逃跑一樣，所以我準備發動攻擊。吃毛蟹是很麻煩的事，你免不了得和蟹殼與蟹肉纏鬥一番：喀滋，吸，喀滋，舔，挖，吃得咂咂作響。這間餐廳提供各式各樣的不鏽鋼工具，乾、溼紙巾，還有塑膠手套和牙籤。所以我用鉗子把蟹腳壓碎，挑出軟嫩的肉，挖出蟹螯裡一絲絲的白色蟹肉，然後拿蟹肉沾裝在碟子裡的薑醋，丟進我的嘴巴裡。

啊，真好吃。蟹肉有深度的鹹香味，結合醋在酸之中帶有的蜂蜜甜味，和鮮明的薑辣味共同譜出絕妙的美味和弦。我把剩下的蟹腳一掃而空後，嘆了一口氣。最後，我開始不顧形象地舔蟹殼內側如卡士達醬般軟嫩的肉，這是自然的肥鵝肝醬，還有滴著金黃色油脂的黃澄澄蟹膏。窗外的陽光在無波的藍色湖面上閃閃發亮。

這一點都不讓人意外，我想。好幾個世紀以來，享用螃蟹這件事一直是中國生活與文學的主題之一。每年秋天螃蟹季開始的時候，來自香港、東京，甚至更遠國家的老饕都會蜂擁到中國東部，大啖螃蟹美味。這是季節性的大事，就像英國一年一度的全國越野障礙賽馬，或是摩洛哥的國際長距離賽車一樣。母蟹在農曆九月時成熟，沒多久公蟹也跟著成熟，從那時開始一直到年底就是馬拉松式的螃蟹狂歡節。高級餐廳的廚師會將毛蟹入菜，做成許多奢華的料理：蟹肉燉甲魚、蟹粉豆腐、蟹粉小籠包等等。街上紛紛出現臨時的螃蟹專賣店，販賣口吐白沫的活螃蟹，裝在蓋著玻璃片防止牠們往外爬的桶子裡。

很多中國人都對螃蟹十分著迷，但是沒有人比得上七世紀嗜蟹如命的劇作家李漁。他曾經寫過：「予於飲食之美，無一物不能言之……獨於蟹螯一物，心能嗜之，口能甘之，無論終身一日皆不能忘之。至其可嗜可甘與不可忘之故，則絕口不能形容之……予嗜此一生。每歲於蟹之未出時，即儲錢以待，因家人笑予以蟹為命，即自呼其錢為『買命錢』。自初出之日始，至告竣之日止，未嘗虛負一夕，缺陷一時。同人知予癖蟹，召者餉者皆於此日，予因呼九月、十月為『蟹秋』。……蟹乎！蟹乎！汝於吾之一生，殆相終始者乎！」

大家都同意中國最好的螃蟹，是蘇州附近陽澄湖出產的螃蟹，因為這裡的湖水清澈透明。這也就是為什麼我最後會在十月份一個和煦的周日，和朋友一起前往陽澄湖，進行當天來回的旅行。與我同行的是以前四川大學的老同學葛溫，她則把我介紹給帶頭的李靜，一位三十多歲、離過婚的俏麗上海女子認識。上海人是出了名的心高氣傲，很少和住在他們城市裡的西方人打交道。但是李靜住過法國，英文和法文都很流利，而且在一間國際公司工作。她不像一般上海人，想法很開明，而且也很喜愛美食。所以她說服一個朋友開吉普車載我們離開上海，沿著新的螃蟹快線前往蘇州。

在大蘇州地區湖邊的昆山市是秋蟹的交易重鎮，但這段日子也是觀光業的噩夢。大型巴士吐出一批批的老百姓，讓他們走進俗氣的餐廳裡大啖螃蟹，隨意拍照。像李靜這種見過大場面的人，絕不會想去那樣的地方。我們駛離了大路，開過高麗菜田，來到一間靜靜矗立在未受紛擾的湖岸邊的餐廳。我們下了吉普車，走過喀吱作響、彎彎曲曲的竹走道，進入一間在湖水較淺處，用支柱撐高在湖面上的包廂。

當我吞下最後一口誘人的蟹肉，我看了一眼李靜，黑髮披落肩頭的她，吸吮著她那份母蟹裡珊瑚紅的蟹黃，也就是蟹卵巢，從中流出的私密汁液讓她的手指油亮亮的。包廂裡每個人都陷入靜默的專注中，只能聽見大家乾脆地咬下蟹殼的聲音，還有此起彼落的輕微吸吮聲。有一次，我們寡言的同伴，一位中國高階軍官之子，開口說話了：「記得，螃蟹很寒，你們應該配點酒吃，不然很容易胃痛。」他朝放了溫紹興酒的方向點了點頭，酒裡還泡了加熱的薑。我用沾了蟹膏的手拿起酒杯，放到唇邊喝了一口。溫熱的酒精馬上直衝我的腦門。

等到我們吃完這頓午餐時，桌上的托盤裡已經堆滿了小山般的螃蟹殘骸。我們繼續坐了一會兒，喝酒聊天。李靜說：「這間毛蟹餐廳是這一帶最好的。看起來可能很普通，但是這裡的螃蟹是『綠色食品』，不像在昆山吃到的那些工業化的螃蟹。這裡的螃蟹就養在外面，就在這裡而已。吃的是小魚和蝸牛而不是人工飼料。就連國家領導人都會來這裡吃。」

葛溫和我離席，留下李靜與她的朋友。我們信步往外走，想看看養蟹的地方。入口處上方有一個大招牌，照片上共產黨的高層官員正盯著餐廳的一籃活螃蟹看。往裡走會看到好幾個大籠子掛在湖水進水口，裡頭養著活螃蟹，一位養蟹人帶我們四處參觀，抓出一隻大毛蟹放在手上。看著螃蟹揮舞著八隻腳，做無謂的掙扎時，他咧嘴一笑。一方面因為陽光和煦、空氣新鮮，一方面也因為酒帶來的飄飄然感受，所以我們的心情很好——直到我們注意到那裡的水質為止：水面上有油膩的浮渣，還有一些髒兮兮的垃圾。傳說中清澈的陽澄湖水就和中國的其他湖泊一樣，難以與工業化保持相同的步調。我們剛剛吃的螃蟹，想起來突然變得毫無吸引力了。

我們去過那間餐廳後沒多久，中國國家媒體就揭發了螃蟹醜聞。台灣衛生部門的官員檢驗了從陽澄湖船運進口的毛蟹，發現這些毛蟹都有殘餘的致癌抗生素AOZ污染。陽澄湖的養蟹人堅持他們沒有使用AOZ，問題一定出在那些其他地方生產的、魚目混珠的螃蟹上。根據中國國家媒體報導，這個致癌的小謠言絲毫沒有動搖當地的螃蟹饕客，他們繼續在這個季節裡開心地享用螃蟹。但這則新聞在我的嘴裡留下了不愉快的味道。我發現自己後來在上海的日子裡，都盡可能避免吃毛蟹。

那段時間裡，我每次看中國報紙都發現上頭滿是黑心食品的報導。十年前，這樣的新聞非常罕見，而我偶然發現的幾條這類新聞也以古怪的內容居多，像是上海的鱔魚養殖業者會餵魚吃避孕藥好讓牠們更肥美。但現在的報導都比較糟糕，而且頻頻發生：上海有三百人因食用使用瘦肉精的豬肉而中毒；用工業染料處理的鴨蛋；假配方奶造成五十名嬰幼兒死亡。一部分原因當然是因為中國的報紙比過去更坦白地討論這類惱人的議題，但另一方面也是因為經濟的快速成長，法規鬆散，還有隨處可見的貪瀆所致。

在中國約五十萬間的食品加工廠當中，有四分之三都是小型私人工廠。對於這些廠長來說，偶爾付付罰金比投資安全的生產設備便宜多了。我曾經去過一間在成都郊區製作皮蛋的非法工廠，那是位在髒亂的院子裡，一間連夜趕工的小工作坊。那裡的工人告訴我，他們的皮蛋只要七到十天就能熟成，不像傳統製作的需要三個月。陪我去的朋友說，這清楚暗示了他們做的是「快速皮蛋」，利用氨水之類的添加物加快生產。

中國食品污染問題在二〇〇七年春天首度登上國際頭條。諷刺的是，一開始報導擔憂的是動物的健康，而非人類的健康。當美國貓狗開始離奇死亡時，死因指向飼料中的中國製成分：用來取代麥麩質的便宜蛋白質替代劑——化學物質三聚氰胺。全世界開始嚴密檢測中國進口的食品，美國記者還挖出了食品藥物管理局拒絕中國進口食品的陳年紀錄：殘留非法殺蟲劑的蘑菇、化學藥品染色的梅乾、受致癌抗生素污染的蝦子。在那個春天，美國一個月裡拒絕了超過一百艘船所載運的中國食品進口。而這些只是被攔截下來的數量而已。

隨著這個問題在全球鬧得沸沸揚揚，面上無光的中國政府立即採取行動。官員宣布要打擊管理失當的小型食品加工廠，並進行全國食品安全檢查。檢查結果令人惶惶不安，因為檢驗人員發現了各種非法工業原料，包括染劑、礦物油、石蠟、甲醛、孔雀綠等，被用於生產各種常見的食物：麵粉、甜點、鹽滷、餅乾、乾香菇、瓜子、豆腐、海鮮等。在中國國家食品藥品監督管理局前局長因收賄遭判**死刑**時，食品法規系統的腐敗規模之大已昭然若揭。

甚至在寵物食品醜聞爆發前，一位曾負責控管運動藥物檢測的中國官員就曾經提出警告，如果參加二〇〇八北京奧運的運動員在餐館外食，可能會無法通過藥物檢測，因為中國的肉類注射合成類固醇已經是常態。為了避免運動界的恐慌，政府迅速承諾在奧運村供應的所有食物都會自特定的供應商購買，用密封包裝並以可追蹤的車輛運送。除此之外，負責烹調的廚房也二十四小時有守衛看管，所有煮給運動員吃的食材都會先讓老鼠試吃！可是他們的信誓旦旦，對於我們這些不居住在無菌、有軍隊看守、有老鼠測試的未來奧運村的人來說，毫無安心的作用。

所以我有些中國朋友過去幾年不太願意吃肉的行徑，並不只是一種中產階級的被害妄想症；我的香港朋友對中國大陸進口的食材也很小心。我在中國吃東西的愉快也蒙上了一層陰影，因為我愈來愈擔心桌上的食物裡到底加了什麼東西。那些誘人的蝦子炒黑豆與辣椒、糖醋鯽魚……中國的魚類養殖場似乎會在池塘裡倒入大量的禁用抗生素與殺真菌劑，所以它們也可能受到殘餘劑量的污染；那些軟嫩的五花肉燉紅棗……難道沒人覺得裡面有生長激素嗎？還有製作油條所使用的可疑化學物，或是製作皮蛋的傳統添加物氧化鉛又怎麼說？我還看過那些農民背著一罐罐的殺蟲劑，噴灑在豆子和高麗菜上的分量多到讓它們都溼透了。（其中很多人還告訴我，他們在種給自家人吃的蔬菜上就不會用這種化學藥物。）

我在英國都儘量吃有機產品，避免養殖場生產的肉類與禽肉，也儘量避免吃垃圾食物，然而這樣的挑剔在中國是行不通的。那麼一個專業的雜食者該怎麼辦呢？

除了黑心製造商故意製作的假貨之外，中國很多地方的污染也已經嚴重到足以對人類的健康造成直接並嚴重的威脅。根據政府本身的數據，百分之十的中國農場都受到過量使用的肥料、重金屬和廢棄土的危險污染，三分之一的鄉村人口沒有乾淨的飲用水。報上充斥著可怕的有毒湖泊和水庫的報導，這些水連用來灌溉都不行。根據最近世界銀行的報告，每年有七十萬的中國人因空氣污染與水污染提前死亡。

任何居住在中國的人都知道這些不是抽象的數據而已。天氣壞的時候，在北京街頭一吸氣，你就感覺得到空氣污染，可能還會被它給嗆到。那段時間裡，我回成都或長沙時常常會咳嗽、頭痛、氣喘。我在中國總是喝中國茶，因為我很喜歡，不過偶爾當我覺得自己喝夠茶的時候，我會改喝煮過的白開水。如果我用的不是蒸餾水，喝水這件事常常就會變得很可怕。我記得很清楚，有一次我在白開水裡很清楚地喝到汽油以及一種天知道是什麼化學藥劑的味道。就算沒有這麼明顯的味道，少了茶葉的掩飾，開水喝起來還是帶著金屬味。

我在上海與北京的朋友，尤其是那些小孩還小的，都不願意多想這些他們攝取的食物、空氣及飲水的問題。他們試著藉由稍微調整自己的生活方式平息自己的恐懼，例如不買街上的路邊攤食物，或是不去沒口碑的餐廳，但就連高級餐館也有些東西是他們不吃的。有一次我和一位義大利朋友到我們最喜歡的上海菜餐廳吃飯，我想點上海菜「滑溜魚片」，我朋友挑了挑眉說：「你最近看過水質嗎？」一位國際知名的上海頂級廚師曾向我坦承，在中國工作最大的挑戰，是要想辦法買到不會出問題的食材。

現在我發現自己在中國吃的肉、魚、禽類都比以前少了很多，因為我就是不相信它們。當然我想什麼都吃，因為烹調的手法還是像以前一樣美妙，而且我也像以前一樣對中國菜充滿好奇。但是我要怎麼面對吃下由各種荷爾蒙和化學物質調成的雞尾酒的風險？《中國日報》的標題並沒有撫平我的恐懼：「根據官方表示，大多數的蔬菜是安全的。」我唯一能放心吃的食物，是野生的竹筍、野菜，還有我在偏僻鄉下遇見的農家生產的農產品。

不久之前，我回到成都進行了一次閃電旅行，研究幾篇文章並和朋友聚聚。一位做生意的熟人請我吃晚餐，我們的計程車停在市郊一間餐廳的車道上，紅地毯從街上沿著階梯一直鋪到空曠的大廳裡，上面踩滿了數千個貪吃饕客從他們的計程車或公司車裡蜂擁而出所留下的鞋印。穿著紅色絲質洋裝的女侍排排站歡迎我們，頭頂上是閃耀的大水晶燈。餐廳裡的裝潢是新流行的「歐式風格」，鋪了軟墊的椅子則有點法國風情。

派對的其他部分都已經安排好了。我在我的位置坐下，我們的桌子就在餐廳的主廳。我們都不太餓，但是這頓飯有人要報公帳，而中國人覺得坐小桌子不好看，所以我朋友點了一盤炫耀意味濃厚、裝飾華美的鮮紅色蝦子，還有清蒸全魚、被蒜頭和辣椒蓋住的螃蟹、整隻肘子、大分量的雞肉、鴨肉和牛肉；另外有昂貴的野菇、湯品、餃子。我們撥弄著食物玩，但沒人在吃。大部分的食物在一兩個小時後都丟掉了。

雖然少數中國人在家也會這樣吃，但這其實是典型的酒席菜。這頓飯的主人有點不好意思地笑著說：「很浪費！」我們兩人都知道，在這個晚餐時間，這個國家各地都是對一桌桌浪費了的食物發出這種嘆息的人。在成都和長沙這些省會，有些超級餐廳可以同時招待五百名、一千名、兩千名，甚至四千名顧客。從來沒人真的把桌上的菜吃完。就連在偏僻的鄉村，我也看過這種誇張的過量食物，簡直能編寫成中世紀道德勸說的宗教劇了。

就某些方面來說，這種勤儉美德的淪喪完全可以理解。任何五十歲以上的中國人都曾經歷大躍進後那場可怕的饑荒，以及隨之而來數十年的物資配給歲月。不久之前，農民還會用豬油抹鍋子好讓他們炒的菜有點肉味，然後他們會把那塊豬油小心放好，下次再用。有些人告訴我他們在一九六〇年代還真的夢過豬肉。就某些方面來說，中國依舊處於經歷多年匱乏後的極端反應階段，這種浪費其實是整個國家對於那段時間終於結束了、桌上終於有肉了、嚴禁享樂的毛澤東最終還是沒能剝奪中國人生活中最大的樂趣，大大鬆了一口氣的集體表現。

這也是文化造成的。中國的酒席是一種社交習俗，如果你辦的酒席是請親朋好友的，這就是為了表現愛與慷慨；請客戶和同事，就是為了炫示財富與權力，也是幫自己掙面子的機會——這是中國人對於表現個人在社會與專業尊嚴上的特殊觀念。不論是何種情況，你都要讓你的賓客有多得吃不完的食物，而且要端出最好的菜來。最好的菜當然不外乎是大魚大肉、全雞全鴨，不會是穀類與蔬菜。在正式的酒席上，你可能還吃不到米飯。

很多人對於這種傳統的酒席型態不甚認同。中國政府顯然對於這個國家的有錢人任意揮霍糧食，丟棄才吃了一半的食物現象感到苦惱。因此政府發布特殊通報，要求大家節約，並禁止以公帑舉辦酒席。對於商人來說，他們在工作上那些參加不完的餐會有時也是種折磨，尤其他們經常被迫要用白酒乾杯，不可避免地都會喝醉。我的一位前同事是英國人，目前在河南省擔任業務代表，他因為業務應酬而身體非常不舒服，被北京的醫生診斷患有「酒席病」。

中國人也苦於愈來愈多因過剩所造成的疾病，例如過重、糖尿病、癌症等西方世界很熟悉的病症。曾經挨過餓的祖父母輩會不停塞速食和甜食給孫子輩吃。我看過我一些中年朋友幾乎每晚都在外面吃飯，因此變得又胖又不健康。

當我在這些俗麗、鋪張的餐廳吃飯時，我發現自己很懷念待在四川的第一年。那時候當地人飲食的簡單讓我深受感動。我記得午餐加了幾片肉就鮮活起來的蛋炒飯，或是幾道簡單的炒青菜。我嚮往學生時代吃的那些菜，坐在竹子屋酒店的凳子上，或是四川大學周邊的小餐館裡，好吃的魚香茄子、滷鴨心、炒絲瓜、蒜苗回鍋肉等等。我偶爾會發現這些小店不知怎麼躲過了拆除大隊，藏身在小巷弄中，供應樸實的傳統料理，店面只是鋪了白磁磚的小屋，用的是鋪了塑膠布的桌椅。我以為我會失望。但等到食物送上來時，味道就和我記憶中一樣好，讓我的心都暖了。有一瞬間我忘記了那些污染和荷爾蒙的問題。這讓我想起自己為什麼會愛上中國，為什麼我會情不自禁地想寫我的第一本關於四川料理的書。

有一天晚上，我和葛溫在一間上海餐廳吃飯。

「我覺得好有罪惡感。」葛溫一邊喝湯一邊說。這是上海式的湯，乳白色、稍微有點濃稠的高湯，裡面有一條條像豆腐或蛋白的東西，但是仔細看就會發現那都是細小如絲的小魚。在每一條小魚跟針頭差不多大的頭上，都有兩點黑黑的眼睛，大小約莫就像一粒黑胡椒末。

葛溫說：「想想看我們吃的是多少條生命。一萬？兩萬？」

這是真的。每一匙的湯裡都聚集了好幾十條，可能好幾百條小小魚的生命。

葛溫說：「不知怎麼，吃這麼多魚感覺起來比吃一條鱔魚來得糟。」

她的話讓我一顫，所以我也帶著罪惡感喝完了我的湯。

有一幅十九世紀的英國版畫，名為〈貪食的致命後果：市長的白晝夢魘〉（Fatal effects of gluttony: A Lord Mayor's Day Nightmare）。這幅獻給「城市裡所有饕客」的作品描繪一個胖倫敦商人躺在床上，苦於自己放縱的肉食行為所帶來的後果。在恐怖的幻象中，各種動物成群結隊包圍他，有鴨、鵝、牛、豬、鹿、野豬、鱒魚、飛魚等，牠們在床邊的帷幕裡圍攻他。有一隻龍蝦要夾住他的鼻子，還有一隻大烏龜壓在他的胸口。

有時候當我想到我在飲食寫作的歷程中吃過了哪些東西時，我會想像自己最後也是那樣的下場。

我一九九九年的筆記本裡有一段是這樣的：「過去三天裡我吃的東西如下：蝸牛、青蛙、蛇、麻雀胗、鴨舌頭、魚頭、鴨心、豬肚，還有半隻鴨、幾乎整條的鯽魚、鴨血、至少五個全蛋、臘肉、燉五香牛肉。」我必須難為情地說，這樣的暴食並非特例。我的一位素食朋友曾告訴我，我一生中吃的所有動物都會參與我的死後審判。他說：「大部分人可能只有一兩排的法官，一頭牛、一頭豬、一頭羊、一隻雞。不過你的話，想想看牠們，扶霞，牠們會像足球場裡的觀眾一樣，坐在一層又一層的座位上，有果子狸、狗、蛇、青蛙、肥尾綿羊、麂、鱔魚等等等等喔。」

在成都領獎學金當學生時，我很渴望嘗試那些讓帝王餐桌增光的珍奇菜餚；現在我覺得自己開始出現嫌惡感。還有什麼東西是中國饕客，還有像我一樣追求珍稀美味的中菜美食家不吃的呢？鱷魚肉、小鹿的鹿茸、兔腰子、雞腳掌，還有那些猩唇……數不清的動物都因我們的口腹之欲而遭到捕食。有時候我會覺得羅馬幽默大師佩特羅尼烏斯在〈特里馬爾奇奧之宴〉（Banquet of Trimalchio）寫的那些做作的食物，其實不只是諷刺而已。

身為專業飲食作家，在我盡自己責任的過程中，動不動就有機會吃到這些珍奇美食，而且通常都是令人難以拒絕的情況。大方的主人放了一碗魚翅湯在我面前，其他客人都滿懷期待地盯著我，希望我能了解自己有多榮幸。我們都知道一碗魚翅湯要價好幾百元人民幣，我很猶豫。接著，帶著良心對我譴責的罪惡感，我微笑著喝了，讚揚魚翅柔軟的絲狀口感，以及高湯的優雅鮮美。

商周時期的青銅儀式用器皿是中國文明最古老也最強有力的象徵物之一。酒壺、烹飪鍋具和蒸煮的器具上，都裝飾了以頭有曲角、怒目圓睜的奇獸臉孔所設計出的象形幾何圖案。有些青銅器上的動物很像老虎、公牛或是鳥，其他有些看起來比較抽象，沒有人知道這些兇惡的動物對於商周時期的人到底有什麼意義，但是這些動物在中國稱做「饕餮」，以白話來解釋，就是「兇惡、殘酷的人，或是貪吃者」。根據古籍記載，饕餮也是一個以貪婪出名的古代惡棍的名字。中國文明最容易辨識的象徵之一，也就是祭祀用的青銅器上的這些凶猛動物圖形，數個世紀以來都和怪物般的貪婪連結在一起。

考古學權威張光直在一篇古代中國飲食歷史的論文中曾提到，祭祀器皿上之所以會裝飾這些威嚇性質的動物圖形，是因為商周時期的統治階層想藉此警惕自身貪婪的危險。就像中世紀歐洲藝術作品中常利用死亡的形象提醒觀者「人終將一死」的「死亡警告」（*memento mori*）一樣，這些圖形的用意也許是警告當時的肉食者：貪婪如猛獸般可怕，並將帶來腐敗。

近年來我在中國吃飯時，饕餮的陰影似乎愈來愈逼近我的餐桌，毫無退縮之意。以前只像是我工作的額外福利的各式酒席，開始變成一片布滿倫理、環保、健康等議題的地雷區。過去我無所不吃的習慣，以及現在讓我失去食欲的道德觀念，左右拉扯著我。有角的猛獸饕餮看著我喝魚翅湯，用那雙古老、銅鈴般的眼睛盯著我。我再也無法直視牠的目光。我覺得自己和清代大美食家袁枚心有同感，他參加了一場有四十道菜的酒席後，被這種低俗的暴飲暴食給嚇壞了，需要回家喝一碗粥舒緩他的飢餓感。

當然我也明白，在某些層面上，我的失去食欲也是一種象徵。我不只對於沒完沒了的大餐感到疲累，對於旅行和中國也都有同樣的感受。多年來我把一切都給了這個國家，這已經把我掏空了。我一直試著扮演完美代表的角色；這種瘋狂飄盪的生活形態已經讓我筋疲力竭。我總是思念著某人、某樣事物。現在我已經吃夠了，我只想回家。我不想再把我的生命用在吃兔腦殼和海參上，我想在我自己的院子裡種蔬菜，做英式奶油酥餅或牛肉腰子派這些傳統英國料理。

在我記錄食譜和素描的日記裡，穿插著許多頁關於我想家和絕望心情的描述。

坐在這些豪華中菜酒席的桌旁，我想到了科學家的警告：恐怖的糧食危機正日益逼近我們。氣候變遷開始破壞糧食產量；中國和印度正轉換到以肉食為主的飲食習慣，這麼一來就需要更多土地生產肉食；地下水位正在下降；全球人口持續上升。便宜食物和生產過剩的時代可能即將結束。在不遠的將來，我們可能必須為了石油和飲水，甚至糧食而戰，此時這樣的浪費看來是多麼的瘋狂啊。桌上堆滿根本沒人碰的大魚大肉，整盤的蝦子和雞肉——這些酒席未來會變成一種妄想，呼應著三明治夾心般短短幾十年的貪婪與輕率。而這段時期的過去與未來，都是限量配給與資源匱乏的年代。這是我們遺忘了萬物價值的幾十年。

饕餮這種猛獸與其他貪吃的同伴也許是中國文明的象徵，中國人也許比誰都會辦酒席，但是我懷疑到了最後，我們不是一樣糟糕嗎？說真的，吃魚翅和歐洲菜的頂級食材魚子醬之間到底有什麼差別？和吃鱈魚或藍鰭鮪魚相比呢？牠們現在都是瀕臨絕種的動物。英國家庭購買的食物有三分之一最後都被丟進垃圾桶。看看我們大家，假期搭飛機到各地遊玩，吃的是開墾雨林而成的農場養的牛肉，購買從世界另一頭進口的非當令產品，而且每一口氣都還吐出二氧化碳。再想想，為了生產乙醇，世界各地有愈來愈多的土地被開墾以種植穀物，而如果把能夠餵飽非洲窮農夫的穀物，拿給**車子**使用的行為不叫做「饕餮」，那我真不知道什麼才算是了。

不可否認，中國人看起來的確無所不吃，但就某方面來說，「無所不吃的中國人」只是一面扭曲的鏡子，放大了全體人類的貪婪。在中文裡，「人口」這個詞指的是一個國家裡有多少人，就有多少張嘴。中國現在有十三億張嘴巴在津津有味地吃東西，而中國本身也像一張吃個不停的大嘴巴，想吃的不只是**中國的**食材而已，現在中國人也和貪吃的西方人一樣，大啖世界各大洋的海鮮。隨著他們開始消費乳製品，他們也有了用牛奶餵小孩的需求；他們的胃口愈大，全球牛奶的市場價格也就愈高。木材、礦產、石油的情況也是一樣，這些都是中國經濟發展的燃料。中國已經成為世界第一大的穀物、肉類、煤礦與鋼鐵消費國。這樣看起來好像很貪得無厭，但在長時間被迫節約和受限之後，中國人其實只是趕上了世界其他地方的貪婪步伐而已——只是其規模之大，令人頭暈目眩。

喧囂的酒席過後，深夜裡我坐在我那碗粥旁，經常會想起我的湖南朋友劉偉之。與我相比，他樸實節制的生活，他的慈悲，他的素食主義，都像是在實踐一種較佳的飲食態度，其實也是一種更好的生活態度。儘管他的儉樸在貪婪遍野的時代裡，像是一種反文化的行為，但這樣的態度其實呼應了另一支同等豐富的中國古代思想。

兩千多年前的賢者墨子曾寫下古老的飲食規範：

> 古者聖王制為飲食之法，曰：「足以充虛繼氣，強股肱，耳目聰明，則止。不極五味之調、芬香之和，不致遠國珍怪異物。」
>
> ——引自《節用中》

約與墨子同一時期的孔子吃得不多，也會注意食用的肉類分量不超過米飯。他的例子被用來當作幾世代以來中國兒童的模範，父母都會要求小孩吃光米飯或麵條，不要只吃配菜的魚或肉。二十一世紀初期，當富有的中國商人與官員用肉類、魚肉、各式珍饈塞漲了兩頰時，很多一般家庭的人都只能吃簡單的菜飯維生。

出人意料的是，儘管酒席文化有擺闊浪費的習慣，儘管西方人對中國人古怪的「無所不吃」有根深蒂固的刻板印象，但中國一般大眾的傳統飲食習慣，其實足以做為全人類的模範，也就是那些困苦而有智慧的老一輩維持至今的飲食：米飯或麵條搭配簡單調理過的大量當季蔬菜，各種豆腐料理，極少量的蜜餞乾果，再用少量的肉類和魚類，為這一餐增加味道和營養。不像現代西方強調乳製品與動物性蛋白質的典型飲食，傳統中國飲食對環境的影響是最小的，而且營養均衡，能滿足五官享受。在經歷了種種美食探索後，我覺得自己應該想不到更好的生活方式了。

也許對於在中國與世界其他地方那些不虞匱乏的人來說，生命就是在紳士與老饕間、節制與貪婪間的掙扎。吃飯配豆腐的劉偉之，和吃魚翅湯和炒鴨舌頭的我共進晚餐，只不過是延續了這項古老傳統罷了。

雖然聽起來可能很奇怪，但在經歷了這些關於貪婪與無所不吃的故事後，有時候我覺得自己最後可能會開始吃素。

# 粥

根據清代美食家袁枚所著《隨園食單》中收錄之〈飯粥單〉的「粥」篇。下文為內容摘錄。

見水不見米，非粥也；見米不見水，非粥也。必使水米融洽，柔膩如一，而後謂之粥。尹文端公曰：「寧人等粥，毋粥等人。」此真名言，防停頓而味變，湯乾故也。近有為鴨粥者，入以葷腥；為八寶粥者，入以果品。俱失粥之正味，不得已則夏用綠豆，冬用黍米，以五穀入五穀，尚屬不妨。余嘗食於某觀察家，諸菜尚可，而粥飯粗糲，勉強下咽，歸而大病。

# 第十六章

# 紅樓夢

二〇〇七年一月，我再次回到中國居住月餘。但我當時根本無心在此，我懷疑自己是不是已經走到這段路的盡頭了。我自問：如果我承認自己的「貪吃中國」階段已經結束，是不是比較誠實呢？當然，這是一段美妙得不可思議的旅程，也是我千金不換的過程，但我從中得到的快樂是不是已經消逝了？多年前我放棄了他人期望我從事的職業，並因此得到解放；也許又到了這麼做的時候了。大家常會問我：「扶霞，你下一本書要寫中國哪個地區的料理？」因為他們以為我打算輪流為每個省分的料理寫一本書。我想回答他們：「你瘋了嗎？你知道中國有幾個省分嗎？」

但中國是我難以戒除的習慣，而且我簽了這本我長久以來都想寫的書約。於是我告訴我自己：「再一個月。然後你就可以向一切說再見了。」所以我打包了行李，強迫我自己到機場搭飛機前往上海。我的朋友葛溫住在舊法國租界，她很好心地讓我在她溫馨的公寓裡有一個自己的房間。我在那裡以公事公辦的態度，開始探索中國東部飲食傳統。

上海本身已經成為飲食記者的最愛，他們會蜂擁前來，大啖豫園的南翔小籠包，前往外灘遠近馳名的米其林法國餐廳

「卓喬治」（Jean Georges）用餐。但以中國人的標準來說，上海是沒有歷史的：這裡在十九世紀中期是各國租界所在，這樣的優勢使上海得以發展成現代化的大都市，但也造成這裡的「混合料理」比真正的料理傳統來得豐富。我必須到更古老的美食中心，江蘇與浙江兩省的內陸地區研究才行。

正如有人說北方的北京是宮廷料理的故鄉，南方的廣東是商賈階級的料理發源地，四川孕育了嗆辣的農民飲食；中國東部則是文人雅士的美食領地。宋代的詩人蘇東坡在杭州烹調出美味至極的東坡肉，袁枚在南京寫下了著名的烹飪書。二十世紀的作家陸文夫還曾寫下短篇故事《美食家》，內容講述一位極端保守的饕客與禁欲的共產主義者在數十年革命間的關係，故事背景就是他的故鄉蘇州。

江南地區有許多古老的城市，也是中國某些頂級食材的產地：金華火腿、紹興酒、鎮江醋，還有著名的大閘蟹。這裡很多城市都有自己的特色料理，像是杭州的西湖醋魚和東坡肉（以蘇東坡為名），南京有鹽水鴨，蘇州有響油鱔糊和太湖的蒓菜湯；但是它們都比不上揚州料理輝煌的歷史地位。揚州是古代中國的美食之都，也是所謂「淮揚菜」的搖籃（「淮揚」正是此區的古代地名）。

揚州位在江南的豐饒地區，因物產豐富被稱為「魚米之鄉」，從秦代以來就一直是行政中心，不過此區的居住歷史可追溯到更久之前。隨著隋唐時代大運河的建設，此區的重要性也日漸顯著。大運河利用水路，連結北方的古代首都洛陽、西安，和盛產絲、茶的杭州。揚州位在大運河與長江的重要交會處：前者從北往南流，後者自青藏高原向東流入海。做為中國的轉運中心，揚州成為當時國內最富庶的城市之一。數個世紀以來，這裡就是奢華與上流的代名詞。但隨著鐵路在十九世紀出現，揚州逐漸沒落至第二線城市的位置，成為相對而言較落後的地區。現在的觀光客會蜂擁至蘇州欣賞庭園造景，到杭州欣賞美麗的西湖，而揚州的遊客就比較少了。

對我來說，這裡是我所欠缺的最後一塊，也是最重要的一塊拼圖。十五年來，我走遍中國大江南北，從西方的荒漠到「東方的巴黎」上海，從殖民地的香港到舊宮廷首都西安，我的旅行絕對稱不上徹底，因為中國總有探索不完的事物，不過我也已經探索了相當多的美食領域。然而，雖然我曾驚鴻一瞥揚州菜對北京宮廷菜、上海時髦新餐廳的影響，但我卻沒有真正到過那裡。以一位中國料理的專家來說，這是無法原諒的疏失。

我在一個涼爽而有陽光的早晨搭乘滬寧鐵路主線，前往遠處製醋的古老城鎮——鎮江。那是一個進步緩慢的地方，就連在二十一世紀初期，外國人在那裡都像火星人一樣稀奇。當地人穿著毛裝，口袋裡裝著唧唧叫的蟋蟀；鐵匠就在路旁幹活，將燒紅的鐵敲打成鐵鍋。計程車帶我來到可載運汽車的渡輪碼頭，我步行上船後站在上層甲板，隨著渡輪穿梭在搬移拖船索的駁船與載客的小船間，搖搖晃晃地在長江上行駛，冬陽下的江水波光粼粼。抵達北岸後，我就搭便車前往不遠的揚州。

我對這趟旅程本來沒有太大的期望。我有太多這樣的經驗了：當我因為聽說某座我不熟悉的中國城市，有活力十足的市井生活與建築之美，受到吸引而前往當地，卻發現這些地方大多已遭到破壞，被無趣的混凝土建築所取代。蘇州已經失去了原本的運河與老街，我在杭州也找不到舊巷弄，上海更是一天天地被拆得四分五裂。在我的文章裡，我決心找到這些地方的美好之處，栩栩如生地呈現它們的特色與豐富的烹飪傳統，但我的行為卻愈來愈像是考古研究而非實地報導。這就是為什麼揚州對我來說會如此令人驚喜。打從司機讓我在市中心附近下車的那一刻開始，我就覺得這裡有某種不一樣的東西。

一如往常，我只做了最低程度的準備。我曾尋找關於揚州和當地飲食的有用書籍，但徒勞無功，不過我的筆記本裡倒是有中國烹飪協會當地分會的地址。根據過去的經驗，這裡應該是個好起點。既然天色還早，我的行李也不多，所以我就招了一輛人力車。

我把協會的地址給了車伕，問他：「你能不能帶我走老街呢？」心裡預期他會告訴我老街去年已經拆掉了，但他沒這麼說，而是真的帶我走了老街。這裡正是所有我渴望見到的景色：我們慢慢通過運河上的橋，上面有幾個人在賣野雞、兔子和一籃籃的水果，接著他轉進一條長巷裡，兩旁都是灰磚砌成的合院，兩側還有更小的巷弄。小店外頭掛著舊式的棉布旗幟，上面寫著中文的「米」和「酒」。街上也有小販，有用淺鍋煎甜脆餅的老人，在木砧板上用菜刀切肉的屠夫，還有人在賣自家醃的深色、光滑的鹹菜。加了鹽和香料的豬耳朵、草魚塊、雞肉塊，掛在各家的外牆上風乾。

連舊城鎮裡比較繁華的地區都還保留了一些特色。街上有成排的梧桐樹，有賣廚具、服飾及當地製刀具的各式小店，腳踏車和機車在交通繁忙的馬路上橫衝直撞。我們經過一位騎腳踏車回家的母親，她的兒子安穩地把頭靠在她的背上；一位糕點師傅站在烤箱旁，用溼毛巾抹了抹她發熱的臉。這不是為了觀光客所重現的街頭生活仿冒品，是真正活著的城市，讓我想起了我所認識、鍾愛，而現今已消失的成都舊街區。

烹飪協會當天值班的三位副祕書長立刻熱烈歡迎我。我在天花板低矮的一樓辦公室找到他們，那裡面堆滿了紙張，他們就坐在放滿飲食雜誌和書籍的紙箱中間。親切且菸抽個不停的丘先生幫我泡了杯茶，大家聚在一起開始聊天。沒幾分鐘，我們就發現幾位在成都的飲食歷史教授，是我們彼此共同的朋友。我和聲音粗啞但健談的夏先生特別合得來，他似乎對淮揚菜無所不知。在其他兩位副祕書長回到座位之後，我們還是繼續一起喝茶，由他教導我淮揚菜輝煌的過去。

他說，這座城市是著名的貿易港，除了和日本有直接的商業往來外，和波斯等其他遙遠的地區也有友好的關係。十三世紀末的馬可波羅應該住過這裡，對此地的評論是：「宏偉的大城市……這裡的規模之大、權力之盛，足以影響二十七座繁榮且商業活動興盛的大城市。」夏先生告訴我，揚州的富裕與豐饒最重要的源頭是這裡的鹽業，在清朝尤其興旺。在山東與江蘇沿海的鹽池中揮發海水所取得的海鹽，會經由水路運到揚州這個中國最大的鹽巴批發市場。這項生意獲利極為豐富，因此揚州鹽稅足足達到中國所有稅收的四分之一。

在此一有利可圖的生意背後，揚州鹽商日益富裕。他們建造豪宅與賞景的庭院，為了娛樂一擲千金，過著優雅的生活，其中一人編撰的食譜集至今還在發行。文人雅士也紛紛聚集到這座城市，唐朝著名的詩人杜甫曾讚賞揚州人民的美好，好酒的李白以當地的奢華宴席為靈感作詩，王建寫過夜市裡千盞燈籠閃爍的景象，宋代的蘇東坡也曾在此地的石塔寺寄宿過一段時間。

清代的康熙與乾隆皇帝都無法抵擋揚州的魅力，他們想必已經嘗過這裡的珍饈美饌，因為淮揚菜在宮廷裡一直都有其影響力。這兩位皇帝在其長時間的「南巡」過程中，都曾在揚州徘徊不去；他們在庭園中漫步，以垂釣為樂，並盡情享用鹽商的奢華大餐。在目前尚存關於傳說中清代滿漢全席的少數記載中，有一篇就出現在揚州劇作家李斗寫於十八世紀，記載當地社會與生活的編年史《揚州畫舫錄》中。李斗記載了燕窩雞絲、鮑魚燴珍珠菜、魚翅螃蟹羹、鯊魚皮雞汁羹、鯽魚舌燴熊掌……等超過一百道使用各種上等食材烹調的菜色，此外還有新鮮水果與美味蔬菜做為配菜。

那天傍晚，我滿載而歸地離開烹飪協會的辦公室。我收到的禮物有印刷精美的烹飪書、揚州文化的學術研究文章、淮揚菜詩選，還有許多絕版的食譜。這些飲食研究者的善意與慷慨讓我深受感動，我也立刻拜倒在這座城市的魔力之下。最讓人滿足的是，他們在我離開前邀請我和他們一起吃晚餐。

夏先生一邊揀選各式各樣的涼菜，一邊跟我說：「聽我說，揚州菜重視的是『本味』，這裡沒有蘇州菜重甜，也沒有你們四川菜的辣，我們喜歡表現當季新鮮食材**自然**的味道，再利用鹽巴、糖、油、蔥、薑、醋，巧妙地加強自然風味。請吃吃看！」

在協會副祕書長鼓勵的眼神之下，我舉起筷子。一開始我嘗了「四調味」，也就是讓人開胃的精緻小菜，有香炒花生米，用紅麴米釀成淡粉色的豆腐乳，高麗菜葉片醃的泡菜，以及醬生薑切片。接下來是前菜，有可口的鹽水鵝，用滷豆皮做的素雞，小小的腐乳醉蝦，外脆內軟的甜酸黃瓜，還有驚人版本的浙江肴肉：裝在陶碗裡，由碎豬肉塊製成的肉凍，搭配些許香氣撲鼻的鎮江醋一起食用。「肴肉」的意思就是「甘美的肉」，一入口就在我的嘴裡融化了。

主菜也一樣精美可口，我們品嘗了軟嫩的白肉魚片和蛋白與芡汁做成的「芙蓉魚片」，魚肉的質地像卡士達醬般柔嫩，但每咬一口都會感覺到些微的脆度。另外我們還吃了用新鮮蠶豆做的「豆瓣草菇」，以及老豆腐燒的「紅燒江鰱」（這道菜用精美的藍白瓷淺盤盛裝，夏先生還特地幫我挖出魚眼睛周圍香甜肥嫩的魚肉）。接著還有遠近馳名的「獅子頭」，一顆顆放在個別的陶甕裡小火慢燉，煮到筷子一碰就會化開的程度。

「最後這兩道菜是所謂揚州『三頭宴』裡面的『兩頭』；第三頭是完整的豬頭。但是我們覺得今天這麼吃可能會有點多了，畢竟我們只有六個人，也許下次我們可以多找一些人，吃一頓完整的『三頭宴』如何？」夏先生這麼告訴我。（後來我知道了一件很有意思的事，揚州做「扒燒整豬頭」最出名的廚子，居然是法海寺的**和尚**，他們照理來說應該和其他和尚一樣都要吃素的。他們只會在認識並且信任的人面前，展現他們的肉食廚藝。如果是陌生人上門來說要吃豬頭，他們會帶著玄妙的微笑，邊念佛號「阿彌陀佛」，邊把來人趕出去。）

下一道菜「文思豆腐」也和佛教有關。精緻絲滑的豆腐條漂在濃稠的高湯上，搭配些許的金華火腿絲。據說這是清代揚州西園下院後枝上村一位以豆腐料理聞名的僧人發明的菜色（他做的是素食版本，用菇類調味）。稍早時我在後巷的豆腐攤看到一名男子為這道菜切豆腐，他鋒利的刀子上上下下，以迅雷不及掩耳的速度在豆腐塊上移動，瞬間切出一片片薄如蟬翼的豆腐片，接著他把豆腐片再切成大量的細絲，這就是大師級的技術。

吃飯時，我的同伴告訴我揚州菜以刀工繁複聞名中國。拿獅子頭來說，它能如此鮮嫩多汁而讓人難以抗拒，原因在於他們使用的是手工切成的「魚眼」大小肉塊，而不是直接使用絞肉或是肉末。夏先生說：「當然，廚刀只是『揚州三把刀』其中之一，另外兩把是『理髮刀』和『修腳刀』。修腳是在這座城市的另一項樂趣，你一定要試試看。」（後來我緊張萬分地把我的腳交給一位修腳師傅，結果我腳上的死皮都被師傅削掉，變得像新生兒一樣柔軟光滑。）

我們坐在那裡，當然是用中文聊天，討論揚州菜的特色。吃飯到一半，夏先生突然有點擔心地看著我。接著他說：「儘管揚州菜不像你習慣的四川菜那麼香辣，但我真的希望你能吃出來揚州菜的風味。」我疑惑地回望他，接著丘先生提醒他，我不是**真正的**四川人，而是從英國來的，所以他的擔憂根本不成問題。我們大家都笑了，夏先生笑自己搞錯了，而我，則是因為這種奇怪的對話提醒了我，自己其實有多麼常把其他外國人當成**老外**，還跟他們說：「在四川，**我們**會在紅燒菜裡加一點豆瓣醬。」或是「在四川，**我們**把這叫做什麼什麼。」或是「在四川，**我們**在飯後才喝湯。」

在我們晚餐的最後，免不了出現全世界都認識的當地特色菜：揚州炒飯。幾乎所有西方國家的中國城餐廳菜單上都會有這道菜，而我現在終於能在發源地吃到了。這裡的飯和切丁的深粉紅色火腿、深咖啡色的香菇丁、金黃色的蛋絲、蟹肉、小小的蝦肉一起大火快炒；味道濃厚但一點也不油膩，充滿鑊氣的香味，好吃得不得了。接著我們喝了用當季的菜薹與香菇燒的湯清口，最後以清新的西瓜切片和南方來的新鮮甘蔗作結。

和我們一同吃飯的，還有當地政府貿易單位的年輕辦事員劉先生以及一位陳姓廚師。結束用餐後，劉先生和我一起沿著舊城南區的大運河散步。河岸兩旁種植著桃樹和垂柳，民眾在裝飾著彩色小燈的涼亭外跳交際舞。我們趕上了最後一班夜間遊船，而且我們是唯一的乘客，於是我們要求駕駛關掉船上的燈。我們站到船頭，讓微風撫過臉龐，想像自己是古代的帝王，從北京來此感受南方的美好。（劉先生笑著說：「再順便找個漂亮的妃子。」）

接下來的幾天裡，我走遍揚州的庭園造景，其中最宏偉的就是「瘦西湖公園」，這是鹽商為了迎接乾隆皇帝，不惜一擲千金所打造的地方。湖的曲線在垂柳的裝飾下變得柔和，湖岸邊與進水口點綴著亭台樓閣和裝飾用的小橋。我信步走向突出在湖面的岩石（過去帝王曾在此垂釣），就像走在中國山水畫裡一樣。

比較樸實的「何園」則是當地官員在十九世紀所建造的，我拾級而上，爬到假山上的一座小涼亭；坐在那裡寫東西時，我完全被冬日醉人的梅花香氣給淹沒。下方有一棟兩層樓的建築，鋪著兩端翹起來的屋瓦，裡頭有兩位音樂家在練習：一位中年女性唱著悲傷的調子，一位二胡演奏家則拉動琴弓，畫過琴弦。在我面前這個迷你版的山水，是以訴諸特定的中國文學情懷為目的而打造，每一個造景都有詩情畫意的名稱。這裡有隱蔽的峽角可以看到庭園的景色，文人也許會在這些地方駐足，時而詩興大發。庭院另一頭有一座池塘，是專門為了映出月亮的倒影而設計的。我坐在高處，倚著大理石桌子寫作，心裡十分平靜。

也許揚州對我具有特殊的意義，是因為我正身處於十八世紀曹雪芹所著的經典小說《紅樓夢》（又名《石頭記》）場景裡。這是一部關於一個大家族的小說，講述在虛設的中國首都裡居住的賈家四代，榮寧兩府的故事。雖然小說的場景設在中國北方，但曹雪芹本人其實來自南方的長江地區，他所描繪的生活也與揚州文人的實際情況極為相似。曹雪芹寫作此書時已經家道中落，人在北京過著窮困潦倒的日子。一般認為曹雪芹是以年輕時的親戚、朋友等真實人物為本，創造出書中許多角色，此書也被視為他追憶過往的作品。

《紅樓夢》的英文譯本分為五部，在我閱讀的那幾個月裡，它成為我生活的重心。故事從賈家的黃金時代開始，當時賈家眾多年輕的堂兄弟姊妹都在大觀園裡居住玩樂，結詩社、行酒令、啖毛蟹、賞秋菊。隨著故事的發展，情節開始變得灰暗，自殺、綁架、殘酷的背叛紛紛發生。最後賈府不僅財產被朝廷抄家，名聲也在醜聞風暴中一敗塗地。但我來到揚州的時候還在讀小說前半段較歡樂的部分，所以我在此感受到的每樣事物，都讓我想起賈家光鮮亮麗的生活。

不知為何，儘管事物變遷，這座城市的優雅卻依舊保留了下來。就像中國其他地方一樣，揚州在二十世紀的政治動盪中也不免遭到了破壞：古城牆被拆毀，舊鹽商宅院被敲壞，文化大革命也帶來混亂。然而相較於其他古城，遠離商業中心的揚州，反而倖免於成為改革期間的蹂躪焦點。我在蘇州看過玄妙觀是怎麼被美式速食店團團包圍，人力車上還貼滿了麥當勞的廣告；但是沒有人有興趣用俗不可耐的商業化染指揚州。大運河兩旁的貧民建築已經清除，河岸也重新開發，但當地領導決定要保存並復興這座舊城，因此禁止在歷史中心建設高樓大廈，並且逐步重建鹽商的大宅院，要使它們恢復往日榮光。

揚州在唐代與清代曾經是全世界最繁華的城市之一，比起那個全盛時期，現在的揚州已經步入風燭殘年。但不管在哪裡，我都會發現這裡傳說中的優雅與魅力的痕跡：在庭園裡，在飲食當中，以及最重要的，在我遇到的人的親切態度裡。

夏先生邀請我到一座鹽商大宅改建而成的餐廳兼博物館吃早餐。我在薄霧暈染了楊柳樹的早晨趕到運河旁與他碰面。在大宅長長的灰磚牆外，有幾位中年女士在練太極拳。夏先生在宅院的大廳等我，挑高的大廳天花板上裝飾著木頭櫺窗，他戴著棒球帽，手上拿著一罐自家泡的茶。這裡曾經是大宅的內廳，是家族裡的女主子做女紅的地方，但現在這裡坐滿上班族的男男女女，邊吃早餐邊低聲談笑。女服務生穿著鋪棉的粉紅色絲質外衣，拿著堆成塔的蒸籠忙進忙出。

「吃早茶是揚州的習慣，就和廣東一樣。差別在於廣東人喜歡邊吃蒸餃邊談生意，但我們只想開開心心地放鬆。」夏先生這麼說。

我們那頓早餐相當美味，有各種餡料的蒸包子：蘿蔔絲餡，豬肉餡拌竹筍、香菇、蝦米，還有包了切得細碎蔬菜的菜包。另外有餡料香甜、肉味豐美多汁的蒸餃，灑了芝麻的生煎包，淋上醬油和麻油的燙乾絲。夏先生指著竹蒸籠上的包子說：「你瞧這包子真美，褶口做得多仔細，每個間隔大小都一樣。你吃了就知道味道多好，裡頭些微的甜味讓濃厚的鹹香味顯得恰到好處。」

大多數中國地方料理的擁護者都會堅持自己的料理是全中國最好的，而且會貶低其他地區的料理；而我在揚州也受到影響，傾向同意他們的這種烹飪愛國主義。據說揚州菜結合了中國北方與南方料理傳統的優點，講究平衡的藝術，是三千多年前的名廚伊尹所說的，在鍋子裡讓各種食材發生神奇變化的那種料理。揚州廚師以對食材的講究出名，他們堅持使用最嫩的菠菜葉與高麗菜心、最脆的筍尖。他們對食材的季節性也有一套規矩：元宵過後就不做醉蟹，清明過後不煮帶魚，獅子頭雖然全年都有，但早春時要和河蚌一起煮，清明後用竹筍，秋天配蟹粉，冬天則和風雞一起烹調。

揚州菜不像四川菜會出其不意地讓你驚豔萬分，不會讓你嘴唇發麻，也不會在你的舌頭上跳舞；揚州菜不是烈火紅唇、伶牙俐齒，硬是要擠到鎂光燈下的辣妹，而是整體來說都更加優雅的女性，就像《紅樓夢》裡的賈家小姐一樣，端坐在造景的庭園裡，髮上裝飾著玉簪金釵，在大理石桌旁吟詩作對。它的魅力來自內斂，來自它精雕細琢的色彩（淺粉紅色、綠色、黃色），鮮美的高湯，軟嫩滑順的口感，以及對鹽巴與甜味的巧妙掌握。

然而在這麼極端不同的特色之外，四川菜和揚州菜卻依舊有其關連。不僅長江的支流將它們連結在一起，兩地也都有令人稱羨的地理特色：沃土與豐饒的物產讓這裡的廚房不虞匱乏，也讓這裡的人民能過著富庶進步的生活。雖然兩地才華洋溢的廚師都能變出讓人難以想像的豐盛酒席，但雙方各有擅場。就像夏先生和我說過的：「淮揚菜就像不辣的四川菜。」唐代的俗話說：「揚一益二」，

「揚」指的是揚州，「益」就是成都，這句話充分表達了對這兩座美麗城市的經濟繁榮與文化成就的讚嘆。

我不知道究竟是什麼讓我對揚州如此傾心，也許是從長江上閃爍的日光開始，也許是這裡讓我回想起充滿心愛的成都回憶的老街，也許是夏先生和他同事超乎尋常的親切，以及他們對淮揚菜文化謙虛但引以為豪的態度。我也感覺到這是一座在文化大革命的灰燼中被拯救出來、重生的城市，這裡擁有希望，中國的未來不只是無止境蔓延的資本主義。

在乾隆皇帝迷上揚州的兩個半世紀後，這座城市依舊擁有令人無法抗拒的吸引力，並在我身上發揮了強大的效果。它以柔和且不知不覺的方式，消弭了我對中國與研究工作的疲憊。烹飪協會的朋友第一次晚餐時介紹給我的陳師傅說：「湖南菜的口味很大膽、花稍，是戰爭時的食物，你看看它養出的軍隊領袖就知道了。揚州菜則是太平盛世的食物，和平的時候就該吃這種菜。」不知怎麼著，他說的正是我的心情寫照，對我來說，待在揚州就像是我寫完湖南烹飪書的戰爭後，享受的和平時光。

很多中國朋友都跟我提過，過去幾年裡的飲食歷史已經從「吃飽」演進成「吃好」，到現在的「吃巧」。他們說過去食物只是維持生命所需，饑荒是揮之不去的威脅；後來隨著財富的成長，中國人開始狂吃大魚大肉，彷彿要彌補多年來的損失。但現在富足生活所帶來的興奮感已經逐漸消退，愈來愈多人開始注意自己的飲食，專門購買「綠色產品」，減少動物性食物的消費，在餐廳裡也比較不會無節制地點菜。

經歷過我自己在中國的「吃好」階段後，我發現自己在揚州吃得比較「巧」。我和烹飪協會的員工在外用餐時，吃的是少用色素與味精的食物。在運河旁以包子和餃類出名的「冶春茶樓」裡，我吃得很好，但不會過量。也沒有人要我吃只用瀕臨絕種的動物肉類做成的料理。漸漸地，我的胃口回來了。飲食再度成為一種樂趣，我覺得自己又打起了精神。

就某方面來說，揚州拯救了我和我的中國菜寫作生涯。就像《紅樓夢》一樣，這裡不只提醒了我某個消失了的、中國古代優雅的那一面，也修復了我的心情及對中國的愛。我所認識的那個老成都，已經在房地產的浪潮侵襲下消失殆盡，但揚州內斂的魅力、美味的食物、特別親切又優雅的居民，讓我在這裡找到了同樣迷人的感覺。揚州重燃了我的熱情，那時候我知道我可以，而且也會寫這本書；我也知道自己會繼續堅守我和中國密切的關係。

那是我在揚州的最後一天。我想去每次經過大運河時，數度吸引我目光的那間大宅看看。那裡占地廣大，有著錯綜複雜的宏偉庭園、亭台樓閣，是最近才整修後重新開幕的博物館。我買了門票進去。在房子中間的地方有個小院子，裡頭有一口井，我在那裡很高興地發現了一座舊式的廚房。這個明亮通風的房間被大型的磚砌爐灶給占領，上頭塗了石灰泥漿，還有藍色顏料繪製的盛開蓮花和魚裝飾，上方則有灶王爺在神龕裡鎮守。爐子有四個「火口」，其中兩個裝了固定的鍋子，上頭蓋著木蓋子：一個煮飯用，一個放蒸包子和餃子的蒸籠用。

那是我在揚州看到的唯一一個舊爐灶，我不確定這些東西要怎麼用。幸運的是，那天的其他遊客是三位穿著毛裝的老先生，他們記得自己小時候看過這種爐灶。其中一人說：「小時候大家都用這種爐灶。你看後面這些小隔間，這是放鹽巴、油、糖、醬油、醋這些調味料用的。下面的櫥櫃裡可以放鍋子刷，或者讓溼鞋子在這裡晾乾。天花板上垂下來的鉤子是掛火腿或燻肉的。柴火則是堆在爐子的後面。」

聊著聊著，我發現有一男一女在房間的邊邊盯著我，豎起耳朵偷聽我們的談話。最後，當老先生說完了他們關於廚房的回憶，向我道再見以後，那兩個人便朝我走過來打招呼，那位男子說：「可以麻煩你一下嗎？我姓張，是第一人民醫院的主管，這塊地正是我們醫院的。這位是袁女士，是博物館的經理。」他看起來很友善而且態度很大方，袁女士的表情看起來也很溫和，她穿著一件合身的外套，頭髮上別著珍珠母的髮夾。「你願不願意和我們喝杯茶呢？」

他的邀請背後有種隱約的熱切，但我完全不了解是怎麼回事。他們帶我穿過院子裡的迷宮，走上一條小路，進入圍牆內的花園裡一間不搭調的兩層樓建築。這間房子是西式的殖民風格，用紅色與灰色的磚頭砌成，舊式的豎鉸鏈窗外還有木頭窗台，奇異地佇立在傳統中式宅院的牆內。建築的一樓已經改建成開放給觀光客的茶館，但我們沒有停下來。他們帶我走上木頭階梯，進入樓上的包廂。最裡面的房間裝潢成一九三〇年代的「歐式風格」：有壁爐、玻璃櫃和擺在咖啡桌旁的中式木頭沙發，角落的桌上還放著一台手搖式留聲機，黃銅的喇叭閃閃發亮。張先生向我解釋：「這裡是所謂的『洋樓』，招待洋人的地方。」

我們坐在咖啡桌旁，他們請我喝茶。我再次感覺到他們的友善不是表面上看起來那麼簡單，但他們只是笑著，有禮貌地和我談天。我注意到留聲機上有一張舊的黑膠唱片，於是提議我們可以放來聽聽。為了達成我的要求，張先生轉動留聲機的把手，把唱針放到脆弱的唱片溝槽上。我以為會聽見三〇年代音樂的吉光片羽，像是周璇的「夜上海」的音樂：這種符合這裡主人優雅的都市氣質，美味的茶，還有這個奇異房間的國際感。也因此，當喇叭傳出尖銳的毛澤東進行曲時，我們全都嚇了一跳。唱片傳出可怕的沙沙聲，因此張先生移開唱針，讓留聲機安靜地空轉，我們也有點不好意思地互相微笑示意。

張先生說：「讓我告訴你這個地方的故事。這間宅院是在一九〇四年由揚州人吳引孫建造的，他是駐派在附近浙江省寧波的稅收官員，打算從官場隱退後回到這裡居住。因此他買了這塊地，主要的庭園房舍都依照浙江的風格設計。但因為他也計畫從事貿易，因此蓋了這間適合接待洋人的建築。不過吳引孫最後沒有回到揚州，洋人也沒有來過這裡。一九四九年時，整座宅邸被新的共產黨政府徵收後，交給第一人民醫院做為醫院工作人員的宿舍使用，曾經一度有上百個家庭居住在此。但他們卻任由這棟洋樓日漸荒蕪，窗台傾圮，後來連出入都很危險。」

「但你看得出來，我們已經重建了這個地方。」他指向用光滑的新木材製作的窗台，以及工整的磚造建築體。接著他有點害羞地說：「事實上，你是第一位來這裡的外國人，所以我們才想邀請你過來。」他和袁女士有點緊張地等待我的回應。

突然間，所有的回憶在我腦中排山倒海而來：從我第一次以外國人的身分來到中國開始，這些年來我所經歷過的種種時光。我學會了說中文，在某些方面還會用這種語言思考與感受；我和中國朋友發展出深刻的情感聯繫；我踏遍這個國家許多地方；我學會無所不吃，甚至還接受了中國廚師訓練。然而不管我多麼融入這個國家，就某些方面來說，我似乎永遠都是個「洋人」「老外」，是個外國人。雖然這個想法讓我瞬間清醒，但是在這個情況下，它帶給我的是甜美的感受。

在洋樓裡，我想要擁抱張先生和袁女士，但中國人沒有這樣的習慣。我很感動，而且還有點開心。終於在一個多世紀過後，吳先生在這間洋樓接待西方訪客的夢想成真了，而且因為單純的巧合，使得我成為這個夢想實現的媒介。

後來張先生找來在側廳等待的攝影師，問我是否介意他們為後世留下這個時刻的紀錄。於是我在壁爐旁與外面的窗台擺姿勢拍照，我開朗地笑著，身旁站著博物館館長和醫院老闆。在這棟為了與我同類的外人建造的洋樓裡，我就是外國人代表。

## 揚州炒飯

兩人份的主食，若當作一道菜則可供四人食用。

上等粳米煮的冷飯　五〇〇公克（二五〇公克的生米）
水發冬菇切丁　三〇公克
水發海參切丁　五〇公克
生豬里脊肉　二〇到三〇公克
小蝦仁　二〇到三〇公克
熟火腿丁　二〇到三〇公克
水發干貝切丁　二〇公克
熟雞肉　二〇到三〇公克
豌豆　二〇到三〇公克
竹筍　二〇到三〇公克
蔥　三根（只取蔥綠部分）
土雞蛋　四顆
紹興酒　二茶匙
鹽巴與胡椒　調味用

雞湯　二〇〇毫升
花生油　五湯匙

一、豬肉、雞肉、竹筍全部切成小丁，蔥綠切成細末。將蛋打到碗裡，加入些許鹽巴、胡椒調味後打散。
二、炒鍋裡放入兩湯匙花生油，大火加熱。先放入生豬肉與蝦仁快炒，豬肉變成白色後，加入火腿、雞肉、竹筍、冬菇、豌豆、海參和干貝，繼續快炒一到二分鐘。等所有食材都燒熱後，加入紹興酒，接著倒入雞湯煮滾。
三、加入鹽巴調味，接著倒入碗中待用。
四、沖洗鍋子後擦乾放回爐火上。加入三湯匙的油，油熱後把蛋倒入，蛋液集中在鍋底時搖晃炒鍋，等到蛋半熟時加入飯拌炒，用杓子或鍋鏟讓結塊的飯散開。
五、飯炒到燙且出現香味時，加入剛剛炒好的料與高湯，炒勻後放入蔥花，快炒約半分鐘左右，視個人口味加入鹽巴或胡椒調味。起鍋後立即食用。

後記

# 一隻菜蟲

那天下著毛毛雨，我為了寫作而回牛津的老家待了幾天。我母親出門前跟我說：「想吃蔬菜的話，自己去花園裡採吧。」所以我照做了。我走到涼涼的戶外，從黑色的溼潤土壤中拔出胡蘿蔔和蔥韭，摘了幾片菠菜葉。我清洗這些蔬菜，切片後放在蒸籠裡。午餐時間我坐在餐桌旁，眼前就是這盤冒著熱氣的蔬菜。我灑了一點鹽巴，淋了一點橄欖油。接著我注意到，在捲曲的枯萎葉片上，有一隻小小的、漂亮的菜蟲。牠大約兩三公分長，是淺綠色的。牠躺在菜葉上冒著煙，幼小的吸盤腳懸在空中，看起來新鮮又乾淨。

我本來要把牠丟到門外，但我停了下來。因為我突然想起來，就在幾周之前，我寫了一篇關於中國食用昆蟲的長篇文章。因為研究所需，我曾經前往四川專賣昆蟲料理的餐廳，將菜單上主打的各種稀奇料理都吃了一輪，除了昆蟲外，使用的食材還包括蜂蛹、柴蟲、爬沙蟲等。那些也都是要價不斐的珍饈，專賣給眼光獨到的都市居民，可不是過去的農民粗食。其中有些還相當美味。

我在文化上的飲食禁忌曾經受到太多次挑戰，以至於我只能把它們放到一旁不管，這幾乎已經是種習慣了。十年前，我大約需要半小時的時間才能鼓起勇氣吃下炸蠍子。我用筷子挾著它，心神不寧又害怕，反覆看過它的鉗子和捲曲的尾巴後，最後才把它頭往前地丟進我的嘴巴裡。但現在我只需要不到一兩分鐘的時間就能面對新的食物，就算是最糟糕的情況都不例外；而且只要吃了，就是做了這件事，禁忌也被打破了——況且這些東西其實也沒那麼難吃。

我曾在台灣犯了一個錯，居然想和一位知名的美食作家一較高下：「昆蟲啊，我吃過了。」我一邊吹噓，一邊列出各種我在四川吃過的大小蟲類。接著我說：「蛇肉和狗肉我也吃了很多次，沒問題的。」朱先生咧嘴一笑，深吸一口氣後說：「我去過雲南的一間餐廳，服務生送上來的是一隻好幾英寸長的蟲。他挑釁我不敢用拇指把這隻蟲的頭部固定在桌上，再用另一手把蟲的身體撕開來吃。我照做了，結果很好吃。」這段話馬上讓我閉上嘴。這個故事證明，不管你多努力，你還是沒辦法在中國南方人自己擅長的領域裡打敗他們。不過我試過了。

我在中國的那些年裡，已經把我母親細心教導我的傳統英國餐桌禮儀摧毀殆盡。在中國時，我會吐骨頭，以碗就口，和其他人一起邊吃東西邊發出聲音，而這些行為在我英國的家鄉都被視為是不恰當的。我在那裡的朋友告訴我：「你是半個中國人了。」當我用圓圓的白種人眼睛看著他們時，我必須承認自己的內在已經不是完全的英國人了。我甚至不確定自己還知不知道文化的界線究竟在哪裡。

有時候我的西方朋友會發現我的舉止很中國人，像是吃有彈性的食物，喃喃稱讚其口感，或是在喝湯的時候發出不尋常的聲音。通常我會試著用英國式的態度掩飾過去，好讓他們安心，例如拿我無所不吃的事來開玩笑，或是壓抑我發出的聲音，不將食物帶給我的滿足表現於外，以免打擾到他人。但偶爾我會忘記，假面具會滑落，於是我會出人意表地把骨頭丟在桌上，或是吃東西時發出讓同伴注意到的噪音。他們無法相信自己聽見的聲音，居然出自一個他們以為正常的英國女孩的嘴巴。

回到我父母在牛津的家中，我開始思考這隻菜蟲。我疑惑的是，為什麼我在中國昆蟲餐廳裡可以毫不思索地吃掉牠，但現在卻很猶豫要不要嘗試？就連我的朋友現在也覺得我會在中國吃各種稀奇古怪的食物，我吃昆蟲和蛇肉的故事對他們來說已經見怪不怪。吃狗肉對他們來說比較難以接受，所以他們可能會有點訝異，但畢竟那是在中國，只是我旅行見聞中的一部分，讓我的敘述更加繽紛多彩。

然而我了解到，吃我父母花園裡的菜蟲真的是太超過了，這樣的行為沒有任何藉口，我不能說自己是因為要入境隨俗才吃的。如果我真的吃了這隻剛剛蒸熟、倒在我母親的柳景盤上的英國菜蟲，我的英國朋友對此感到驚訝的程度，一定遠超過於任何我在中國最難以置信的飲食故事。他們會斜睨我，把我當作一個**可能**會吃掉他們養的寵物狗或貓的人。（也許我甚至連**他們**都會吃？）

我轉動眼珠子，看著盤子裡這個綠色小生物。我對自己承認，儘管我努力嘗試，但我真的不覺得想吃牠的想法有多讓我驚訝。我想辦法擠出來的任何一絲恐懼都是虛假的，只是為了安撫我想像中的同胞觀眾，不是真心感到厭惡。我必須面對這個事實：我已經不再單純是個充滿冒險精神的英國旅行者，只是在海外迎合當地的奇風異俗而已，在中國居住已經讓我和我的口味有了巨大的轉變。我的英國朋友可能覺得我看起來還是一樣，還是他們的一份子，但其實我已經跨到另外一邊了。吃不吃這隻菜蟲已經不是我敢不敢吃的問題，而是我敢不敢大逆不道地表現出我根本不在乎吃掉牠。

也許你猜到後來怎麼了。各位讀者，我吃掉牠了。我承認，我有點享受牠綠色的軟嫩肉質，我的舌頭感覺到牠小小的吸盤，接著我吞了下去。結果什麼事都沒發生。沒有天打雷劈，沒有天搖地動，也沒有當地神祇因為暴怒而引發的洪水。那隻菜蟲本身的味道很清淡，充滿水分。我覺得很舒服。這件事根本沒有什麼大不了的，所以我又咬了一口牠的身體，接著吃掉頭。然後我開始吃我的午餐，心滿意足。

在我的記憶裡，那頓午餐像是一座分水嶺，是坦承的一刻。當我在後來幾周裡四處行走時，都覺得我終於大膽承認了我的天性，並勇於堅持我真正的想法。

# 致謝

從我開始研究中國飲食文化和傳統烹飪技藝以來，無數支持我、鼓勵我的人都對我的工作給予了無私的幫助，這些朋友的鼎力相助每一次都讓我心生感動。在這些曾經幫助過我的人當中，不光是有頂尖的廚師和飲食作家，還有許多的中國各地農民、工匠、市場小販，尤其是在我的中國故鄉成都，還有長沙、岳陽、揚州、杭州等地。如果沒有他們，就不會有我的任何一部介紹中國的作品。我尤其認為，在自己的著作當中，我已經竭盡全力並且忠實地寫下我在中國的所見所聞，以及當地民間不同尋常的飲食風情，但若本書中存有任何錯誤，我都絕對會承擔起責任。

# 索引

## 料理、食材

### 二畫



### 三畫



### 四畫

**九畫**



**十畫**



**十一畫**

## 十二畫

### 二十二畫



### 二十三畫



### 二十六畫



## 人名

### 四畫



### 五畫



### 六畫



### 七畫

**十二畫**



**十三畫**



**十四畫**



**十五畫**



**十六畫**



**十七畫**

## 餐館

## 地名

### 二畫



### 三畫



### 四畫



### 五畫



### 六畫

### 十二畫



### 十三畫



### 十四畫



### 十五畫



### 十六畫



### 十八畫

## 五畫



## 六畫



## 七畫

### 十一畫



### 十二畫



### 十三畫



### 十四畫

**Shark's Fin and Sichuan Pepper: A Sweet-Sour Memoir of Eating in China by Fuchsia Dunlop**

First published by Ebury Press, an imprint of Ebury Publishing, a Random House Group Company through The Artemis Agency.


**魚翅與花椒：國際川菜權威扶霞的飲饌起點**

**（初版書名：魚翅與花椒：英國女孩的中國菜歷險記）**

作　　者　扶霞・鄧洛普
譯　　者　鍾沛君
內頁插畫　威爾金森（Sebastian Wilkinson）
選 書 人　陳穎青
責任主編　曾琬迪（初版）、張瑞芳（二版）、李季鴻（三版）
編輯協力　林欣瑋、蕭亦芝
專業校對　魏秋綢
版面構成　健呈電腦排版股份有限公司、張靜怡
封面插畫　林哲緯
封面設計　廖韡
行銷統籌　張瑞芳
行銷專員　段人涵
出版協力　劉衿妤

總 編 輯　謝宜英
出 版 者　貓頭鷹出版

發 行 人　凃玉雲
發　　行　英屬蓋曼群島商家庭傳媒股份有限公司城邦分公司
104 台北市中山區民生東路二段 141 號 11 樓
劃撥帳號：19863813；戶名：書虫股份有限公司
城邦讀書花園：www.cite.com.tw　購書服務信箱：service@readingclub.com.tw
購書服務專線：02-2500-7718~9（週一至週五 09:30-12:30；13:30-18:00）
24 小時傳真專線：02-2500-1990~1
香港發行所　城邦（香港）出版集團／電話：852-2877-8606 ／傳真：852-2578-9337
馬新發行所　城邦（馬新）出版集團／電話：603-9056-3833 ／傳真：603-9057-6622
印 製 廠　中原造像股份有限公司
初　　版　2012 年 6 月／二版 2017 年 1 月／三版 2023 年 2 月
定　　價　新台幣 420 元／港幣 140 元（紙本書）
新台幣 294 元（電子書）
I S B N　978-986-262-551-4（紙本平裝）／ 978-986-262-556-9（電子書 EPUB）



讀者意見信箱　owl@cph.com.tw
投稿信箱　owl.book@gmail.com
貓頭鷹臉書　facebook.com/owlpublishing

【大量採購，請洽專線】(02) 2500-1919

城邦讀書花園
www.cite.com.tw

國家圖書館出版品預行編目資料

魚翅與花椒：國際川菜權威扶霞的飲饌起點／扶霞・鄧洛普（Fuchsia Dunlop）著；鍾沛君譯 . -- 三版 . -- 臺北市：貓頭鷹出版：英屬蓋曼群島商家庭傳媒股份有限公司城邦分公司發行 , 2023.02
面；　公分 . --
譯自：Shark's fin and Sichuan pepper: a sweet-sour memoir of eating in China
ISBN 978-986-262-551-4（平裝）

1. CST：飲食風俗　2. CST：文化　3. CST：烹飪
4. CST：中國

538.782　　111005871